Feth – Praxishandbuch Tanzen

Erfolgreiche Stundenbilder
für Schule und Verein

Clarissa Feth

Praxishandbuch Tanzen

Limpert Verlag Wiebelsheim

Die Angaben in diesem Buch sind von der Autorin und dem Verlag sorgfältig erwogen und geprüft, dennoch kann keine Garantie übernommen werden. Eine Haftung der Autorin bzw. des Verlags und seiner Beauftragten für Personen-, Sach- und Vermögensschäden ist ausgeschlossen. Stets sind weibliche Adressaten gleichermaßen und gleichberechtigt gemeint, auch wenn der Text aus Gründen der Kürze und Lesbarkeit nur die männliche Form anführt.

Bibliografische Information der Deutschen Nationalbibliothek
Die Deutsche Nationalbibliothek verzeichnet diese Publikation in der Deutschen Nationalbibliografie; detaillierte bibliografische Daten sind im Internet über http://dnb.d-nb.de abrufbar.

Titelfoto: istockphoto/FatCamera
Fotos: Clarissa Feth
Grafiken: Scott Krausen, Limpert Verlag
Druck und Verarbeitung: Himmer GmbH, Augsburg
Printed in Germany/Imprimé en Allemagne
ISBN 978-3-7853-1906-2

Vorwort

Der Bereich Tanzen, Darstellen und Gestalten wurde in den vergangenen Jahren in der Schule stark vernachlässigt und befindet sich derzeit auf dem Vormarsch. Viele Lehrer trauen sich immer mehr auch diesen Bereich in ihren Unterricht zu integrieren. Das ist schön und wichtig, denn Tanzen, Darstellen und Gestalten leistet einen wertvollen Beitrag zu einer ganzheitlichen Bewegungsbildung.

„Der menschliche Körper, insbesondere der Körper in Bewegung, ist Träger von Botschaften der Person. Vor allem junge Menschen definieren sich über ihren Körper; ihr Körperkonzept ist ein wesentlicher Teil ihres Selbstkonzepts. Es ist eine der anerkannten Entwicklungsaufgaben des Jugendalters, im Einklang mit der eigenen Körperlichkeit leben zu lernen. Sie schließt auch ein, dass Jugendliche urteilsfähig gegenüber Vorgaben werden, wie man aussehen und sich bewegen sollte. Der Sport bietet in der Schule mehr Anlässe als jedes andere Fach, die Ausdrucksmöglichkeiten des Körpers zu erproben und zu reflektieren. Die Identifikation mit der eigenen Bewegung bringt es mit sich, dass Arbeit am Bewegungsausdruck immer auch Arbeit am Ich ist“ (MSW NRW, 2014, S. 14f).

Die Aufgabe im Sport unter der Perspektive „sich ausdrücken, Bewegungen gestalten“ lautet also die Vielfalt des individuellen Bewegungsrepertoires über das instrumentell Zweckmäßige hinaus zu erweitern: mit der Bewegung zu spielen, sich über Bewegung auszudrücken und Bewegungsideen zu gestalten. An geeigneten Beispielen, u. a. aus dem Bereich Tanz, sollen alle Schüler lernen, Bewegungen auf einem für sie angemessenen Niveau zu gestalten und zu beurteilen. „Bewegung bietet sich in diesem Zusammenhang als Medium ästhetischer Erziehung an. Mit der Entwicklung des individuellen Könnens ergeben sich Anlässe, die Wahrnehmung zu schärfen, die Gestaltungsfähigkeit auszuprägen und das Urteilsvermögen zu erweitern. Der Schulsport enthält unter dieser Perspektive auch spezifische Chancen für Kooperation, soziales Lernen und die Erfahrung von Gemeinschaft“ (ebd.). Dies kommt insbesondere in den Sozialformen der Partner- oder Gruppenarbeit in diesem Bereich zum Tragen.

Dieses Buch soll Anregungen und Hilfestellungen bieten, diese Ziele angemessen umzusetzen, es versteht sich dabei nicht als Rezeptvorlage. Dennoch ist es praxisnah geschrieben und zeigt konkrete Unterrichtsreihen, die als exemplarische Beispiele herangezogen werden können. Insbesondere mit dem Bereitstellen vieler Kopiervorlagen und dem Zugriff auf Beispielvideos soll dem direkten Einsatz im Unterricht Rechnung getragen werden. Es handelt sich bei allen Unterrichtsvorhaben um praxiserprobte Reihen, die bereits mit Lerngruppen durchgeführt wurden. Kleine individuelle Anpassungen an Ihre Lerngruppe und die spezifischen Gegebenheiten in Ihrem Lernumfeld sind ebenso möglich, wie große konzeptionelle Umgestaltungen. Anregungen hierfür werden fortlaufend bei jeder Unterrichtsreihe als mögliche Alternativen angegeben.

In diesem Sinne wünsche ich Ihnen gemeinsam mit Ihrer Lerngruppe viel Spaß beim Ausprobieren und Entdecken neuer Bewegungsmöglichkeiten im Bereich Tanzen, Darstellen und Gestalten.

Clarissa Feth

Inhaltsverzeichnis

Klassenstufen 5–7

1. Gumboot Dance: Schüler rhythmisch aus der Reserve locken

Zeit	5 Doppelstunden
Niveau	Anfänger
Ort	Sporthalle/Schulhof
Ziele	Einen afrikanischen Tanzstil kennenlernen, ausprobieren und in Kleingruppenarbeit eine Choreographie für eine Kurzpräsentation entwickeln.
Kompetenzen	kulturelle Kompetenz erweitern; sich körperlich ausdrücken – Bewegungen gestalten, Rhythmusschulung

Fachliche Hinweise

Im Unterrichtsvorhaben „Gumboot Dance" geht es zum einen darum, mit einem Tanz aus einer fremden Kultur in Berührung zu kommen: Das Wissen darüber, welche Bedeutung dieser Tanz in der kulturellen Geschichte des Landes Südafrika hat (Apartheit etc.) bietet hier besonderes Potential im fächerübergreifenden Unterricht und in der kulturellen Kompetenzentwicklung der Schüler.

Das zweite große Ziel der Unterrichtseinheit ist es, vor allem Jungs mit der Wahl der Tanzform für einen Bereich zu begeistern, der sonst eher weiblich konnotiert ist. Gumboot Dance eignet sich nicht nur aufgrund der vielen männlichen Vorbilder hierfür besonders gut, sondern auch aus dem Grund, da er mit der sonst so grazilen Vorstellung von Tanz bricht: Die kraftvoll ausgeführten Bewegungen können ein gutes Ventil für Aggressionen sein. Gleichermaßen ist der Tanz ein Gruppentanz, indem oft unisono, also komplett synchron getanzt wird und somit eine gute Kooperation der einzelnen Gruppenmitglieder untereinander im Fokus steht. Das schult vor allem die Wahrnehmung und das Feingefühl, sich auf andere einzulassen, was ein wichtiger Lernbereich im sozialen Miteinander darstellt. Denn nur wenn alle gleich sind, entsteht die begeisternde Wirkung des Tanzes. Das Besondere hierbei ist, dass ohne Musik getanzt wird und der Rhythmus durch die eigenen Bewegungen entsteht (durch Stampfen, Klatschen, Hüpfen, Schlagen auf die Stiefel, etc.). So bekommen die Schüler per akustisches Signal eine unmittelbare Rückmeldung über ihren Bewegungsablauf und ihre Synchronität in der Gruppe. Auch ohne (den in Sporthallen ohnehin oft fehlenden) Spiegel können die Jugendlichen so sehr gut selbstständig an ihrer Gruppensynchronität arbeiten.

Praktische Tipps

Einsatz von Schülerarbeitskarten

Um die Selbstständigkeit der Schüler und das eigenständige Arbeiten zu fördern, wird im gesamten Unterrichtsvorhaben auf das Prinzip mit dem Arbeiten durch Arbeitskarten im Sinne eines Advanced Organizers zurückgegriffen. Sie bieten Orientierungshilfen für das Lernen und ermöglichen den Schülern ein Mitdenken und Einordnen der Unterrichtsinhalte. Auf diese Art strukturieren die Arbeitskarten einerseits den Arbeitsprozess der Kleingruppen, lassen aber andererseits auch genug Spielraum für eigenständiges Arbeiten und Ideen. Sie sind so aufgebaut, dass die Lernenden Schritt für Schritt ein kleines Tanzstück erarbeiten. Dabei wird der Fokus auf immer unterschiedliche Aspekte gelegt, die nach und nach die Choreographie erweitern und verbessern.

Reflektierte Praxis

„Der schulsportliche Bildungs- und Erziehungsauftrag kann nur dann adäquat erfüllt werden, wenn die Praxis im Unterricht reflexiv erschlossen wird. Ein quantitatives „Mehr an Bewegungszeit" ist schließlich nicht einfach gleichzusetzen mit einem qualitativen „Mehr an Lernen" (Serwe-Pandrick, 2013, S. 11). Durch unterschiedliche und sich ergänzende kognitive Zugriffe wird die Bedeutsamkeit des eigenen Erlebens und Handelns im Sport gestärkt. Durch eine Theoretisierung und eine Einordnung in größere Zusammenhänge sollen die Praxiserfahrungen noch bewusster und verständlicher werden (vgl. ebd.). Um eine „reflektierte Praxis" für eine fünfte Klasse angemessen in den schulischen Alltag zu integrieren, werden auch in diesem Unterrichtsvorhaben einzelne Aspekt herausgegriffen und immer wieder reflektiert. Dies geschieht beispielsweise überwiegend in Form von Plakaten als Visualisierungshilfen und Sicherung für zentrale Fragestellungen und Themen innerhalb des Vorhabens (beispielsweise: Wann ist ein Gumboot-Dance Schritt gelungen? Wie kann ich mit meinem Körper Geräusche erzeugen? Wie können wir uns aufstellen? Wann ist eine Gumboot-Präsentation gelungen? Usw.). Des Weiteren bekommen die Schüler selbst immer kleine Aufgaben, in denen gerade praktisch Erprobtes theoretisiert und kognitiv gesichert wird. Auf einer letzten Ebene ist es dann noch das Ziel, Praxiseindrücke mit Kriterien zu verknüpfen, um daraus begründete Urteile ableiten zu können.

Gummistiefel: Die Gummistiefel sind in diesem Tanz eine Besonderheit. Sie beeinflussen sowohl die Motivation der Schüler als auch den Klang. Es ist vorteilhaft, wenn alle Klassenmitglieder beim Tanzen saubere Gummistiefel tragen. Notwendig ist es aber nicht unbedingt. So müssen Schüler nicht ausgeschlossen werden, die keine Gummistiefel besitzen. Es bietet sich darüber hinaus an, einen Materialpool anzulegen, aus dem man auch Gummistiefel leihen könnte (hierfür eignen sich Angebote bei Discountern).

DVD „Gumboots – An Explosion of Spirit & Song“: Die DVD zeigt die „Gumboot Dancers of Soweto“ in einer Bühnenshow in London. Diese qualitativ guten Aufnahmen eignen sich hervorragend. um in das Thema einzuführen und den Funken auf die Schüler überspringen zu lassen.

Andere Jahrgangsstufen: Die Einheit kann leicht abgewandelt auch gut in der Mittel- und Oberstufe zum Einsatz kommen. Zum sinnvollen Einsatz in der Oberstufe eignet sich auch die 50-minütige, englischsprachige Dokumentation über die Entstehungsgeschichte des Tanzes. Interessante Hintergründe zum südafrikanischen Unabhängigkeitskampf zu Zeiten der Apartheit werden durch Zeitzeugenaussagen lebendig und können hier fächerübergreifend thematisiert werden.

Materialien: Die Schülerarbeitskarten AB 3, 4, 7, 8 und 11 am besten in ausreichender Zahl farbig kopieren und laminieren – so können sie immer wieder verwendet werden. Die Hilfekarten AB 9 am besten ebenfalls laminieren und auseinanderschneiden.

Literatur

Feth, Clarissa (2013). Gumboot Dance: Der Gruppentanz aus Afrika. SportPraxis 54 (3+4). S. 12–16.

Feth, Clarissa (2013). Rhythmisch aus der Reserve locken. Infodienst. Das Magazin für kulturelle Bildung (Nr. 106). S. 36.

Polzin, M. (1993). Vorführen – Aufführen. Sportpädagogik, 17 (2), S. 13–19.

Serwe-Pandrick, E. (2013). Learning by doing and thinking? Zum Unterrichtsprinzip der reflektierten Praxis. In Sportunterricht 62, 4, S. 100–106.

Stundenübersicht

Stundenbild 1: „Gumboot Dance – Was ist das?“ – Den kulturellen Hintergrund kennenlernen und erste Schrittfolgen ausprobieren

Stundenbild 2: „Das können wir auch!“ – Entwickeln und Präsentieren eigener Schrittfolgen in Gruppenarbeit

Stundenbild 3: „Wo stehen und wie gehen wir?“ – Gestalten der Gruppenchoreographie unter besonderer Berücksichtigung von Aufstellungsformen und Raumwegen

Stundenbild 4: „Fehlt noch was?“ – Kriteriengeleitetes Feedback zur Verbesserung der eigenen Präsentation nutzen

Stundenbild 5: Präsentation und Prüfung

Stundenbild 1: „Gumboot Dance – Was ist das?" – Den kulturellen Hintergrund kennenlernen und erste Schrittfolgen ausprobieren

Ziel: Die Schüler lernen Gumboot Dance als Tanzform kennen, bauen Hemmungen ab und probieren erste Schrittformen angeleitet aus.

Phasen	Organisation, Geräte- und Materialbedarf
Einstieg (15 Minuten)	
Einstieg Gumboot Dance Es ist hilfreich mit einem Videoausschnitt in das Themengebiet zu starten, da die Schüler vermutlich noch nie etwas von Gumboot Dance gehört haben und sich somit auch keine Vorstellung davon machen können. Ein Videoausschnitt hat zwei entscheidende Vorteile: Er erleichtert es auf der einen Seite, sich eine Vorstellung vom Tanz machen zu können und fungiert auf der anderen Seite als großer Motivationsträger. Denn sieht man erst einmal die Tänzer auf der Bühne (mit welcher Dynamik sie agieren und welche Stimmung sie erzeugen), fühlen sich selbst Tanzmuffel angesprochen. **Tipp:** Es eignet sich hierfür besonders ein Videoausschnitt aus der DVD „Gumboots – an Explosion of Spirit and Song" (Teil der Bühnenshow). Alternativ und kostenlos kann auch auf Videoausschnitte von YouTube zurückgegriffen werden. Beispielsweise: http://www.youtube.com/watch?v=yOjWa1aOObY (Minute 2:15 – 3:15) http://www.youtube.com/watch?v=ce_2p9wQRS4 (Minute 0:25 – 1:05) http://www.youtube.com/watch?v=U0Q51WVrR40 (Minute 0:00 – 1:15)	Sitzkreis o. ä. DVD-Player/Laptop und Beamer
Hintergrundinformationen Der Tanzstil ist auch aufgrund seiner Entstehungsgeschichte so interessant. Diese sollte mit den Schülern besprochen werden – entweder durch Sie als Lehrkraft oder alternativ vermittelt durch ein Arbeitsblatt.	Sitzkreis o. ä. Einzelarbeit & Klassengespräch AB 1
Hauptteil (50 Minuten)	
Praktischer Einstieg Sie leiten das Aufwärmprogramm an und erarbeiten mit den Schülern gemeinsam erste Gelingensbedingungen und spezifische Charakteristika des Tanzes. Dabei sollte nach dem Prinzip Vormachen-Mitmachen agiert werden: Die Lehrkraft macht eine Übung durchgehend vor und die Lerngruppe steigt mit ein. Sollte ein Schritt zu schwierig sein, kann er zunächst langsam vorgemacht werden. Prinzipiell können Sie sich selbst unterschiedliche Schritte ausdenken und mit den Schülern üben. Alternativ steht beim YouTube-Kanal des Limpert Verlags unter https://youtu.be/Optl5QWKFHs (1.1) ein Video bereit – es ist ein detaillierter Vorschlag für einen gemeinsamen Einstieg. **Tipp 1:** Der gemeinsame Einstieg dient dazu, Hemmungen abzubauen, das Rhythmusgefühl zu schulen, auf bestimmte Besonderheiten des Tanzes aufmerksam zu machen sowie den Schülern erste Ideen mit auf den folgenden Arbeitsweg zu geben. Eine gute Aufstellungsform ist hierbei der Kreis, da sich so keiner verstecken kann und alle gleichermaßen als Teil der Gruppe wahrgenommen werden.	Alle stehen gemeinsam in einem großen Kreis mit Blickrichtung nach innen. AB 2

Phasen	Organisation, Geräte- und Materialbedarf
Hauptteil	

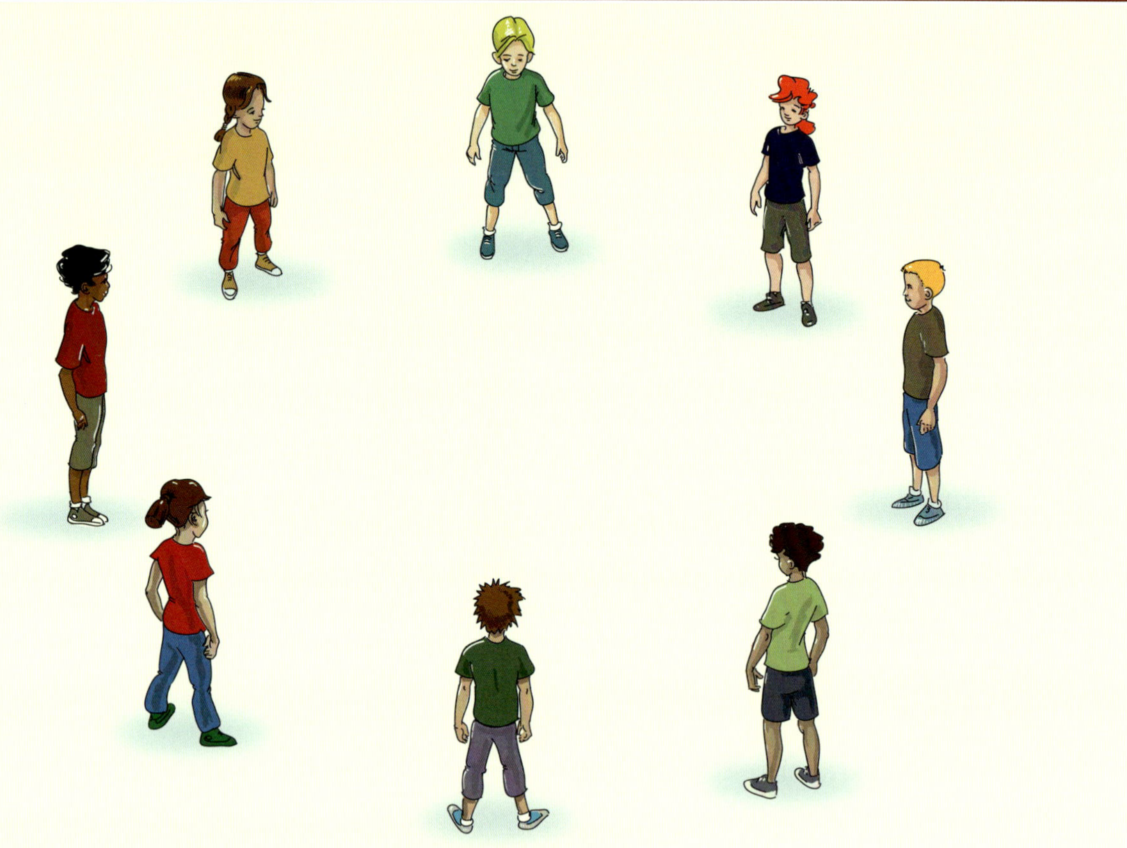

Tipp 2: Die Gelingensbedingungen, die gemeinsam mit der Lerngruppe während dem Aufwärmprogramm erarbeitet werden, können auch auf einem Plakat festgehalten werden – entweder in einer kurzen reflexiven Wiederholung im Anschluss an das Aufwärmprogramm mit allen Schülern gemeinsam. Oder, falls einzelne Schüler nicht aktiv am Sportunterricht teilnehmen, könnten sie diese Aufgabe übernehmen und parallel zum Aufwärmprogramm die wichtigsten Stichpunkte festhalten.	Plakat & Stifte

GUMBOOT DANCE

Wann ist ein Schritt im Gumboot Dance gelungen?

- Synchronität (Absprachen treffen)
- Abwechslungsreich
  - im Rhythmus (Zwischentakte)
  - in der Tonlautstärke
  - in der Art, wie man Geräusche macht
    Stampfen, Schreien, Schnipsen, Klatschen, Pfeifen, auf die Stiefel klatschen, auf die Oberschenkel klatschen

Phasen	Organisation, Geräte- und Materialbedarf
Hauptteil	
Übungsphase Die Schüler gehen in Kleingruppen zusammen, entscheiden sich für ausgewählte Tanzschritte und üben diese (AB 3). **Hinweis:** Falls die Gruppen unterschiedlich schnell fertig werden, kann eine der folgenden Zusatzaufgaben gegeben werden: ➢ Sucht euch eine zweite Gruppe, die auch bereits fertig ist. Zeigt euch gegenseitig euer Übungsergebnis. Hat die Gruppe einen Schritt gewählt, den ihr noch nicht habt? Falls ja, nehmt diesen zu euren Schritten hinzu und übt ihn! ➢ Sucht euch eine zweite Gruppe, die auch bereits fertig ist. Zeigt euch gegenseitig euer Übungsergebnis. Habt ihr Schritte, die übereinstimmen? Falls ja, versucht diese Schritte gemeinsam in der Großgruppe zu tanzen! **Tipp:** Gruppenzusammensetzung: Je mehr, desto schwieriger gestaltet sich der Arbeitsprozess, da viele Meinungen unter einen Hut gebracht werden müssen. In Sachen Synchronität wird es ebenfalls immer schwieriger, je mehr Personen daran beteiligt sind. Deshalb sollte die Gruppengröße fünf Personen keinesfalls überschreiten. Optimal klappt es zu dritt oder viert.	Kleingruppenarbeit = zukünftige Stammgruppen AB 3

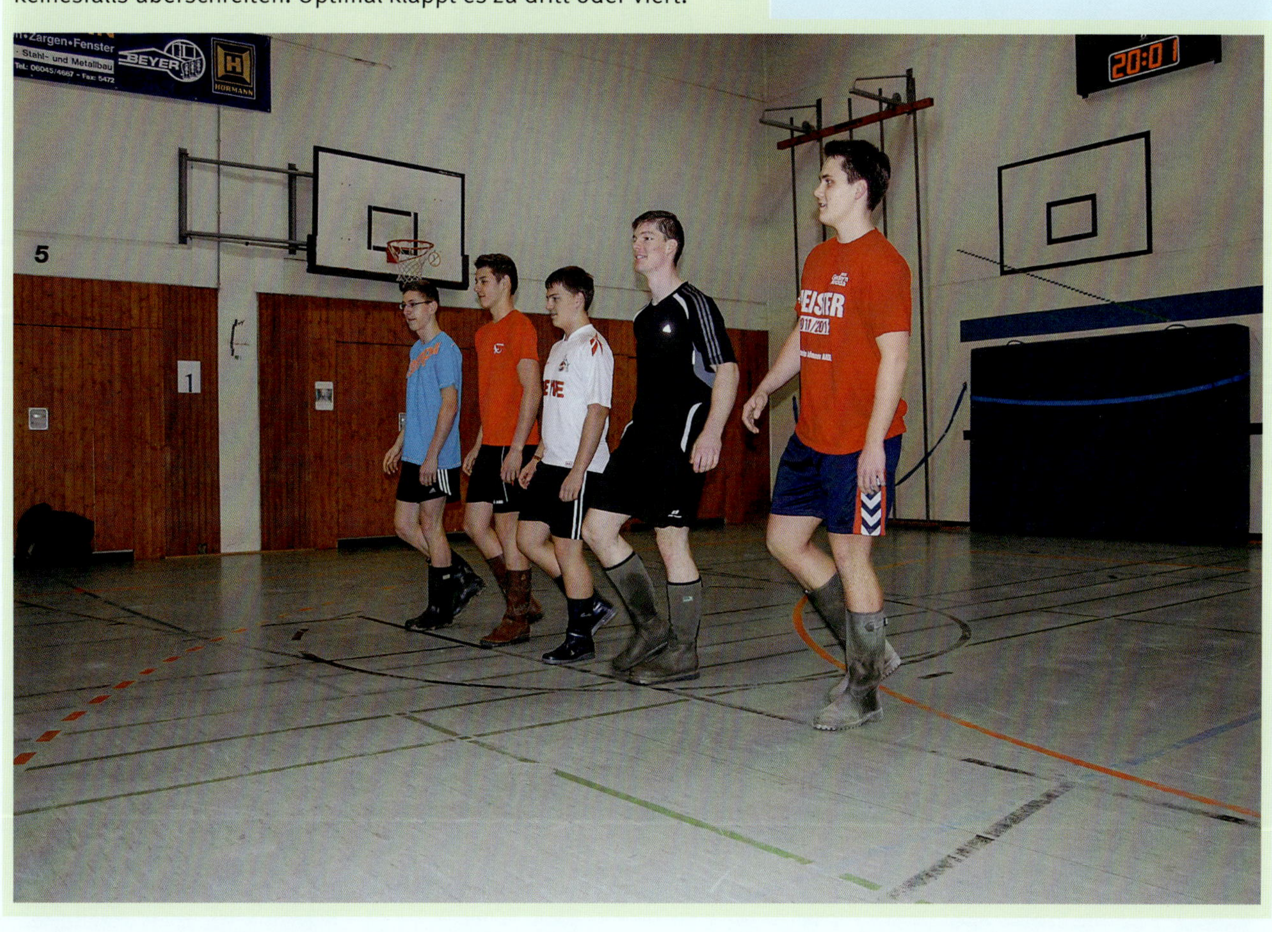

Phasen	Organisation, Geräte- und Materialbedarf
Ausklang (10 Minuten)	
Minipräsentation Zum Abschluss sollten die Kleingruppen bereits direkt in der ersten Stunde damit anfangen, sich kleine Zwischenergebnisse zu präsentieren. Als Präsentationsmodus eignet sich für den Anfang folgender: Es gehen zwei Kleingruppen zusammen und präsentieren sich gegenseitig ihre Ergebnisse. Dies wird von allen Kleingruppen zeitgleich gemacht, sodass keine Gruppe unter der Beobachtung aller steht. So wird die Präsentationssituation direkt von Anfang an mit geübt. Es entsteht eine gewisse Routine und die Aufregung am Ende vor einer großen Präsentation und der Prüfung kann somit Stück für Stück minimiert werden.	Je 2 Kleingruppen zusammen

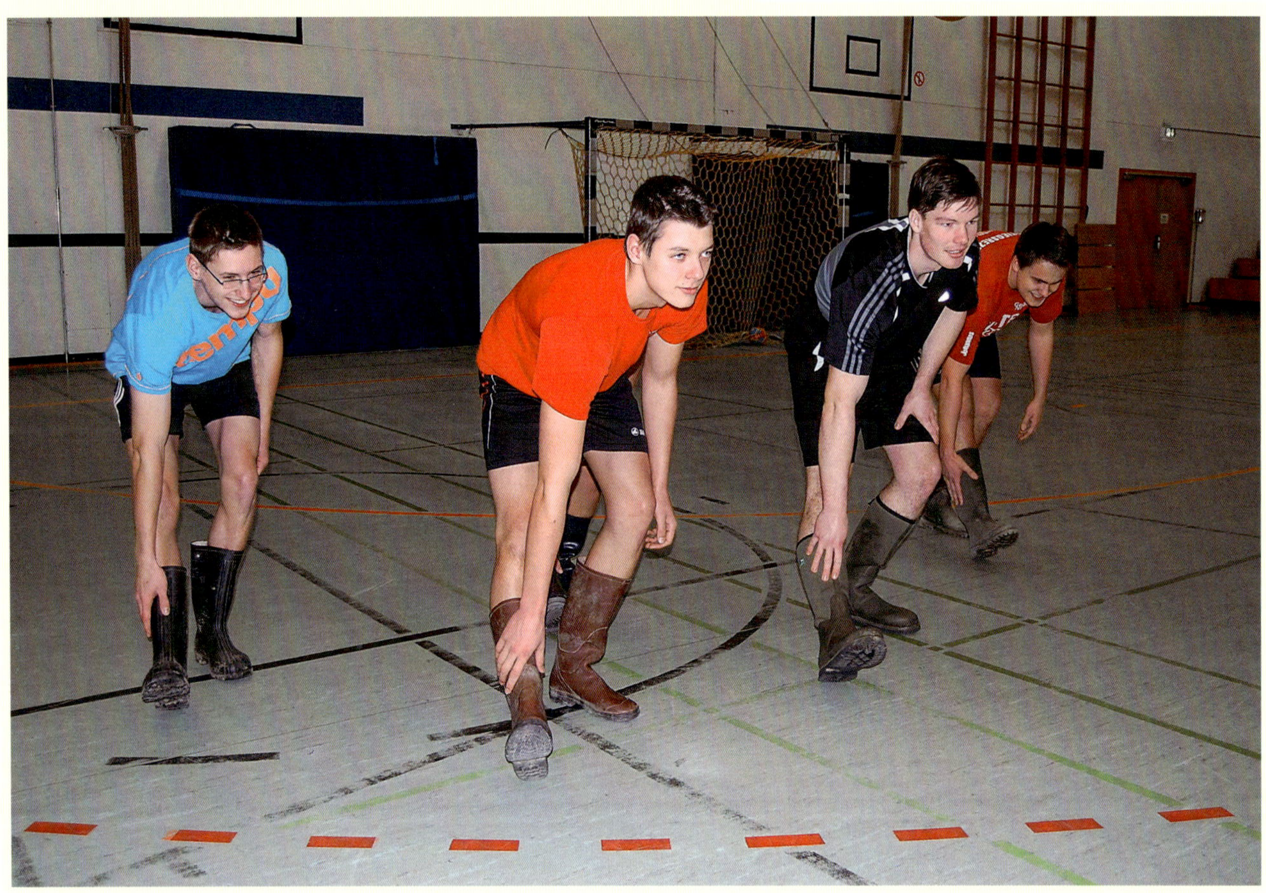

Gumboot Dance – was ist das?

Beim Gumboot Dance handelt es sich um eine tänzerische Ausdrucksform, die ihren Ursprung in den Goldminen rund um Johannesburg in Südafrika hat. Um Fußkrankheiten und damit Arbeitskraftverlust zu vermeiden, statteten die Minenbesitzer ihre Arbeiter mit Gummistiefeln aus. Um das Sprachverbot während der Arbeit zu umgehen, benutzen die Minenarbeiter ihre Gummistiefel als Kommunikationsmittel. So konnten sie sich trotzdem verständigen und sich unter anderem über ihre Vorgesetzen lustig machen. Über Tage wurden die Morsezeichen künstlerisch ausdifferenziert und erhielten Einzug in die Freizeitgestaltung der Arbeiter, bis sich schließlich eine Tanzform daraus entwickelte, die bis heute immer populärer wurde. In ganz Südafrika ist sie bereits ein nicht wegzudenkender Teil der südafrikanischen Kultur. Vor allem viele Jugendliche sollen eine Alternative zum Straßenleben kennenlernen und kommen so häufig in Jugendclubs zusammen, um diesen Tanz zu üben. So entstand auch die derzeit bekannteste Tanzgruppe in diesem Genre, die ‚Gumboot Dancers of Soweto', die mittlerweile Auftritte in ganz Europa haben.

Arbeitsaufgaben für zu Hause:

1. Finde heraus, zu welcher Zeit Gumboot Dance entstanden ist.
2. Kannst du auch etwas über die politischen Bedingungen in Südafrika zu dieser Zeit herausfinden?

AB 2 – Lehrerarbeitshilfe „Praktischer Einstieg“

1. **Marschieren:**

   a. Die Lehrperson marschiert in einem beliebigen Tempo auf der Stelle. Die Lerngruppe steigt mit ein, bis alle den gleichen Rhythmus haben.

   b. Die Lehrperson variiert ihr Lauftempo (schnelles Marschieren, langsames Marschieren). Die Lerngruppe versucht sich dem Rhythmus anzupassen.

   ➔ *Wirkung von synchronem und asynchronem Laufen der Gruppe thematisieren.*

   c. Die Lehrperson marschiert und wartet, bis alle den gleichen Rhythmus haben. Dann bewegt sie sich rückwärts/vorwärts/seitwärts.

   ➔ *Ortsveränderung, Bewegen im Raum thematisieren. Wir müssen nicht nur auf der Stelle tanzen.*

   d. Die Lehrperson marschiert und wartet, bis alle den gleichen Rhythmus haben und hört dann plötzlich auf. Dabei beendet sie ihr Marschieren mit einem Sprung auf beide Füße. Die Lerngruppe wird dies erfahrungsgemäß nachmachen und dabei verzögert nacheinander aufkommen, sodass aufgrund dieser Asynchronität die Wirkung zerstört wird.

   ➔ *Wirkung von Synchronität wiederholt thematisieren. Wie kann es die Gruppe schaffen, den Sprung synchron durchzuführen? Absprechen/Zählen als Gruppenübungsmerkmal thematisieren.*

   e. Die Lehrperson vereinbart mit der Gruppe eine Anzahl an Schritten (beispielsweise 8), nach denen alle gemeinsam auf beide Füße springen und damit den Schritt beenden. Dies kann mehrmals wiederholt werden. Dabei kann die Anzahl der Schritte variiert werden, um weitere Besonderheiten zu verdeutlichen:

   ➔ *Nach nur 2 Schritten ein Sprung und damit Ende: Wird ein Schritt zu kurz ausgeführt, kann er seine Klangwirkung nicht richtig entfalten.*

   ➔ *Nach 24 Schritten ein Sprung und damit Ende: Wird ein Schritt zu lange ausgeführt, kann er langweilig werden und es können vermehrt Fehlerquellen auftreten durch Asynchronität (Rhythmus kann nicht gehalten werden) oder Verzählen.*

2. **March & Jump**

   a. Hier wird das Marschieren von Punkt 1 geringfügig verändert. Es wird dabei nach dem Taktprinzip 1, 2, 3 **und** 4 getanzt, sprich mit einem Zwischentakt zwischen dem 3. und 4. Schritt. Es werden drei Schritte gemacht und danach ein kleiner Sprung durchgeführt, bei dem die Füße nacheinander aufkommen.

   1 = rechts, 2 = links, 3 = rechts, UND = links, 4 = rechts.

   1 = links, 2 = rechts, 3 = links, UND = rechts, 4 = links.

   ➔ *Ortsveränderung, Bewegung im Raum wiederholt thematisieren.*

AB 2 – Lehrerarbeitshilfe „Praktischer Einstieg“

3. Basic-Clap

Bei diesem Schritt soll die Rhythmusgestaltung thematisiert werden. Um zu verdeutlichen, dass Schritte, die ausschließlich auf dem Haupttakt (1, 2, 3, 4), ohne Zwischentakt laufen, schnell langweilig werden können, werden zwei Varianten vorgeführt:

a. Zunächst wird der Schritt nur auf dem Haupttakt ausgeführt: 1, 2, 3, 4.

   1 = beidseitiges Klatschen auf den rechten Unterschenkel/Gummistiefel, 2 = Aufstampfen des rechten Fußes, 3 = beidseitiges Klatschen auf den linken Unterschenkel/Gummistiefel, 4 = Aufstampfen des linken Fußes.

b. Nach einigen Versuchen in der Großgruppe (Lehrer macht vor, Schüler steigen ein) wird der eigentliche Schritt eingeführt. Hier erfolgt ein Doppelklatschen auf der linken Seite, da ein Zwischentakt eingeführt wird (1, 2, 3 **und** 4).

   1 = Klatschen (re), 2 = Stampfen (re), 3 = Klatschen (li), UND = Klatschen (li), 4 = Stampfen (li).

   ➔ *Wie klingen die beiden Schritte im Vergleich? Was bewirkt die geringe Veränderung? Thematisieren der unterschiedlichen Dynamik der Schritte aufgrund des Zwischentaktes.*

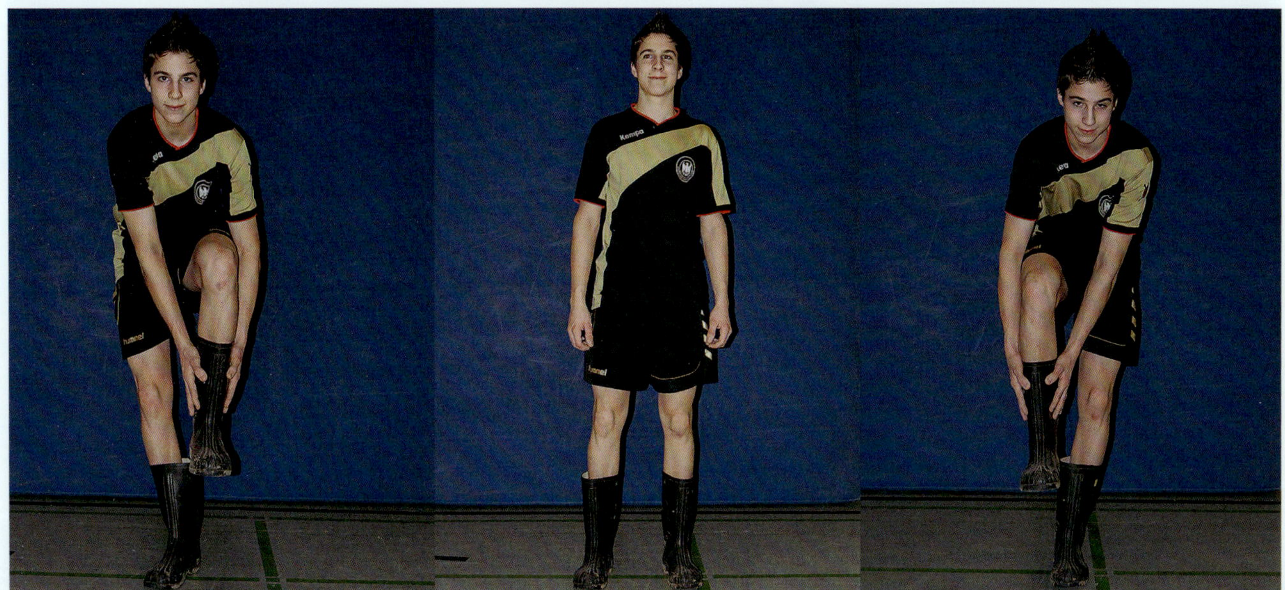

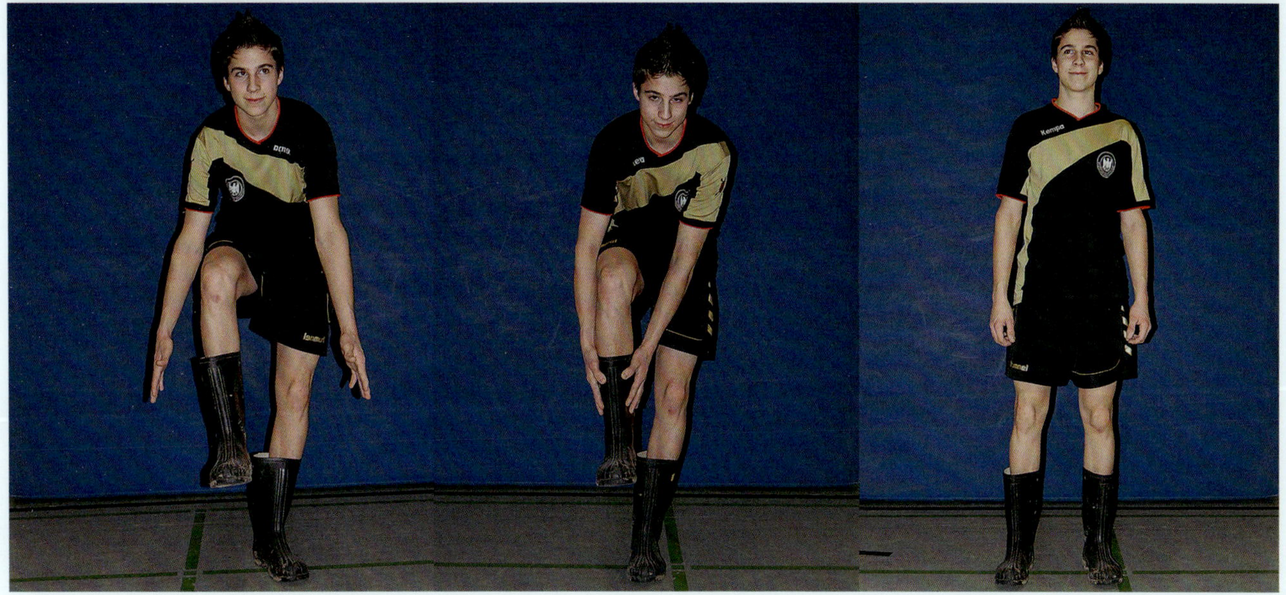

AB 2 – Lehrerarbeitshilfe „Praktischer Einstieg“

4. Criss-Cross

a. Es wird diesmal wieder komplett mit Zwischentakten getanzt: und 1 und 2 und 3 und 4. Und = rechte Hand klatscht auf die rechte Außenseite des Unterschenkels, 1 = rechter Fuß stampft auf, und = linke Hand klatscht auf die Innenseite des rechten Unterschenkels, 2 = rechter Fuß stampft auf, und = rechte Hand klatscht auf die Innenseite des linken Unterschenkels, 3 = linker Fuß stampft auf, und = linke Hand klatscht auf die Außenseite des linken Unterschenkels, 4 = linker Fuß stampft auf.

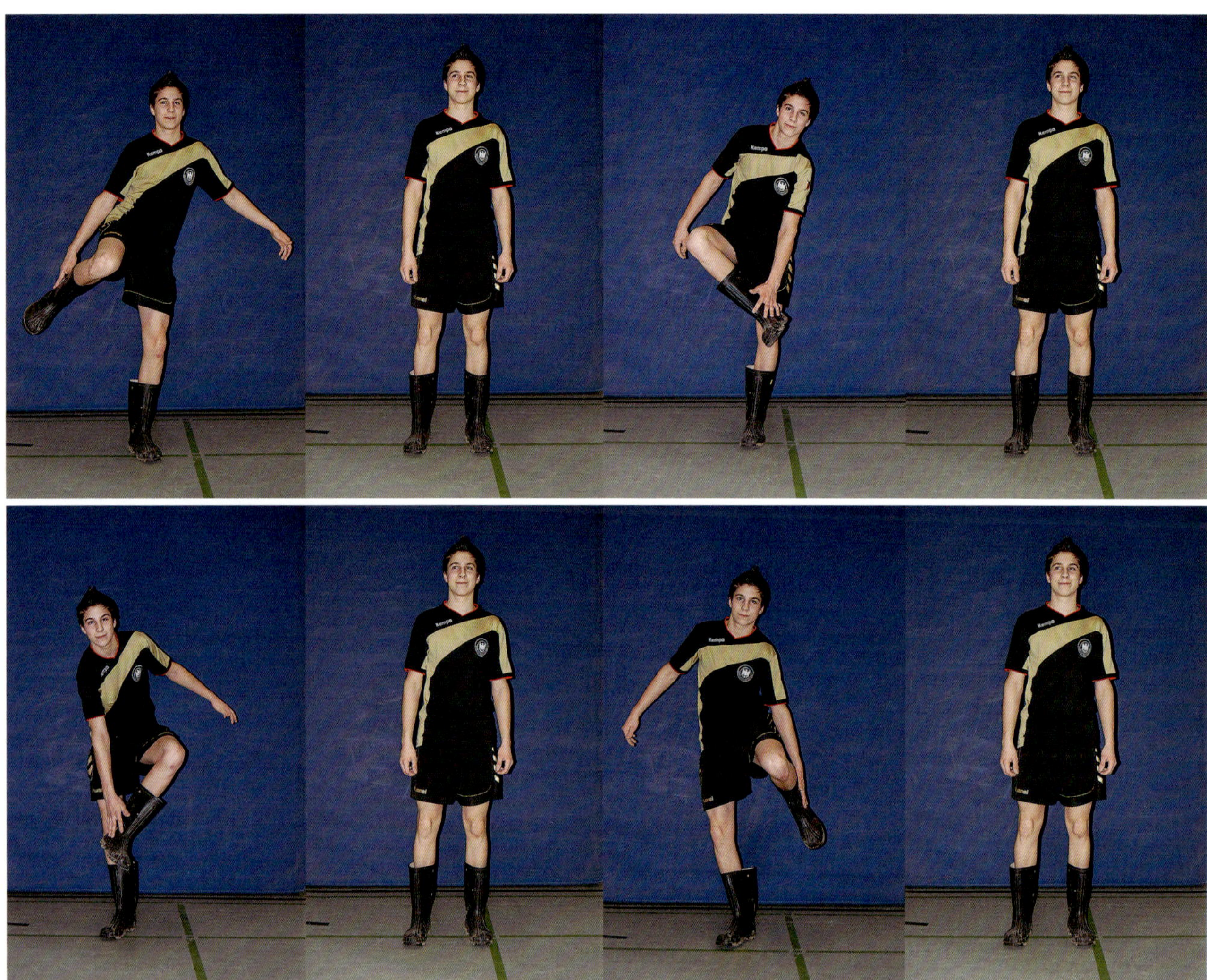

b. Dieser Schritt ist koordinativ etwas anspruchsvoller als die bisherigen. Deshalb bietet es sich hier erfahrungsgemäß an, das Ganze einmal langsam vorzumachen und die Handschläge (und-Takte) zunächst mit der Stimme, in Form von Anweisungen, zu begleiten: „Außen, innen, innen, außen“. Auch die bildhafte Vorstellung, dass die Beine von „rechts nach links“ entlang beklatscht werden, kann für die Schüler hilfreich sein.

AB 2 – Lehrerarbeitshilfe „Praktischer Einstieg“

5. Clip Clap

a. Der letzte Schritt im Eingewöhnungs- und Aufwärmprozess funktioniert nach dem Taktprinzip 1 und 2, 3, 4 und lenkt die Aufmerksamkeit noch einmal stärker auf die Hände: 1 = rechte Hand klatscht auf den rechten Oberschenkel (leicht gebeugte Haltung), und = linke Hand klatscht auf den rechten Oberschenkel (leicht gebeugte Haltung), 2 = rechte Hand klatscht auf den rechten Oberschenkel (leicht gebeugte Haltung), 3 = in die Hände klatschen (aufrechte Haltung), 4 = mit beiden Händen in Richtung links oben schnipsen (leicht gedrehte, aufrechte Haltung).

6. Zusammensetzung

a) Nachdem nun das Marschieren sowie vier verschiedene Tanzschritte eingeführt wurden, kann zunächst in die Gruppe gefragt werden, ob jemand einen Vorschlag zu einem weiteren Tanzschritt hat. Diese Frage ist nicht immer von Erfolg gekrönt, ab und an traut sich aber doch jemand etwas auszuprobieren. Der Schritt kann vom Schüler selbst vorgemacht und von der Klasse nachgemacht werden, oder von der Lehrkraft aufgegriffen, eventuell leicht verändert und dann vorgemacht werden.

b) Den Abschluss des Aufwärmens sollte die Zusammensetzung einzelner Teilelemente bilden. Je nachdem, welche Schritte der Lerngruppe besonders zugänglich waren, kann die Lehrkraft 3 bis 4 auswählen und zusammensetzen. Hierbei legt die Lehrkraft die Reihenfolge und die Wiederholung der einzelnen Schritte fest. Es bietet sich an, mit dem Marschieren von 1e zu beginnen. Beispielsweise: 8x Marschieren + Sprung, 4x Basic-Clap und 4x Clip Clap.

c) Zum Abschluss kann außerdem noch die Stimme mit eingebracht werden, indem vereinbart wird, auf den letzten Schnipser beim 4. Clip Clap ein lautes „HU“ o. ä. auszurufen, welches in der Halle verschallt und für einen wirkungsvollen Abschluss sorgt.

AB 3 – Schülerarbeitskarte 1

Arbeitskarte 1

- Sucht euch **2 Tanzschritte** aus den eben gemeinsam geübten aus.
- Legt fest, in welcher Reihenfolge und wie oft ihr diese Schritte ausführen wollt.
- Übt sie!

Arbeitskarte 1

- Sucht euch **3 Tanzschritte** aus den eben gemeinsam geübten aus.
- Legt fest, in welcher Reihenfolge und wie oft ihr diese Schritte ausführen wollt.
- Übt sie!

Stundenbild 2: „Das können wir auch!“ – Entwickeln und Präsentieren eigener Schrittfolgen in Gruppenarbeit

Ziel: Die Schüler präsentieren zwei eigene Schrittfolgen, indem sie mit Klatsch-, Stampf- und Klopf-Bewegungen experimentieren und diese zu zwei Tanzschritten zusammenführen.

Phasen	Organisation, Geräte- und Materialbedarf
Einstieg (15 Minuten)	
Aufwärmen – Schlangenlaufen Zum Aufwärmen wird das Schlangenlaufen angewandt. Einer macht vor – die anderen machen nach. In Vorbereitung auf den Hauptteil der Stunde wird nicht nur das Herz-Kreislaufsystem erwärmt, sondern auch bereits die Eigeninitiative und Kreativität der Schüler gefordert. **Schlangenlaufen:** Die Kleingruppe steht aufgereiht hintereinander, mit Blickrichtung nach vorn (so schauen die Hinteren jeweils auf die Rücken der Vorderen). Die Musik wird angeschaltet und die Gruppe beginnt loszulaufen. Dabei entscheidet der Erste in jeder Gruppe sowohl die Laufrichtung, das Lauftempo und die Art und Weise der Bewegungen. Eine kurze Pause in der Musik (oder ein anderes Signal der Lehrkraft) deutet dabei den Wechsel des „Schlangenkopfs“ an: Der Vordere lässt sich ans Gruppenende zurückfallen und automatisch ist der nächste „Schlangenkopf“ mit Vormachen an der Reihe. Zunächst sollte ganz ohne Vorgaben gearbeitet werden. Wenn alle einmal mit Vormachen an der Reihe waren, können Sie eine zweite Runde durchführen, in der Sie gezielte Zusatzaufgaben geben, die beim Vormachen vom „Schlangenkopf“ umgesetzt werden sollen: ➢ Arme einsetzen ➢ Drehungen einbauen ➢ Sprünge einbauen ➢ Einen Schritt aus der letzten Stunde wiederholen	In Stammgruppen von vorheriger Stunde Musikplayer, Musik-CD
Hauptteil (50 Minuten)	
Eigene Schritte entwickeln Die Kleingruppen entwickeln selbstständig eigene Schritt- und Rhythmuskombinationen (AB 4) **Tipp:** Falls Ihre Schüler Probleme damit haben, eigene Schritte zu entwickeln, können Sie folgende Hilfestellungen anbieten: ➢ Fragen Sie, auf welche Körperteile man „schlagen“ kann, um einen Ton zu erzeugen. Wie klingt dieser Ton? (Bsp.: Gummistiefel innen, außen; Oberschenkel, Bauch, Schulter, Gesäß, Arme, Hände, etc.) ➢ Fragen Sie, welche Möglichkeiten es sonst noch gibt, mit dem Körper Töne zu erzeugen. Wie klingen diese Töne? (Bsp.: Klatschen, Schnipsen, Hüpfen, Stampfen, Fersen gegeneinander schlagen, pfeifen, singen, sonstige Geräusche mit dem Mund, etc.) ➢ Regen Sie an, diese Aspekte miteinander zu kombinieren. ➢ Bieten Sie eventuell bei Bedarf den Gruppen die Möglichkeit, sich weitere Videoausschnitte anzuschauen, um Anregungen für eigene Ideen zu gewinnen.	Stammgruppenarbeit AB 4 ggfs. Laptop & Internetzugang oder Videoausschnitte

Phasen	Organisation, Geräte- und Materialbedarf
Hauptteil	
Übungsphase Die Stammgruppen entscheiden sich für ausgewählte Tanzschritte und üben diese.	Stammgruppenarbeit

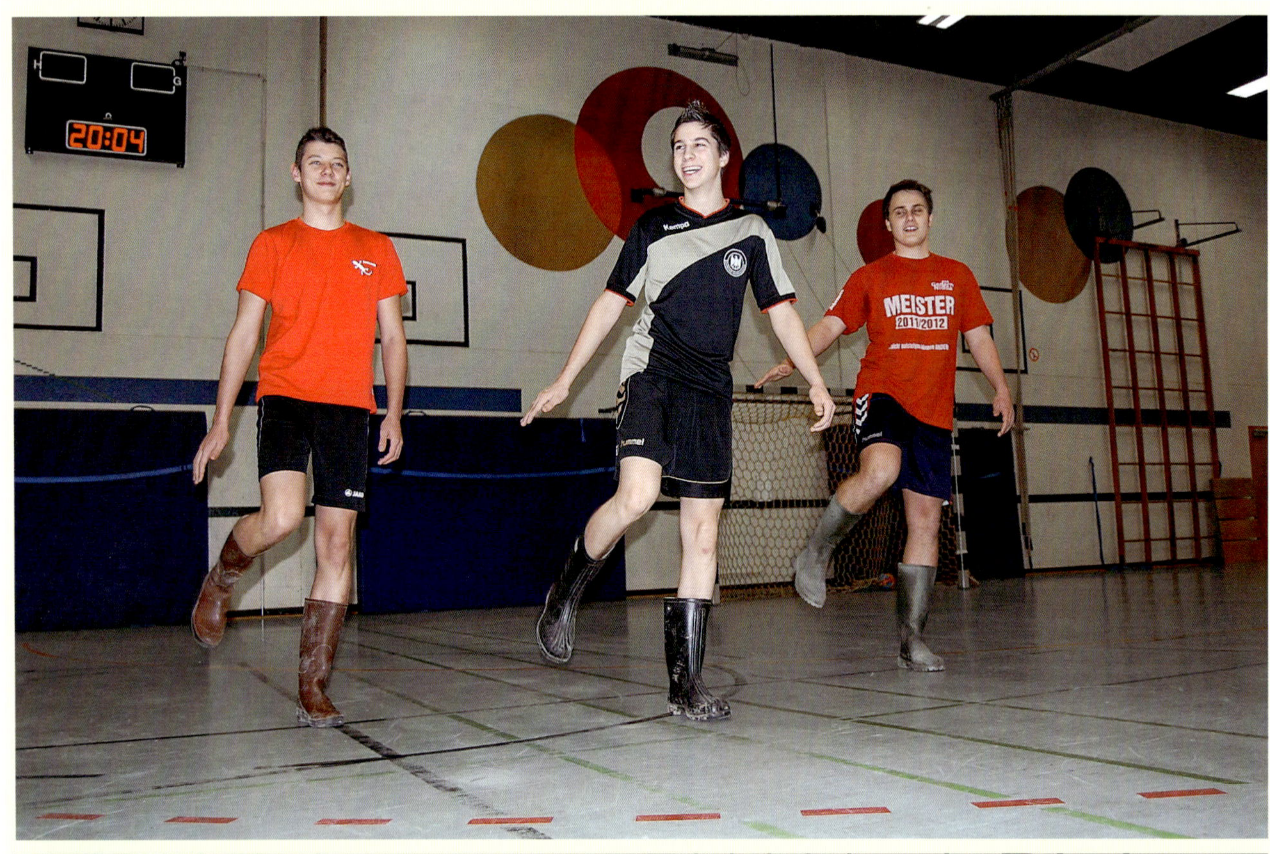

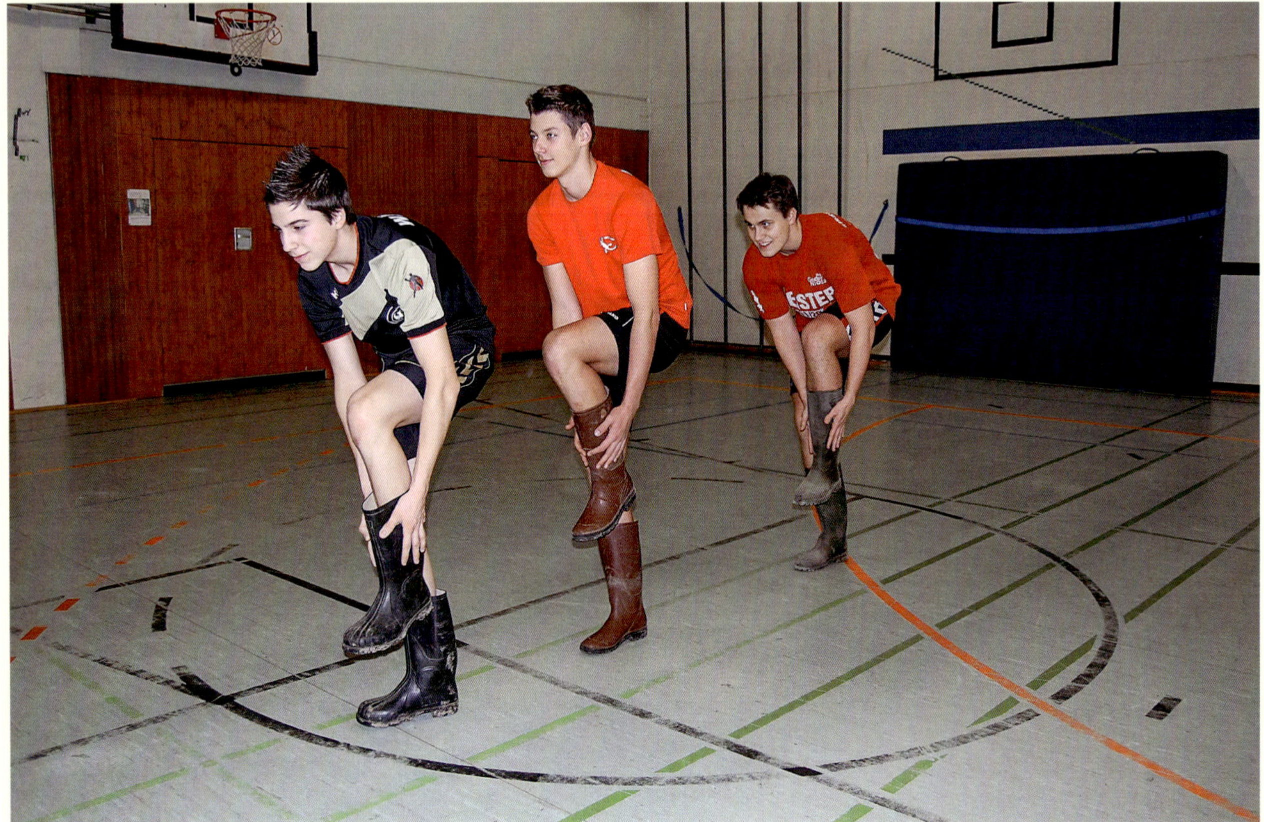

Phasen	Organisation, Geräte- und Materialbedarf
Hauptteil	
Übungsphase – Variation (bei Bedarf) **Tipp:** Falls die Gruppen unterschiedlich schnell fertig werden, kann eine der folgenden Zusatzaufgaben gegeben werden: ➢ Versucht eure Schritte genau zu beschreiben (AB 5) ➢ Könnt ihr eure Schritte auch mit einer Fotostrecke dokumentieren? (AB 6) ➢ Sucht euch eine zweite Gruppe, die auch bereits fertig ist. Zeigt euch gegenseitig euer Übungsergebnis. Hat die Gruppe einen Schritt gewählt, den ihr besonders gut findet? Falls ja, nehmt diesen zu euren Schritten hinzu, lasst ihn euch von eurer Partnergruppe erklären und übt ihn!	Stammgruppenarbeit AB 5, AB 6 Eventuell Fotoapparat / Handykamera und Stifte
Ausklang (10 Minuten)	
Minipräsentation Die Kleingruppen präsentieren ihre Übungsergebnisse jeweils einer anderen Kleingruppe.	

AB 4 – Schülerarbeitskarte 2

Arbeitskarte 2

- Erfindet gemeinsam **2 neue Tanzschritte**
  - Tipp: Einfach drauf los probieren!

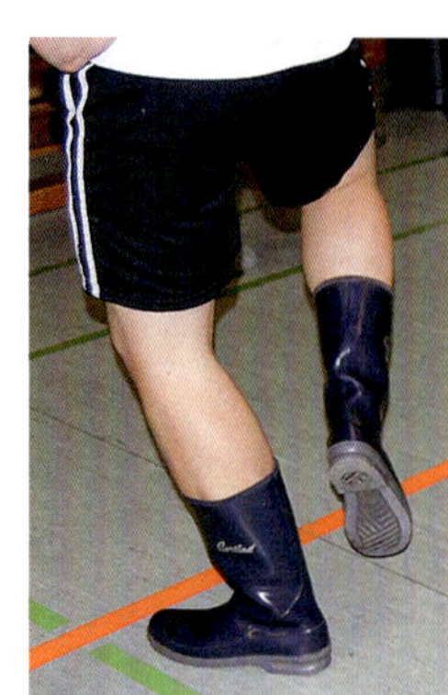

- Legt fest, in welcher Reihenfolge und wie oft ihr die Schritte wiederholen wollt.
- Übt sie!

Für Schnelle:
Überlegt euch noch weitere eigene Tanzschritte

Arbeitskarte 2

- Erfindet gemeinsam **3 neue Tanzschritte**
  - Tipp: Einfach drauf los probieren!

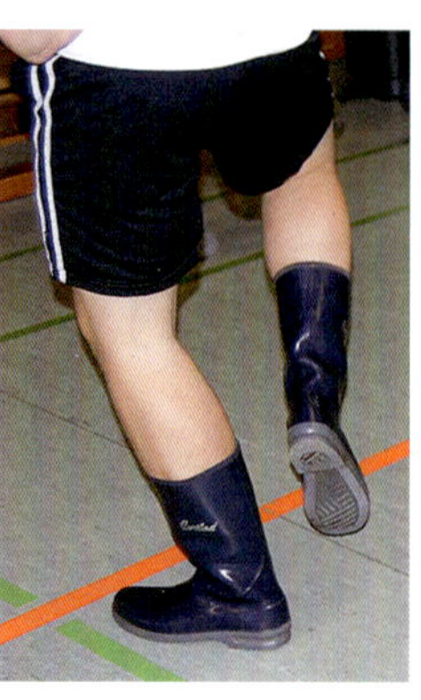

- Legt fest, in welcher Reihenfolge und wie oft ihr die Schritte wiederholen wollt.
- Übt sie!

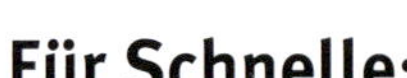

Für Schnelle:
Überlegt euch noch weitere eigene Tanzschritte

AB 5 – Schülerarbeitsblatt

Beschreibt eure Schritte!

Beispiel:

Schrittname: Criss-Cross

Beschreibung:

1 = beidseitiges Klatschen auf den rechten Unterschenkel/Gummistiefel

2 = Aufstampfen des rechten Fußes

3 = beidseitiges Klatschen auf den linken Unterschenkel/Gummistiefel

4 = Aufstampfen des linken Fußes

Schrittname: ____________________

Beschreibung:

Schrittname: ____________________

Beschreibung:

AB 6 – Schülerarbeitsblatt

Beschreibt eure Schritte mit Fotos!

Manche Schritte sind etwas komplizierter und sollten zusätzlich mit Bildern verständlich gemacht werden. Könnt ihr das auch? Sucht euch euren kompliziertesten Schritt aus und fotografiert die Einzelteile der Bewegung. Druckt die Fotos zu Hause aus und klebt sie hier auf.

Beispiel:

Schrittname: Criss-Cross

Beschreibung:

Und = rechte Hand klatscht auf die rechte Außenseite des Unterschenkels

1 = rechter Fuß stampft auf

und = linke Hand klatscht auf die Innenseite des rechten Unterschenkels

2 = rechter Fuß stampft auf

und = rechte Hand klatscht auf die Innenseite des linken Unterschenkels

3 = linker Fuß stampft auf

und = linke Hand klatscht auf die Außenseite des linken Unterschenkels

4 = linker Fuß stampft auf

Und 1 und 2 und 3 und 4

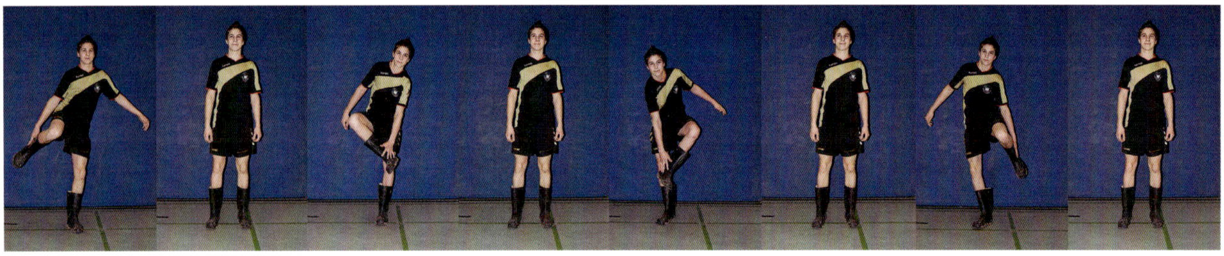

Schrittname: ____________________

Beschreibung:

Stundenbild 3: „Wo stehen und wie gehen wir?“ – Gestalten der Gruppenchoreographie unter besonderer Berücksichtigung von Aufstellungsformen und Raumwegen

Ziel: Die Schüler präsentieren ihre erweiterte Choreographie, indem sie unterschiedliche Aufstellungsformen sowie Übergänge und Bewegungen im Raum erarbeiten.

Phasen	Organisation, Geräte- und Materialbedarf
Einstieg (20 Minuten)	
Aufwärmen – Schlangenlaufen Teil 2 Im Hinblick auf den Hauptteil der Stunde, indem die Schüler die Gestaltungsprinzipien kennen und anwenden lernen sollen, eignet sich zum Aufwärmen erneut das Schlangenlaufen, nun allerdings in Abwandlung mit einigen raumspezifischen Zusatzaufgaben. Auf ein bereits zuvor verwendetes Aufwärmprogramm zurückzugreifen und damit an Bekanntem anzuknüpfen, erleichtert hierbei auch den schnelleren Einstieg in die Stunde. Die Zusatzaufgaben thematisieren dabei die Raumebenen. Zusatzaufgaben: ➢ Versucht möglichst große Bewegungen vorzumachen ➢ Versucht möglichst kleine Bewegungen vorzumachen ➢ Versucht Bewegungen vorzumachen, mit möglichst viel Bodenkontakt ➢ Versucht Bewegungen vorzumachen, die möglichst laut sind	In Stammgruppen
Wiederholung mit Zusatzaufgaben Die Schrittfolgen aus den beiden Stunden werden wiederholt, dabei erhalten die Schüler kleine Zusatzaufgaben (AB 7)	AB 7
Hauptteil (45 Minuten)	
Kognitive Erarbeitungsphase – Gestaltungsprinzipien Durch die Vorübung mit unterschiedlichen Zusatzaufgaben sollen die Schüler bereits unbewusst erste Erfahrungen mit den Gestaltungsprinzipien Raum, Zeit und Organisationsform gemacht haben, um so nun besser über diese sprechen zu können. Insbesondere die Organisationsform kann hier aufgegriffen werden und es können erste Ideen an einer Tafel/auf einem Plakat für alle festgehalten werden. 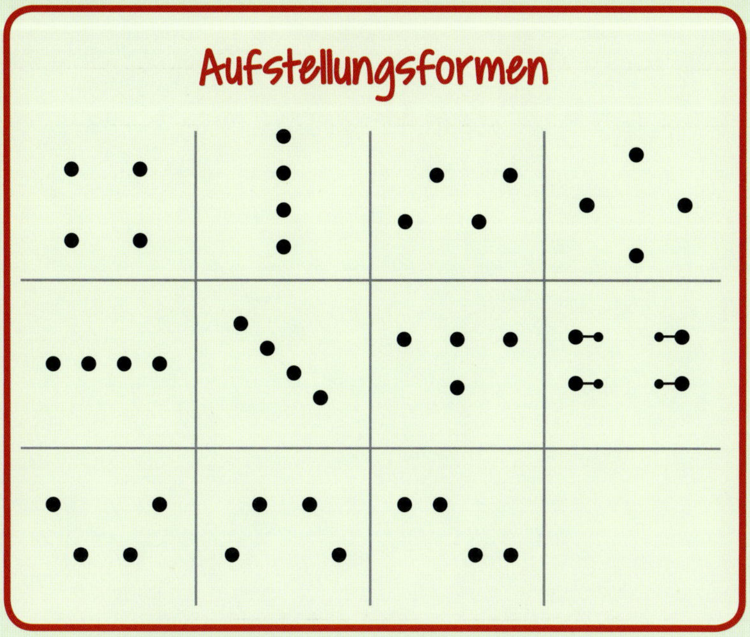 **Aufstellungsformen**	Plenum – Großgruppe Unterrichtsgespräch Plakat

Phasen	Organisation, Geräte- und Materialbedarf
Hauptteil	
Gestalterische Erarbeitungs- und Übungsphase Die Kleingruppen erarbeiten anhand eines Arbeitsauftrags selbstständig ihre eigenen Choreographien und üben diese (AB 8).	Stammgruppenarbeit AB 8 AB 9
Ausklang (10 Minuten)	
Verschriften der Choreographie Die Kleingruppen halten ihre Choreographie als Ergebnissicherung stichpunktartig in einem Arbeitsblatt (AB 10) fest, um sie zur nächsten Stunde parat zu haben.	Stammgruppen AB 10 Stifte

AB 7 – Schülerarbeitskarte 3

Arbeitskarte 3

- **Ihr habt bereits 6 oder mehr Tanzschritte zusammen. Probiert jetzt Folgendes jeweils einmal aus:**
  - Tanzt eure Schritte so, dass ihr euch alle anschaut
  - Tanzt eure Schritte so, dass ihr alle in die gleiche Richtung schaut
  - Tanzt eure Schritte so, dass zwei oder mehr Personen direkt hintereinander stehen
  - Tanzt eure Schritte so, dass einer den Schritt zuerst tanzt und die anderen danach alle gleichzeitig mitmachen
  - Tanzt eure Schritte so, dass einer den Schritt zuerst tanzt und die anderen nach und nach mitmachen
  - Tanzt eure Schritt so, dass nur 2 Personen aus der Gruppe ausgewählte Schritte tanzen, der Rest tanzt die anderen Schritte

Arbeitskarte 3

- **Ihr habt bereits 4 oder mehr Tanzschritte zusammen. Probiert jetzt Folgendes jeweils einmal aus:**
  - Tanzt eure Schritte so, dass ihr euch alle anschaut
  - Tanzt eure Schritte so, dass ihr alle in die gleiche Richtung schaut
  - Tanzt eure Schritte so, dass zwei oder mehr Personen direkt hintereinander stehen
  - Tanzt eure Schritte so, dass einer den Schritt zuerst tanzt und die anderen danach alle gleichzeitig mitmachen
  - Tanzt eure Schritte so, dass einer den Schritt zuerst tanzt und die anderen nach und nach mitmachen
  - Tanzt eure Schritt so, dass nur 2 Personen aus der Gruppe ausgewählte Schritte tanzen, der Rest tanzt die anderen Schritte

Arbeitskarte 4

Gestaltet eure Choreographie!

- **Phase 1:** Probiert eure Tanzschritte zunächst in verschiedenen Aufstellungsformen aus. Welche gefallen euch gut? Wer steht wo?
- **Phase 2:** Legt fest, in welcher Reihenfolge ihr eure Schritte präsentieren wollt. Welche Aufstellungsformen wollt ihr jeweils nutzen? Ihr müsst mindestens 3 verschiedene einbauen.
- **Phase 3:** Überlegt euch auch, wie ihr besonders gut von einer Aufstellungsform in die andere kommt.
  Tipp: Falls ihr noch nicht genug Ideen habt, könnt ihr bei den Tipp-Karten nachschauen.

- **Phase 4:** Schreibt eure Schritte auf das Arbeitsblatt.

AB 9 – Aufstellungsform

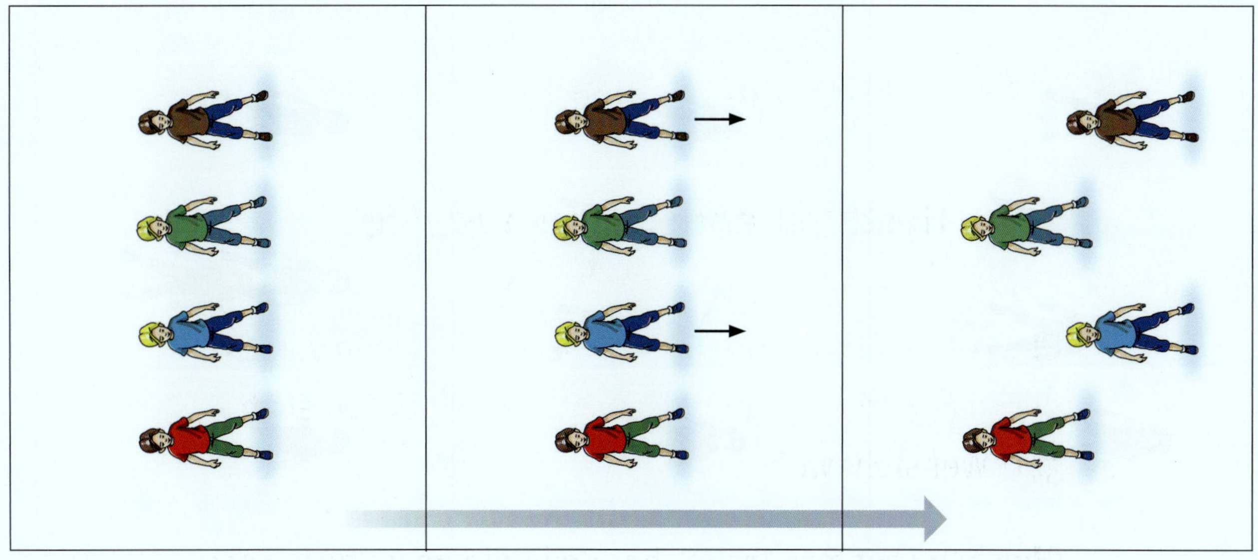

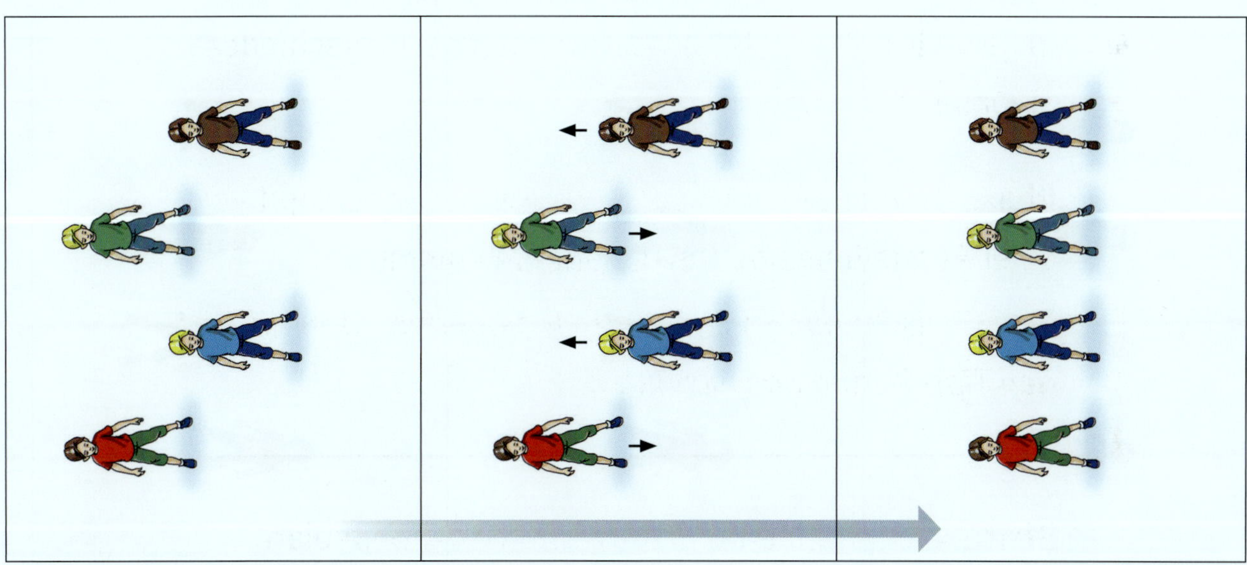

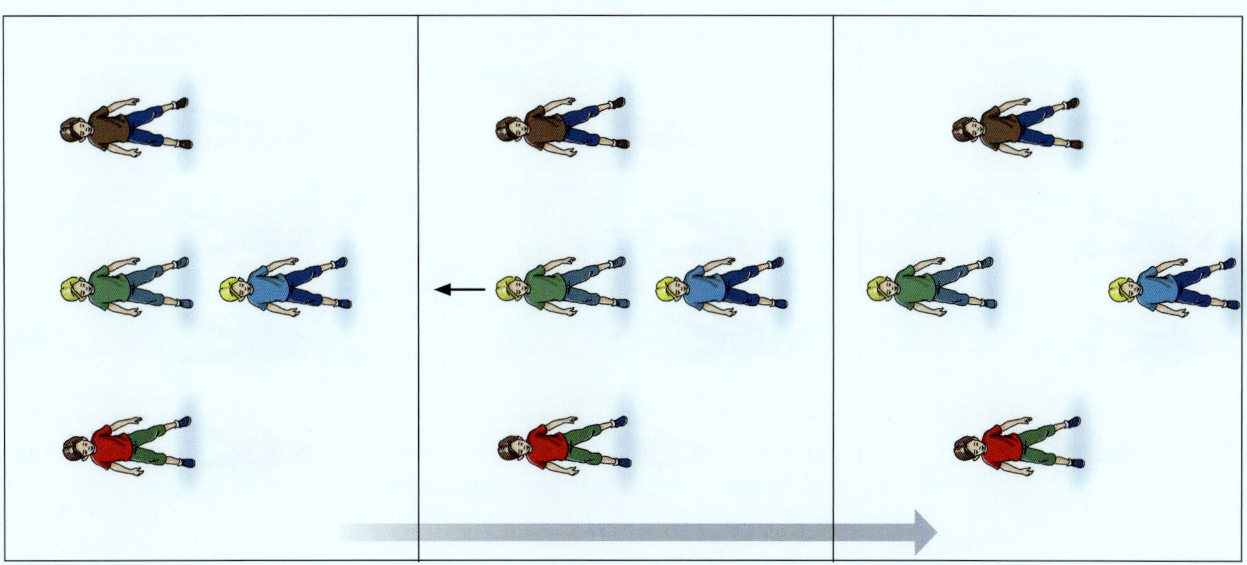

AB 9 – Aufstellungsform

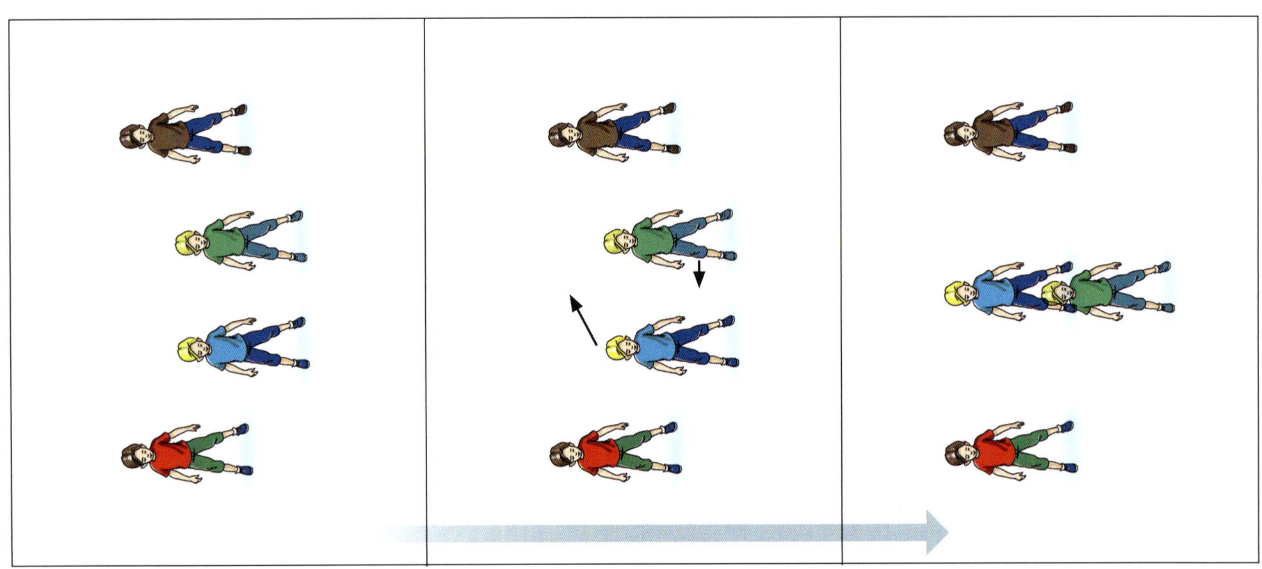

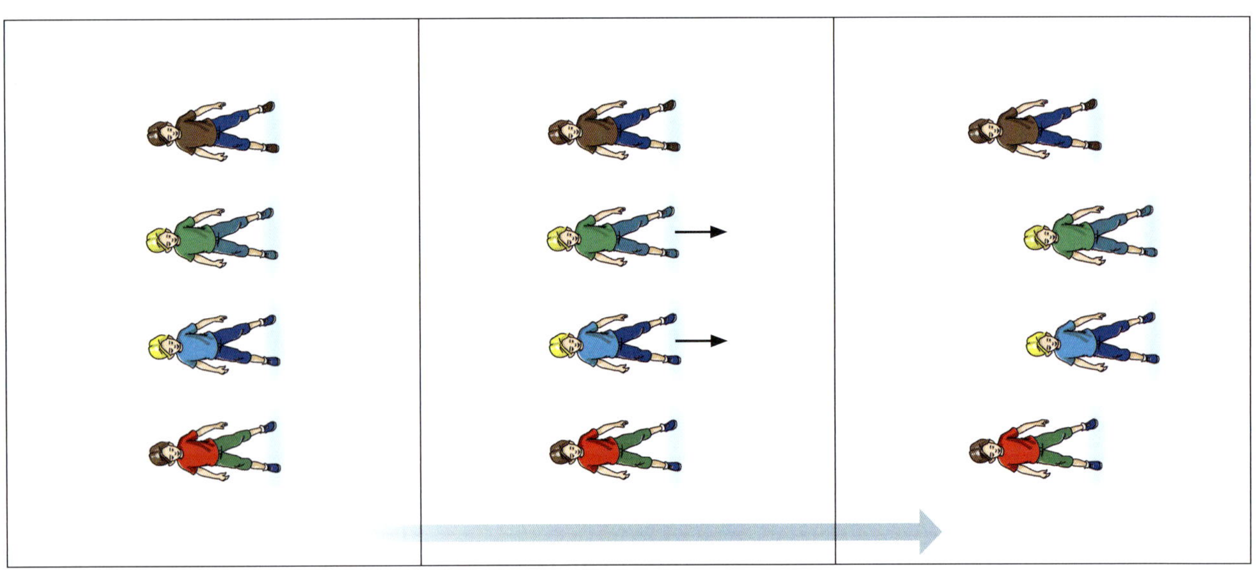

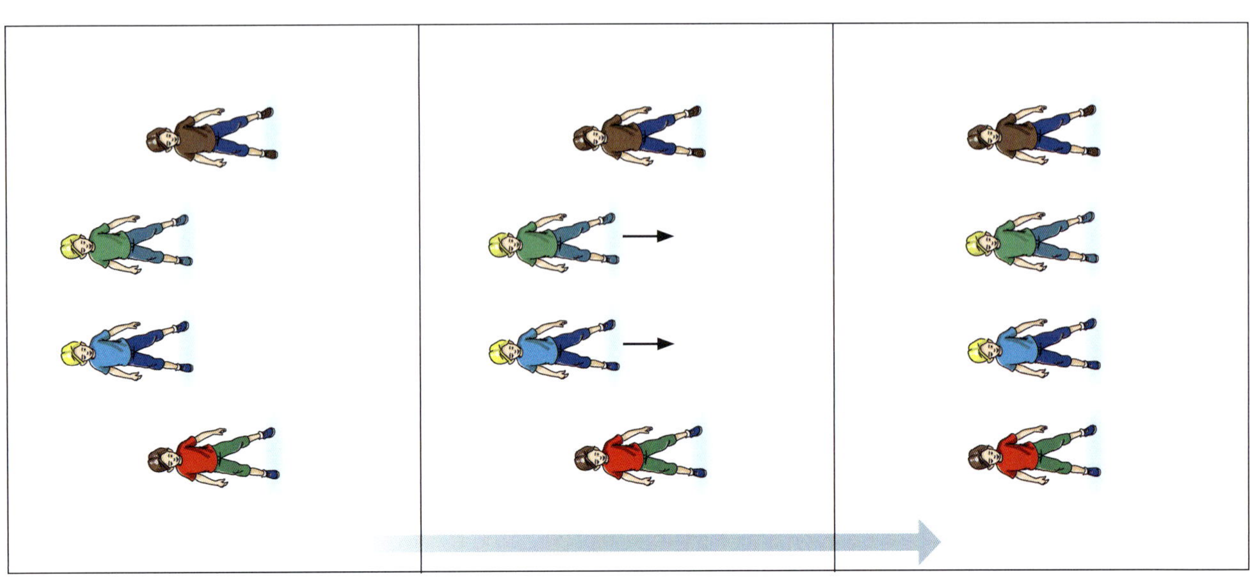

AB 9 – Aufstellungsform

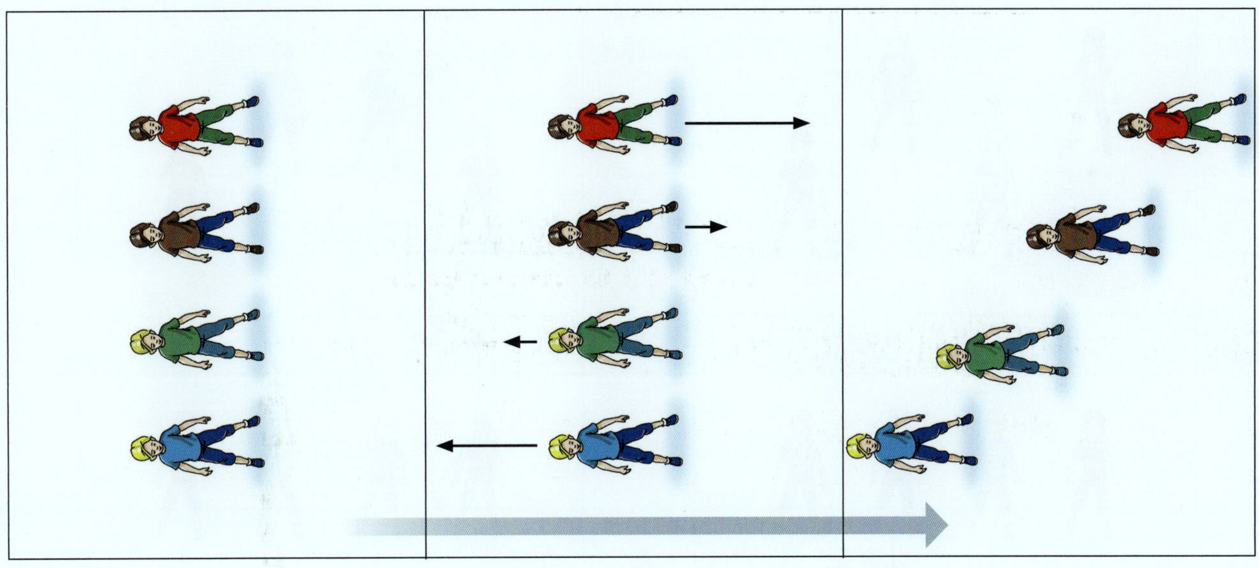

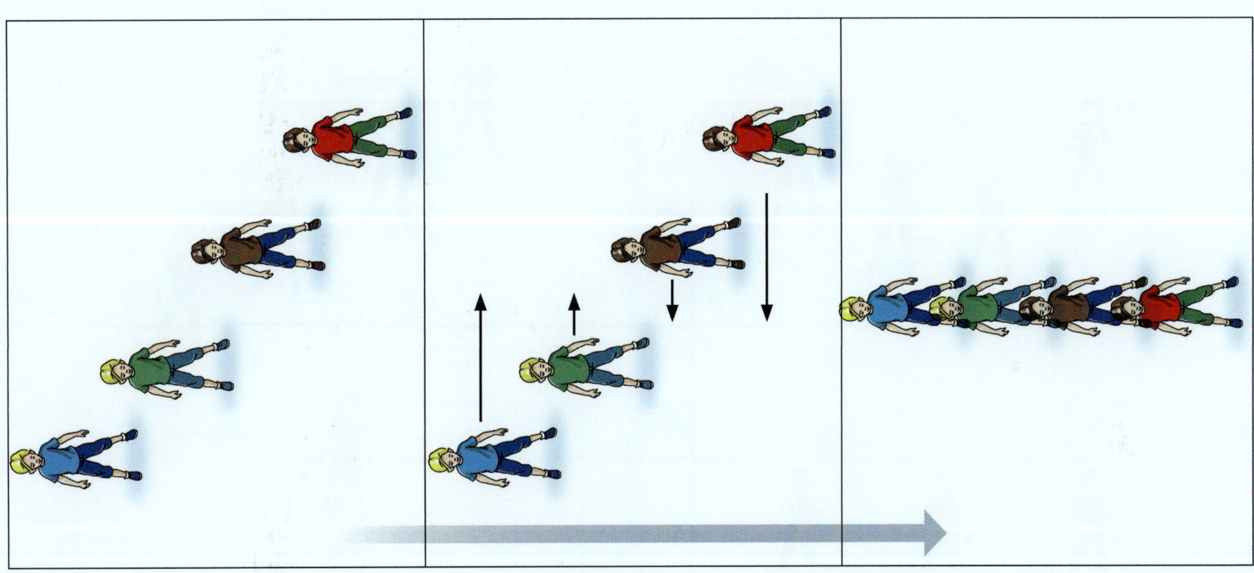

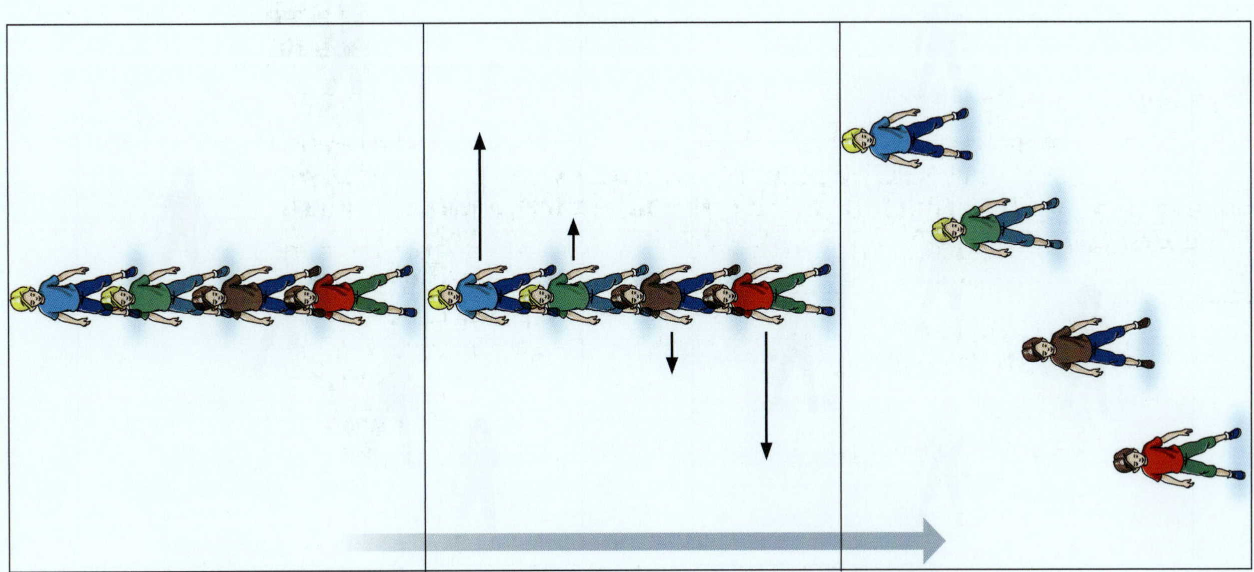

AB 9 – Aufstellungsform

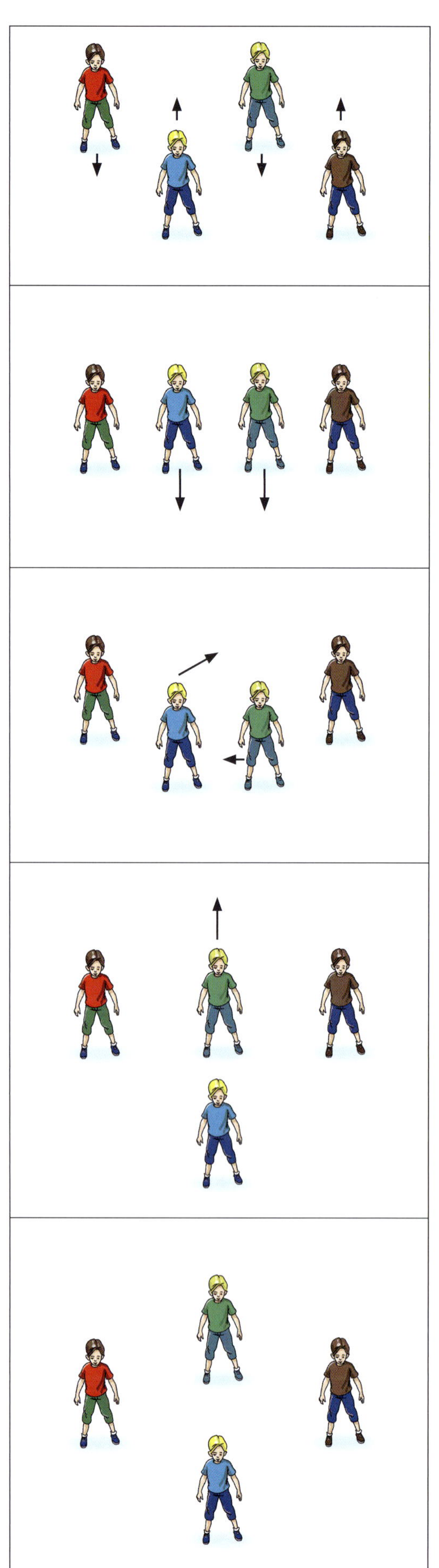

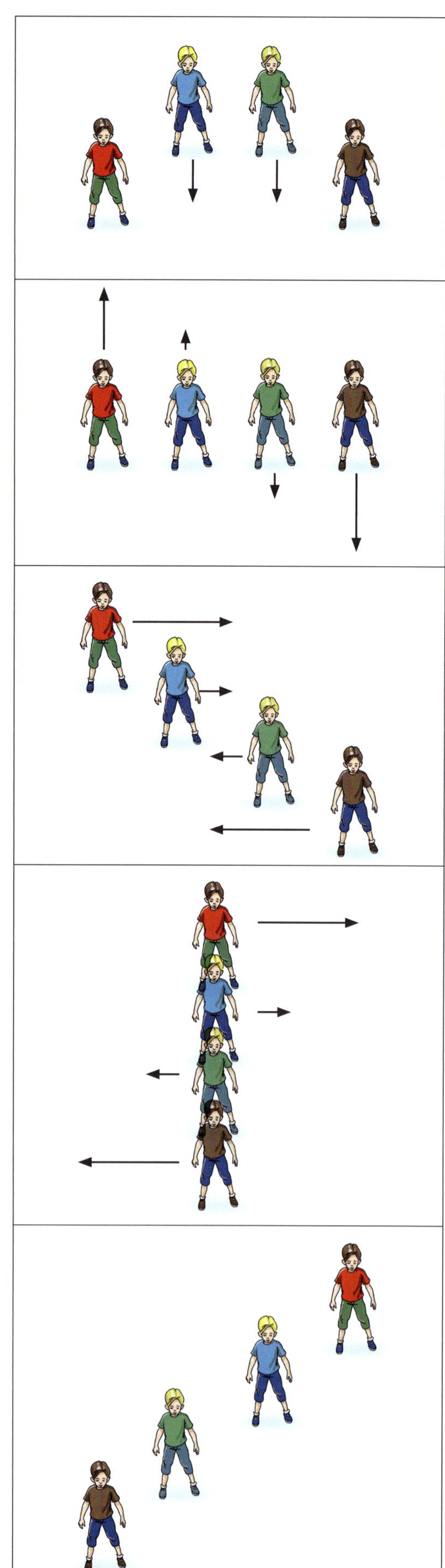

AB 10 – Schülerarbeitsblatt

Unsere Choreographie!

Haltet eure Choreographie stichpunktartig fest, damit ihr sie nicht vergesst!

Nr.	Welcher Schritt?	Wie oft wird er wiederholt?	Wie stehen wir? (Skizze)	Besonderheit? (Raum, Zeit, Material?) Wechselsignal?

Stundenbild 4: „Fehlt noch was?“ – Kriteriengeleitetes Feedback zur Verbesserung der eigenen Präsentation nutzen

Ziel: Die Schüler geben sich gegenseitig kriteriengeleitetes Feedback und arbeiten diese in ihre Choreographie ein.

Phasen	Organisation, Geräte- und Materialbedarf
Einstieg (10 Minuten)	
Was macht eine Choreographie interessant? Klären Sie, in Anknüpfung an die letzte Stunde, gemeinsam mit ihrer Lerngruppe, was eine Choreographie interessant, spannend und abwechslungsreich macht und halten Sie diese Ergebnisse auf einem Plakat oder einer Tafel fest. Entwickeln Sie daraus gemeinsam mit den Schülern auf einem zweiten Plakat Beurteilungskriterien, die für ihre Prüfung gelten sollen. Beispielsweise: ➢ Synchronität ➢ Einbauen unterschiedlicher Positionswechsel ➢ koordinative Schwierigkeit der Schrittfolgen ➢ kreative Einfälle ➢ Länge der Präsentation (nicht zu lang/zu kurz) ➢ usw. GUMBOOT DANCE - Choreographie - SYNCHRONITÄT - ABWECHSLUNGSREICHE SCHRITTE - ABWECHSLUNGSREICHE AUFSTELLUNGS-FORMEN - ANFANG / ENDE (BESONDERHEITEN?) **Tipp:** Achten Sie darauf, dass es auf keinen Fall mehr als fünf unterschiedliche Punkte sind, eher sollten drei angestrebt werden: So können sich die Schüler gezielter vorbereiten und es wird in der Beurteilungssituation später nicht zu kompliziert. Durch die Mitgestaltung der Prüfungskriterien werden die Schüler darin geschult zu erkennen, was an einem Thema essenziell sein könnte und dies als Anforderung zu formulieren.	Sitzkreis o. ä. Unterrichtsgespräch Plakat & Stifte
Hauptteil (55 Minuten)	
Übungsphase 1 Geben Sie den Stammgruppen ca. 15–20 Minuten Zeit ihre Choreographie hinsichtlich der zuvor erarbeiteten Kriterien zu überprüfen und gegebenenfalls kleine Änderungen vorzunehmen.	Stammgruppenarbeit AB 11
Feedback geben Um ihre Choreographien noch weiter zu verbessern, geben sich die Gruppen untereinander Feedback. Dafür zeigen sich zwei Kleingruppen gegenseitig ihre Präsentationen und geben sich nach eben festgelegten Kriterien Rückmeldung. (Ein Beispielfeedbackbogen findet sich auf dem AB 12.) Dieser Vorgang sollte noch ein- bis zweimal wiederholt werden, sodass die Rückmeldungen von 2–3 verschiedenen Gruppen kommen.	Je 2–3 Stammgruppen zusammen AB 12

Phasen	Organisation, Geräte- und Materialbedarf
Hauptteil (55 Minuten)	
Übungsphase 2 Der letzte Feinschliff steht an: Die Kleingruppen arbeiten das Feedback in ihre jeweiligen Präsentationen ein und üben diese.	Stammgruppenarbeit

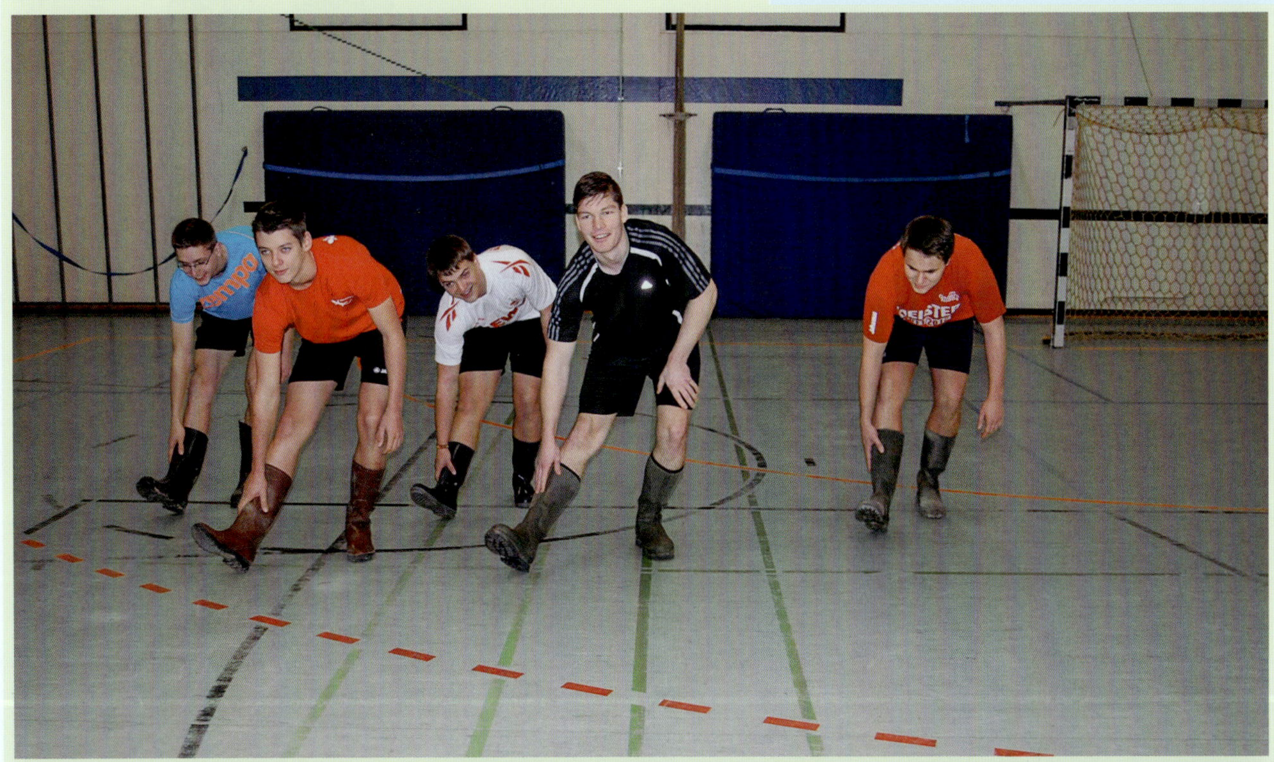

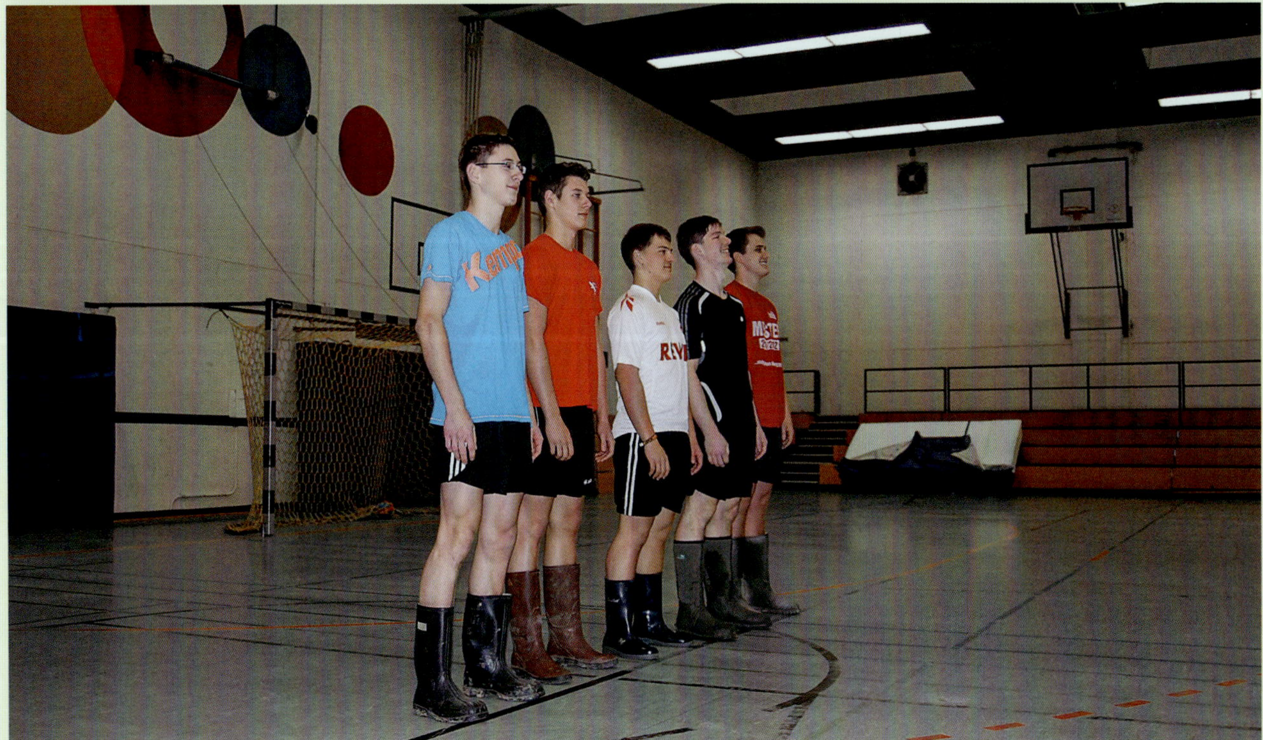

Ausklang (10 Minuten)	
Offene Fragen klären Es sollte Raum gegeben werden, um letzte offene Fragen zu den Prüfungskriterien oder dem Prüfungsablauf klären zu können.	

Arbeitskarte 5

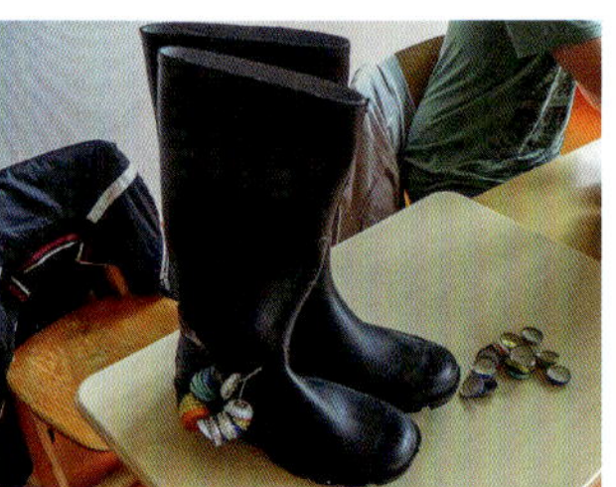

- **Nun habt ihr alles, was ihr braucht. Versucht nun eine Choreographie daraus zu machen:**
  - Überlegt euch die Übergänge (mit Sprüngen, Klatschen, Pausen o. ä.)
  - Überlegt euch einen Anfang und ein Ende
  - Überlegt euch Besonderheiten (Hinzunahme von Material, Stimme o. ä.)
  - Übt eure Synchronität!

AB 12 – Feedbackbogen

Namen der Bewerter: ______________________________

Bewertung der Gruppe: ______________________________

	Sehr gut	Gut	Befriedigend	Ausreichend
Synchronität:				
Formationen:				
Abwechslung:				
Anfang/Ende:				
Gesamtnote:				

Bewertung der Gruppe: ______________________________

	Sehr gut	Gut	Befriedigend	Ausreichend
Synchronität:				
Formationen:				
Abwechslung:				
Anfang/Ende:				
Gesamtnote:				

Bewertung der Gruppe: ______________________________

	Sehr gut	Gut	Befriedigend	Ausreichend
Synchronität:				
Formationen:				
Abwechslung:				
Anfang/Ende:				
Gesamtnote:				

Stundenbild 5: Präsentation und Prüfung

Ziel: Die Schüler präsentieren ihre Ergebnisse

Phasen	Organisation, Geräte- und Materialbedarf
Einstieg (15 Minuten)	
Ablauf der Stunde klären Informieren Sie ihre Lerngruppe über den genauen Ablauf der heutigen Präsentations- & Prüfungsstunde.	Sitzkreis o. ä.
Aufwärmen Die Schüler erwärmen sich selbstständig individuell.	Einzelarbeit/Kleingruppe
Hauptteil (60 Minuten)	
Generalprobe Die Kleingruppen haben ca. 20 Minuten Zeit, noch einmal in Ruhe ihre Choreographie durchzugehen.	Stammgruppenarbeit
Prüfung Die Gruppen präsentieren ihre Ergebnisse und werden von Ihnen nach vorab festgelegten Kriterien beurteilt.	Präsentationssituation mit der Klasse als Publikum
Tipp: Es findet sich ein Schülerbeispielvideo im YouTube-Kanal des Limpert Verlags unter https://youtu.be/r6sU7Lu1yyA (1.2).	Siehe YouTube-Kanal
Zum Wert der Präsentation – Exkurs Das größte pädagogische Potenzial im Zusammenhang mit der ästhetischen Erziehung wird im leiblichen Erfahrungs- und Vergegenwärtigungsprozess von Bewegungen gesehen. Aber auch in der Präsentation selbst liegt pädagogisches Potential: „Aufregungen, Spannungen, Ängste im Prozeß des Entstehens einer Aufführung spüren – und die Befriedigung, die Erleichterung sowie den Stolz des Gelingens, auch manchmal das von Verständnis und Trost begleitete Aushalten des Misslingens“ (Polzin, 1993, S. 17). Polzin geht sogar über die subjektiven und affektiven Lernmechanismen einer Präsentation für das Individuum hinaus und schreibt ihr auch mögliche Lernwirkungen beim Publikum zu: „als Erfahren und Lernen im Zuschauen, in der Begegnung mit Lern- und Arbeitsergebnissen von anderen, die durch ihre Präsentation zum Nachdenken anregen, zu eigenen Versuchen ermutigen und zur Teilhabe – zu Beifall und Kritik – auffordern“ (ebd., S. 15). Einem Gestalten und Üben, ganz gleich in welchem Genre, sollte eine Vor- oder Aufführung folgen. Diese gehört nicht einfach nur dazu, sondern ist ein wertzuschätzender Teil davon.	

2. Bewegungstheater: Ich bin..., du bist..., wir sind... Mit Bewegungen darstellen

Zeit	5 Doppelstunden
Niveau	Anfänger
Ort	Sporthalle
Unterrichtsziele	Vielfältige Erfahrungen im Bereich der Körperwahrnehmung kennenlernen sowie grundlegende Elemente gestalterischen Bewegungshandelns anwenden können
Kompetenzerwartungen	Verbesserung der Wahrnehmungsfähigkeit; sich körperlich ausdrücken – Bewegungen gestalten

Fachliche Hinweise

Im Unterrichtsvorhaben „Bewegungstheater" geht es überwiegend darum, vielfältigste Erfahrungen im Bereich der Körperwahrnehmung kennenzulernen und sich spielerisch an darstellende Bewegungshandlungen heranzutasten.
Kinder haben zunächst oft ein grundlegend ausgeprägtes Bedürfnis, etwas darzustellen und zu präsentieren. Diese Bereitschaft verliert sich jedoch bei vielen Heranwachsenden im Laufe ihrer Entwicklung. Gerade deshalb sollte es ein wichtiges Anliegen bleiben, den Schülern Gelegenheiten zur Darstellung durch und mit Bewegung zu bieten, sowie geeignete Darstellungsanlässe bereitzustellen.
Der darstellerische Anspruch kann in der Schule allerdings nur dann zufriedenstellend zu verwirklichen sein, wenn die Darstellungsanlässe überschaubare Handlungen herausfordern und sich am Interessenhorizont der Schüler orientieren.
Die Unterrichtseinheit bietet also zunächst einige Übungen zur Körperwahrnehmung an, die verschiedene Sinneskanäle ansprechen. Daran schließen sich verschiedenste und locker aufeinander aufbauende Übungsformen zum spielerisch-gestalterischen Handeln an, die unterschiedliche Darstellungsanlässe bieten. Diese können bei Bedarf auch in einer kleinen Szene oder Aufführung münden.

Praktische Tipps

Musik: In diesem Unterrichtsvorhaben eignet sich Musik, die wenig oder gar keinen Text hat, aber trotzdem melodisch ansprechend, rhythmisch interessant und die eine oder andere Stimmung untermalend ist. Zu empfehlen sind folgende beiden CDs:

- Pina Bausch, Soundtrack „Pina – tanzt, tanzt sonst sind wir verloren" (erhältlich beispielsweise bei Amazon ab 14,99 €)
- Rene Aubry „Plaisirs D'amour" (erhältlich beispielsweise bei Amazon ab 16,50 €).

Projektarbeit: Die Einheit kann leicht abgewandelt, auch gut als Vorbereitung auf einen Projekttag oder eine Projektwoche, genutzt werden. In der Projektwoche selbst kann die Zeit schließlich dazu genutzt werden, um bestimmte Elemente und erarbeitete Szenen der Lerngruppe zu einem kleinen Tanztheaterstück zusammenzusetzen und eine Aufführung folgen zu lassen. Ein solches Großprojekt sollte aber nur mit einem entsprechend zur Verfügung stehenden zeitlichen Rahmen durchgeführt werden.

Materialien: Die Karten für die Montagsmaler (Stunde 1), sowie die Begriffskarten zur Pantomime (Stunde 3) dienen lediglich als Anregung und können selbstverständlich erweitert werden. Auch die Stationskarten in Stunde 4 können mit weiteren Materialien und Objekten bereichert und aufgefüllt werden. Denkbar sind Zeitungen, Reifen, Pylonen, Leibchen u.v.m.

Literatur

Boine, M. (2007). Gänge und Gesten. *Sportpädagogik 31* (4). S. 44–48.
Klinge, A. & Wolters, P. (2007). Symbolspiele. Eine Auswahl für die Thematisierung von Körpersprache. *Sportpädagogik 31* (2), S. 40–47.
https://www.schulbilder.org/

Stundenübersicht

Stundenbild 1:	Mit allen Sinnen – Wahrnehmungsübungen
Stundenbild 2:	Bewegungsaufgaben folgen und Bewegungen erfinden
Stundenbild 3:	„Wer bin ich?" – Sich selbst und andere(s) darstellen
Stundenbild 4:	Luftballon, Stab & Tuch – Was kannst du alles damit tun? Objekte als Gestaltungsanlass nutzen
Stundenbild 5:	Zeitraffer und Zeitlupe: Kleine Szenen spielen

Stundenbild 1: Mit allen Sinnen – Wahrnehmungsübungen

Ziel: Die Schüler verbessern ihre taktile und visuelle Wahrnehmung durch unterschiedliche kleine Spiel- und Übungsformen zum gestalterischen Bewegen.

Phasen	Organisation, Geräte- und Materialbedarf
Einstieg (15–20 Minuten)	
Aufwärmen – Wahrnehmungsspiel „Wusch" Dieses Spiel schult das Einander-Wahrnehmen und die Reaktionsschnelligkeit. Alle Teilnehmer stehen im Kreis. Es gibt zunächst eine Bewegungs-Laut-Kombinationen, die reihum im Kreis weitergegeben wird: ➢ **Laut:** „Wusch!" **Bewegung:** mit der Hand einen Halbkreis zum Boden hin folgen, als ob man eine Welle im Wasser erzeugen würde. Nachdem diese Grundstruktur eingeführt und das Signal links und rechts herum gegeben wurde, können bereits die ersten Variationen eingebaut werden. ➢ Die Spieler können auch „abbrechen" und das Signal wieder in die Richtung geben, aus der es gekommen ist. ➢ Es kann die Regel eingeführt werden, den Laut „Wusch" nur nach links weiterzugeben und den Laut „Hepp" nach rechts.	Stehkreis Wahrnehmungs- und Reaktionsspiel

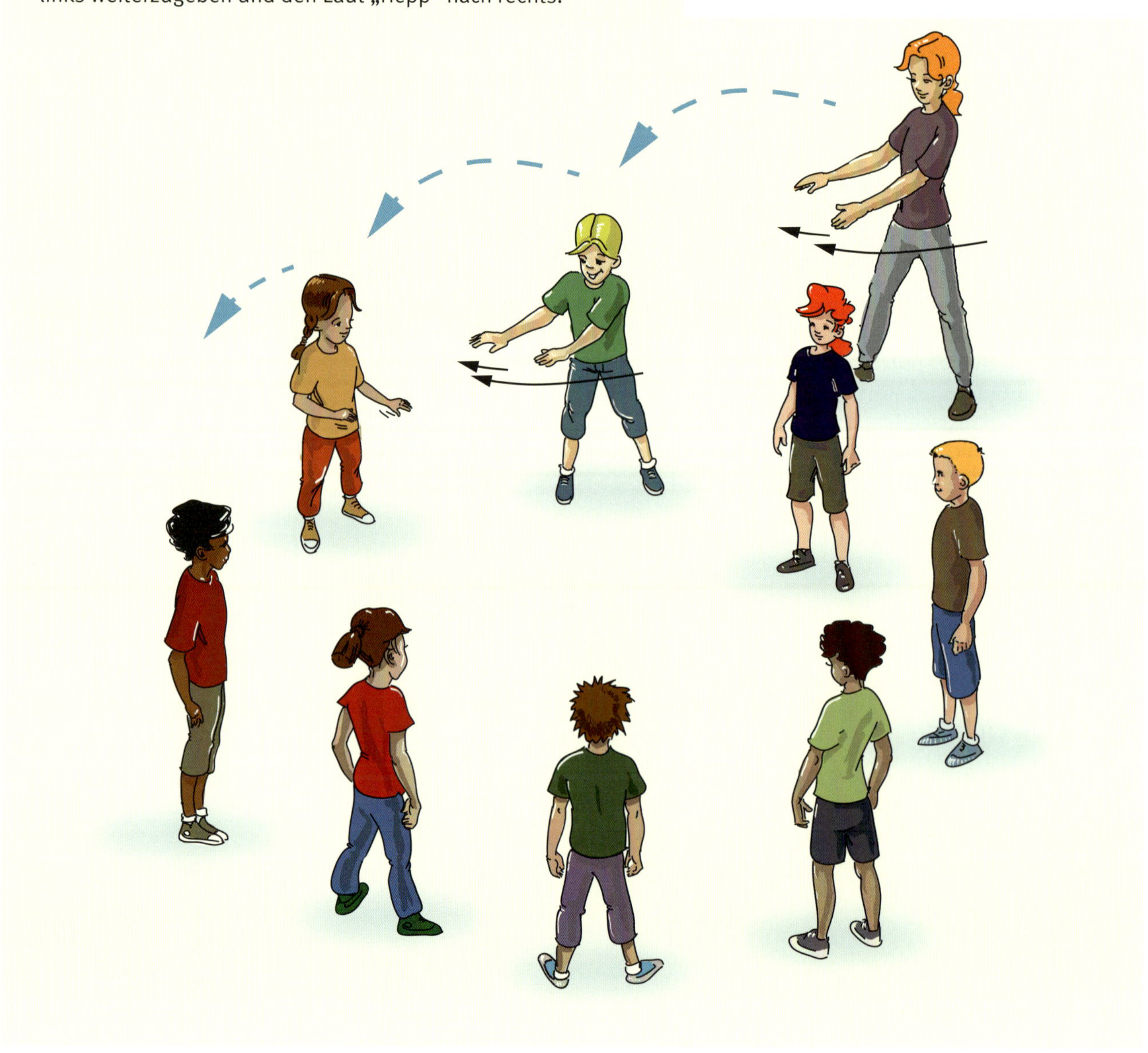

Phasen	Organisation, Geräte- und Materialbedarf
Einstieg	
Tipp: Dieses Spiel ist als **Ankerspiel** der Einheit gedacht und kann zu Beginn jeder Stunde mit den Kindern gespielt und dabei sukzessive erweitert werden. So gewinnt es immer mehr an Dynamik und Variationsreichtum. Ein solch ritualisierter Unterrichtsbeginn bringt außerdem die Aufmerksamkeit der Kinder zusammen und bündelt die Konzentration auf die Stunde.	
Aufwärmen 2 – Raumorientierung Die Schüler gehen in 4er-Gruppen zusammen und suchen innerhalb eines lockeren Joggingtempos den Bezug zueinander. Dafür wird ein Schüler in der Vierergruppe als „Orientierungspunkt" festgelegt. Die Lehrkraft gibt nun Anweisung in die Gruppe wie „vorne/hinten; links/rechts; nah/weit weg; dazwischen o. ä.". Diese beziehen sich auf den „festgelegten" Schüler, sodass sich die anderen Gruppenmitglieder im Raum neu anordnen und sortieren müssen. Dabei wird das lockere Lauftempo immer beibehalten.	Vierergruppen
Hauptteil (40–50 Minuten)	
1. „Klingende Partner" – Akustische Sinneswahrnehmung Jeder macht ein akustisches Signal mit seinem Partner aus. Danach bekommt jeweils ein Kind der Zweiergruppe die Augen verbunden und der Partner positioniert sich irgendwo in der Halle. Aufgabe ist es nun, aufgrund des akustisch vereinbarten Signals den Partner wiederzufinden.	Vierergruppe teilt sich in 2 Zweiergruppen: Partnerarbeit
Tipp 1: Wenn die Klasse sehr groß ist, kann es hilfreich sein, die Gruppe bei dieser Übung in eine „aktive" und eine „passive" Gruppe zu teilen, da sonst der Geräuschpegel insgesamt zu hoch ist. **Tipp 2:** Sie können zu Beginn die Einschränkung geben, nur mit einem „Klopfrhythmus" zu arbeiten (auf dem Boden oder mit den Händen) und in einem zweiten Schritt auch Pfeif- und andere Geräusche als Signal zulassen bzw. dazu anregen).	
2. „Blinder Modellierer" – Körperwahrnehmung Der blinde Modellierer ertastet die relativ einfache Position seines Partners und versucht mit seinem Körper die gleiche Position einzunehmen.	Partnerarbeit 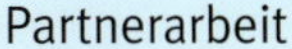

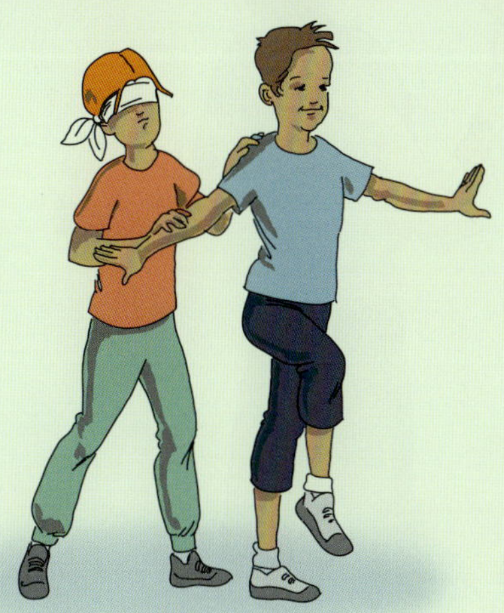

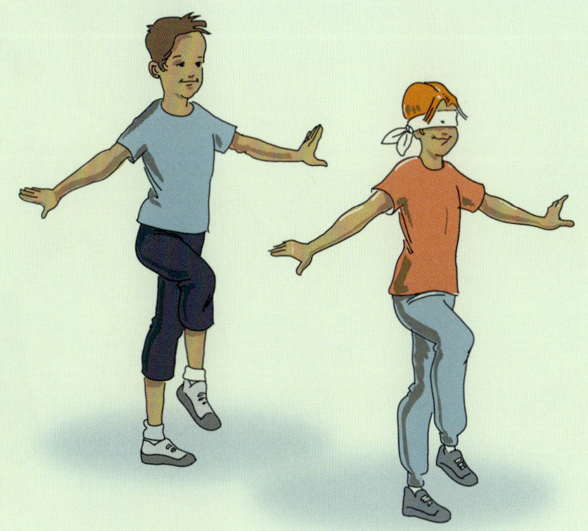

Phasen	Organisation, Geräte- und Materialbedarf
Hauptteil	
Tipp: In einer Dreiergruppe kann der blinde Modellierer nach einem Modell eine Kopie anfertigen.	
Erweiterung: Es können sich 2 Zweiergruppen zusammen tun und ein Paar stellt ein gemeinsames Modell dar, welches die andere Gruppe ebenfalls blind erfühlen und nachahmend darstellen muss.	
3. „Schatten vs. Spiegelbild" – Optische Sinneswahrnehmung **Schattenspiel:** Einer der Partner ist der „Vorturner" und macht zunächst einfache und langsame Bewegungen (auch im Raum) vor, die der Partner hinter ihm stehend nachvollziehen und nachahmen muss. **Spiegelbild:** Wie eben, nur dass sich die beiden Partner mit Blickrichtung zueinander gegenüberstehen und alle Bewegungen spiegelbildlich vollzogen werden müssen. **Tipp:** Wichtig ist hier noch einmal der Hinweis an die Schüler, dass es nicht darum geht, den anderen „abzuhängen", sodass die Bewegungen nicht mehr vollzogen werden können. Sondern genau das Gegenteil: Ich muss meine Bewegungen so wählen, dass mein Partner sie gut nachmachen kann.	Partnerarbeit
4. „Montagsmaler" – Taktile Sinneswahrnehmung Ein Partner „zeichnet" mit dem Zeigefinger einen Buchstaben oder eine Zahl auf den Rücken des Partners, welcher dieser erraten muss. **Erweiterung 1:** Es werden ganze Wörter oder kurze Sätze geschrieben. Alternativ können auch einfache Symbole oder ganze „Bilder" gezeichnet werden.	Partnerarbeit

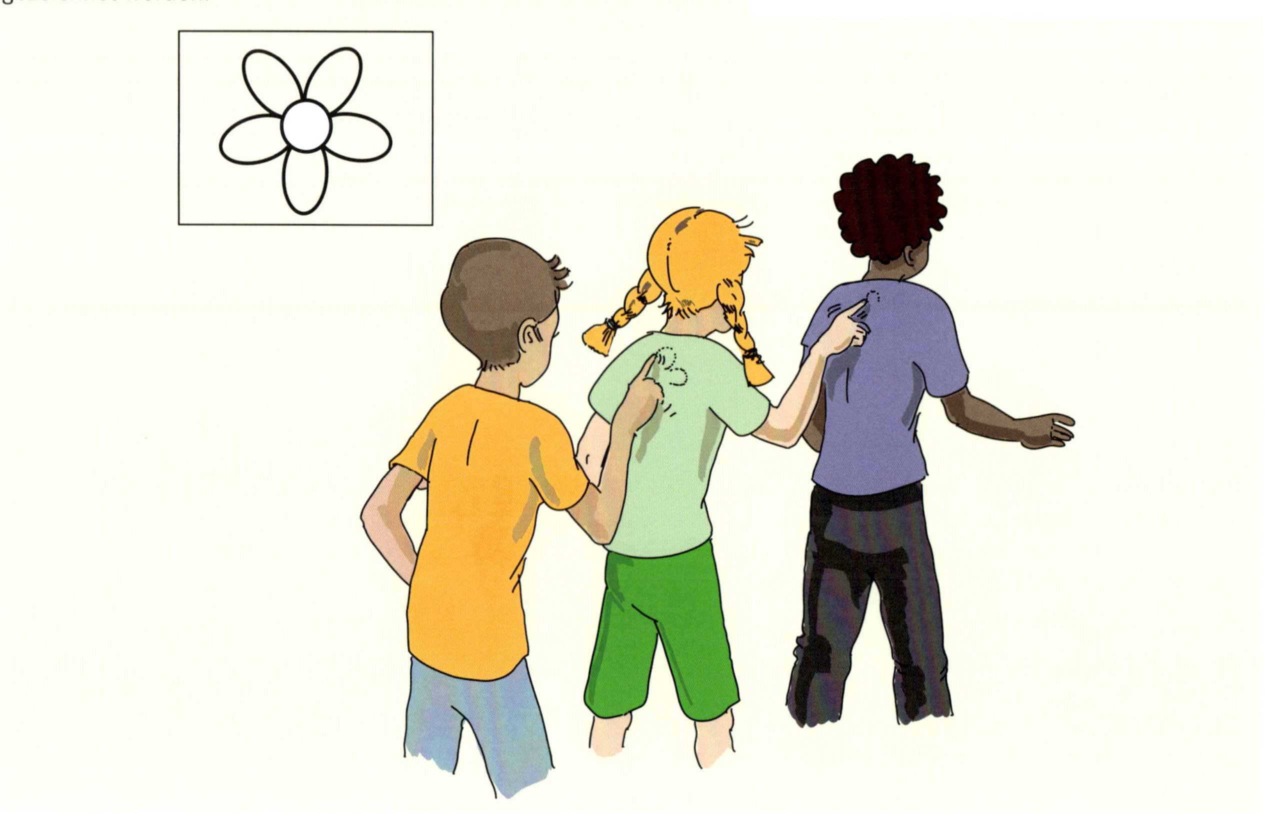

Phasen	Organisation, Geräte- und Materialbedarf
Hauptteil	
Erweiterung 2: Man kann wieder 2 Partnergruppen zu einer 4er-Gruppe zusammenschließen und eine Art „Stille Post"-Abwandlung ausprobieren. Dabei stehen/sitzen die Gruppenmitglieder alle in einer Reihe hintereinander. Der Erste bekommt ein einfaches Bild gezeigt (siehe Vorlagen), welches er auf den Rücken seines Vordermanns „malt". Dieser gibt dieses wiederum an den Rücken seines Vordermanns weiter etc. Der Letzte in der Reihe zeichnet dann dieses Bild auf ein Blatt Papier, und man kann sehen, wie es sich in der Zwischenzeit verändert hat.	4er-Gruppen AB 1 (Vorlagen für Montagsmaler/Bildkarten) Papier und Stifte
Ausklang (5–10 Minuten)	
Abschlussreflexion Zum Abschluss sollten die Übungen mit den Kindern dahingehend reflektiert werden, dass ihnen bewusst wird, auf welchen unterschiedlichen Kanälen wir wahrnehmen und welche Auswirkungen das möglicherweise auf mein Bewegen und Empfinden hat. Eine Einstiegsfrage könnte beispielsweise lauten: Welche der Übungen ist dir besonders schwer gefallen? ➔ Und woran lag das? Was war anders als sonst?	Plenum Unterrichtsgespräch

AB 1 – Vorlagen für Montagsmaler/Bildkarten

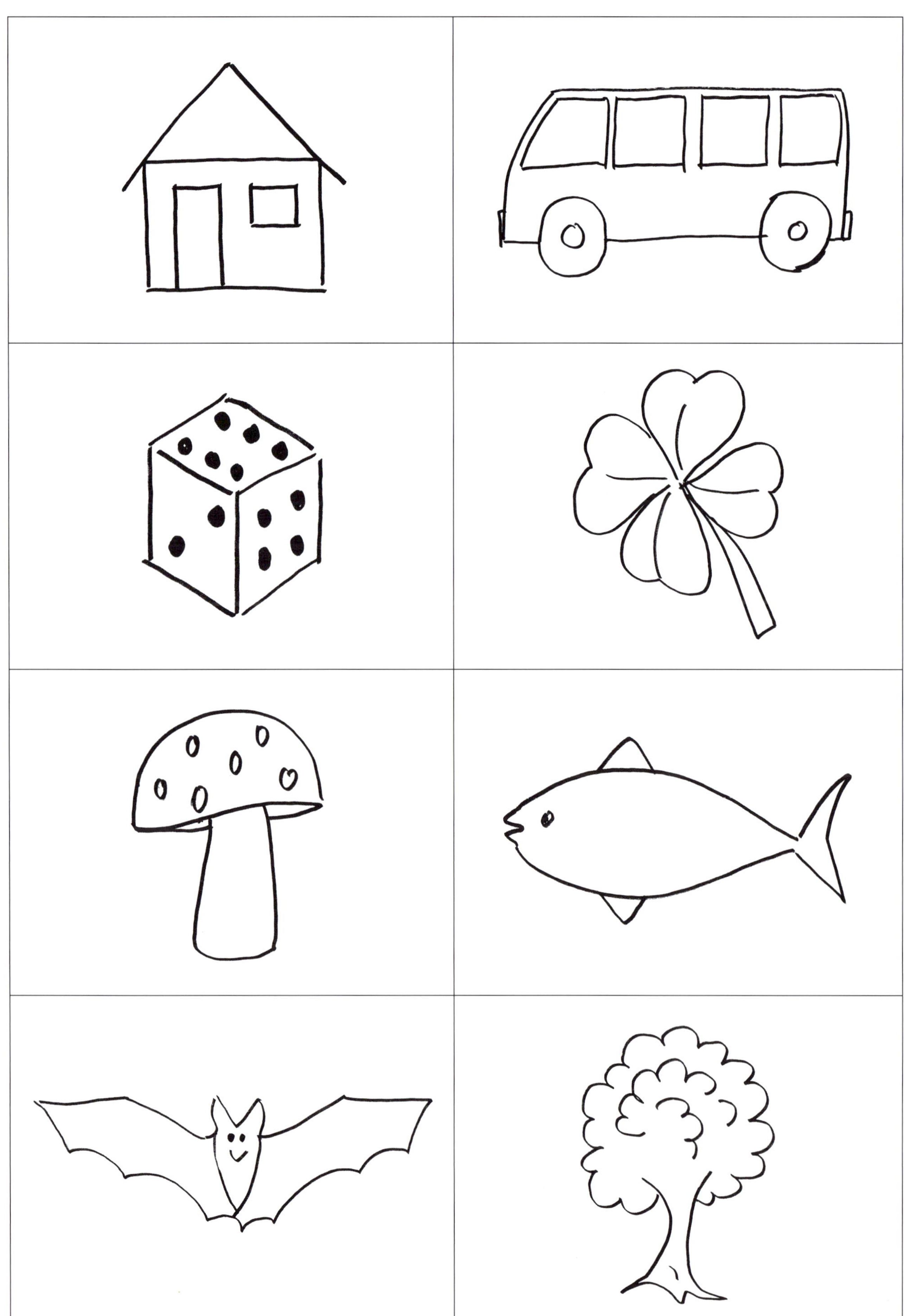

AB 1 – Vorlagen für Montagsmaler/Bildkarten

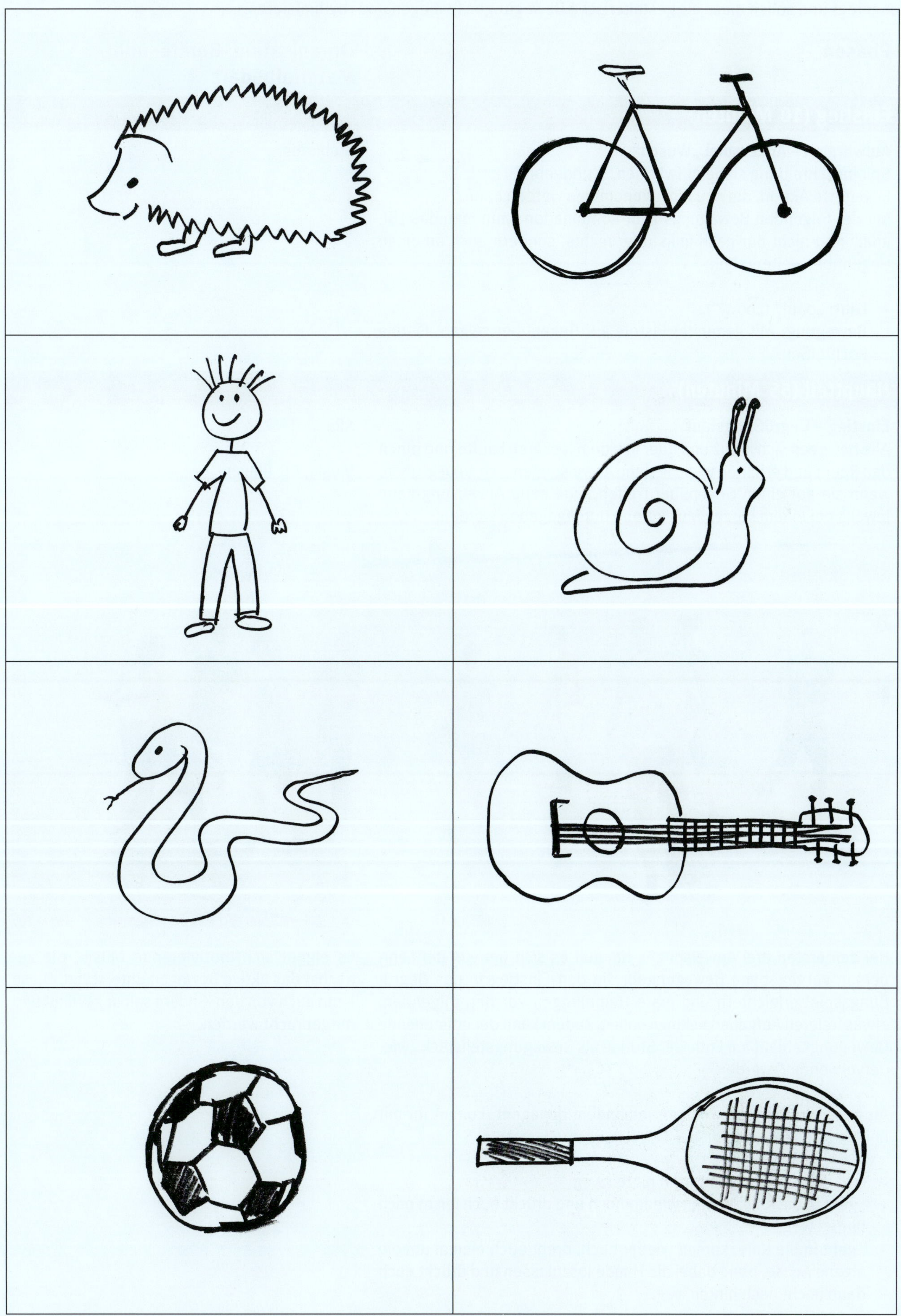

Stundenbild 2: Bewegungsaufgaben folgen und Bewegungen erfinden

Ziel: Die Schüler werden durch unterschiedlichste Bewegungsaufgaben zu einer eigenen Bewegungsausgestaltung angeregt und sollen diese als gestalterische Bewegungen festlegen und rhythmisieren.

Phasen	Organisation, Geräte- und Materialbedarf
Einstieg (10 Minuten)	
Aufwärmen – Ankerspiel „Wusch" Spielbeschreibung siehe Aufwärmen, Stundenbild 1. Erweiterte Aktion, die neu hinzugenommen werden kann: Mit der folgenden Bewegungs-Laut-Kombination kann man das „Signal" nun nicht nur nach links oder rechts, sondern auch an einen Gegenüber weitergeben: ➢ **Laut:** „pau!" („pow!"). **Bewegung:** Mit gemimter Pistole auf Gegenüber zeigen, Pistole hochreißen.	Stehkreis
Hauptteil (55 Minuten)	
Einstieg – Begrüßungslauf Alle bewegen sich kreuz und quer in einem lockeren Lauftempo durch den Raum und erhalten verschiedene Anweisungen sich zu begrüßen, wenn sie auf einen Gegenüber treffen. Eine neue Anweisung kann jeweils bei einem kurzen Musikstopp durchgegeben werden.	Alle Musik, CD-Player

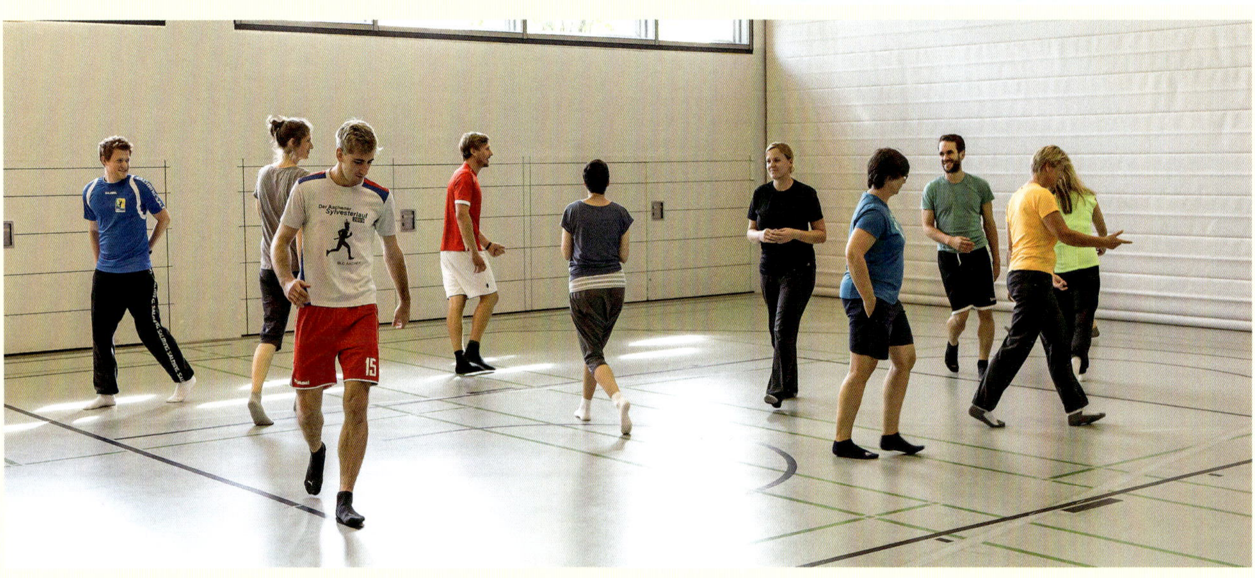

Bei den ersten drei Anweisungen handelt es sich um von der Lehrperson vorgegebene Bewegungen, die den Einstieg in das Begrüßungsspiel erleichtern und erste Hemmungen vor den folgenden, etwas freieren Aufgaben nehmen sollen. Zudem kann der entstehende Bewegungsablauf am Ende der Stunde als Bewegungsteilstück „wiederverwendet" werden. Aufgaben: Jedes Mal, wenn ihr jemandem begegnet, kommt ihr mit beiden Händen zusammen... ➢ und drückt euch leicht nach hinten weg. ➢ , geht in die Knie, kommt wieder hoch und drückt euch leicht nach hinten weg. ➢ , geht in die Knie, kommt wieder hoch, dreht euch einmal um die eigene Achse, ohne dabei die Hände loszulassen und drückt euch dann leicht nach hinten weg.	Es eignet sich motivierende Musik, die zunächst das aktive Bewegen unterstützt. Diese kann auch von den Kindern selbst gewählt und mitgebracht werden.

Phasen	Organisation, Geräte- und Materialbedarf
Hauptteil	
➢ Begrüßt euch mit Handschlag ➢ Begrüßt euch mit den Füßen ➢ Begrüßt euch mit der Hüfte ➢ Begrüßt euch mit dem Rücken ➢ Begrüßt euch erst mit den Händen, dann mit dem Rücken ➢ Begrüßt euch erst mit den Füßen, dann mit der Hüfte ➢ Begrüßt euch erst mit den Füßen, dann mit dem Rücken, dann mit den Händen	
Entwickeln und Festigen eines Bewegungsablaufs ➢ Geht mit dem Partner zusammen, mit der ihr euch grade zuletzt begrüßt habt. ➢ Wiederholt euren Begrüßungsablauf (1. Füße, 2. Rücken, 3. Hand) ➢ An welcher Stelle hakt es noch? Wie könnte die Gesamtbewegung flüssiger werden? ➢ Verändert euren Bewegungsablauf so, dass ihr ihn ohne große Pause 3x hintereinander wiederholen könnt. ➢ Führt euren Ablauf mit unterschiedlichen Stimmungen durch: Stellt euch vor, ihr könnt euch nicht leiden. Stellt euch vor, ihr seid die besten Freunde. Stellt euch vor, alles ist total langweilig und interessiert euch nicht. ➢ Geht mit zwei anderen Gruppen zusammen. Zeigt euch gegenseitig eure „Begrüßung“ und entscheidet euch für eine, die ihr alle lernt und gemeinsam ausführen könnt. Übt dies und achtet besonders auf das gleichzeitige Durchführen und darauf, dass alle das gleiche Tempo haben.	Alle/Partnerarbeit
Tipp: Diese Arbeitsanweisungen können auch durch eine Arbeitskarte ersetzt werden, sodass jedes Paar individuell arbeiten kann (AB 2).	Eventuell AB 2

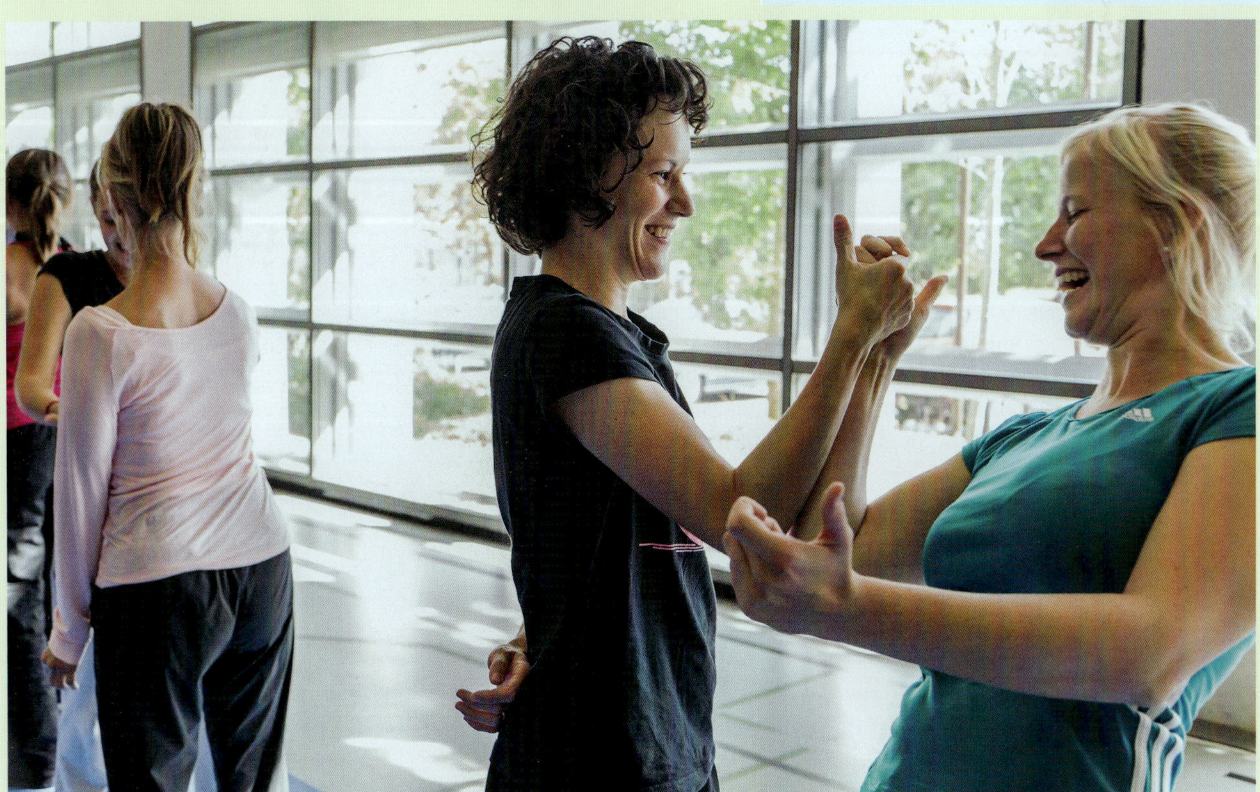

Phasen	Organisation, Geräte- und Materialbedarf
Hauptteil	
Alle üben zusammen zur Musik Die 6er-Gruppen haben nun jeweils einen gemeinsamen „Bewegungsablauf“. Jede Gruppe positioniert sich in einem Abschnitt der Halle und führt auf Musikstart synchron ihren Bewegungsablauf durch. Danach laufen die Schüler kreuz und quer durch „ihren“ Raum. Bei Musikstopp steht jeder vor irgendeinem Partner aus der Gruppe und harrt aus, bis die Musik wieder einsetzt. Das ist gleichzeitig das Startsignal seinen Begrüßungsablauf erneut durchzuführen. Dieser Gesamtablauf kann ein- bis zweimal wiederholt werden, bis die Schüler sicher sind.	Alle Musik, CD Player

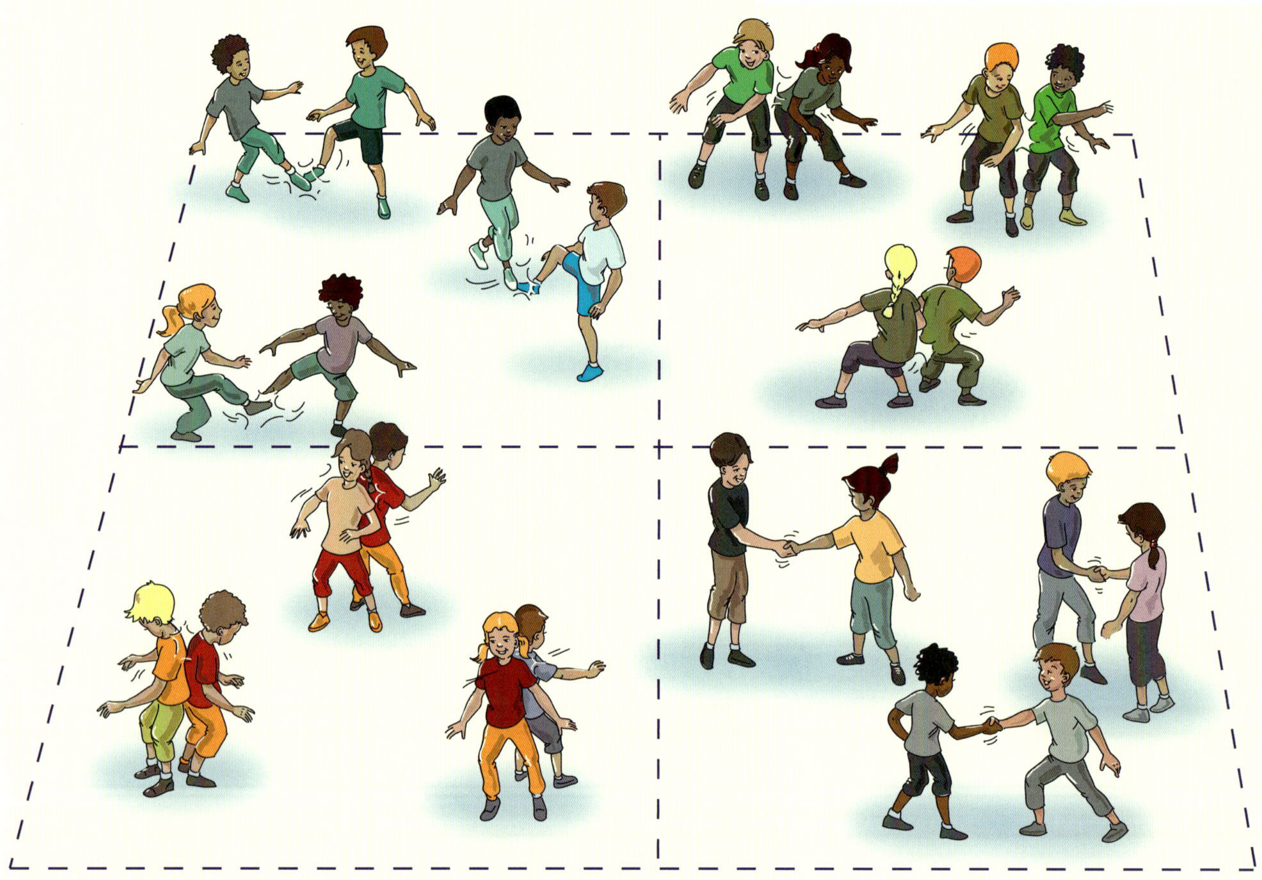

Begrüßt – was jetzt?
Im Sinne einer kleinen Tanztheaterszene sollen die Schüler überlegen, welches Ereignis nach einer freudigen Begrüßung dazu führen könnte, dass die Stimmung umschlägt. Lassen Sie hier entweder jede Gruppe für sich überlegen oder diskutieren Sie im Plenum. Greifen Sie möglicherweise einzelne Ideen auf, die Sie den Kleingruppen als Auswahl zur Verfügung stellen.

Beispiele
- ein Missgeschick passiert (Stolpern o. ä.) und darüber wird gelacht
- ein Streit entsteht über irgendetwas (auch Gegenstand Ball o. ä.)
- jemand stellt einem anderen das Bein (gespielt!)

Die Kleingruppen erhalten die Aufgabe, die ausgewählte Szene im Anschluss an den bereits geübten Bewegungsablauf so kurz wie möglich darzustellen. Hierbei sollten 10–15 Sekunden nicht überschritten werden.

Phasen	Organisation, Geräte- und Materialbedarf
Hauptteil	
Wie gehen wir auseinander? Im Sinne eines dramaturgischen „Begrüßen – Aktion – Auseinandergehen“ fehlt nun noch das „Auseinandergehen“. Hierfür können die Schüler die Bewegungsabfolge vom Beginn der Stunde erneut aufgreifen (mit Händen zusammenkommen, in die Knie gehen, drehen und leicht nach hinten weg drücken).	Kleingruppenarbeit Musik, CD-Player
Übungsphase Die Kleingruppen erhalten nun Zeit, die Gesamtabfolge einige Male durchzuproben und können hierfür als Hilfestellung und Gedankenstütze das Arbeitsblatt (AB 3) bekommen. **Tipp:** Sie können gegen Ende der individuellen Übungsphase eine „gemeinsame“ Klassenübungsphase durchführen, bei dem das Anpassen der Bewegungsabläufe auf die Strukturierung der Musik eingeübt wird. Dies reicht 2- bis 3-Mal, da der Anfang ja bereits geübt wurde.	Eventuell AB 3
Ausklang (10 Minuten)	
Minipräsentation Immer 2–3 Kleingruppen präsentieren gleichzeitig ihre Ergebnisse. Die Struktur wird dabei von der Musik vorgegeben. Da immer mehrere Gruppen gleichzeitig präsentieren, ist der Druck, der oft aufgrund einer Präsentationssituation entsteht, deutlich vermindert – schließlich stehen gleich mehrere Gruppen im Fokus der Aufmerksamkeit.	2–3 Kleingruppen präsentieren gleichzeitig Musik, CD-Player

AB 2

Arbeitskarte Begrüßung

1. Wiederholt euren Begrüßungsablauf (1. Füße, 2. Rücken, 3. Hand)
2. An welcher Stelle hakt es noch? Wie könnte die Gesamtbewegung flüssiger werden?
3. Verändert euren Bewegungsablauf so, dass ihr ihn ohne große Pause 3x hintereinander wiederholen könnt.
4. Führt euren Ablauf mit unterschiedlichen Stimmungen durch
   a. Stellt euch vor, ihr könnt euch nicht leiden.
   b. Stellt euch vor, ihr seid die besten Freunde.
   c. Stellt euch vor, alles ist total langweilig und interessiert euch nicht.
5. Geht mit zwei anderen Gruppen zusammen. Zeigt euch gegenseitig eure „Begrüßung“ und entscheidet euch für eine, die ihr alle lernt und gemeinsam ausführen könnt. Übt dies und achtet besonders auf das Gleichzeitige durchführen und darauf, dass alle das gleiche Tempo haben.

AB 3

Gesamtablauf

- Musik setzt ein: Begrüßung in der 6er-Gruppe – synchron 3x hintereinander (Stimmung „freudig“)
- Umherlaufen
- Musik stoppt: Vor zufälligem Partner stehen bleiben
- Musik setzt ein: Begrüßungsablauf durchführen 1x
- Szene spielen – Musik geht aus, man sortiert sich zu zweit (Stimmung wechselt von „freudig“ zu „wütend“)
- Musik setzt ein: „Auseinandergehen“ Ablauf wird durchgeführt 1x (Stimmung „wütend“)
- Ende/Schlussbild

Stundenbild 3: „Wer bin ich?" – Sich selbst und andere(s) darstellen

Ziel: Die Schüler lernen die Basiselemente Mimik, Gestik, Körperspannung und Blickrichtung als Mittel zur Gestaltung von Bewegungen kennen und erproben dies in unterschiedlichen kleinen Übungen.

Phasen	Organisation, Geräte- und Materialbedarf
Einstieg (5 Minuten)	
Aufwärmen – Ankerspiel „Wusch" Spielbeschreibung siehe Aufwärmen, Stundenbild 1. Erweiterte Aktion, die neu hinzugenommen werden kann: ➢ **Laut:** „Ramp". **Bewegung:** Beide Arme zeigen diagonal vor dem Körper nach links (oder rechts – je nachdem in welche Richtung das Signal weitergegeben wird) oben. Der Arm, der dabei vor dem Körper ist, wird angewinkelt (die Pose ähnelt der Siegerpose des berühmten Sprinters Usain Bolt). **Aktion für andere:** Das Signal wird so nicht an die nächste sondern an die übernächste Person weitergegeben. Der direkte Nachbar muss sich kurz knien, damit das Signal über ihn „hinweg springen" kann (siehe Zeichnung).	Stehkreis

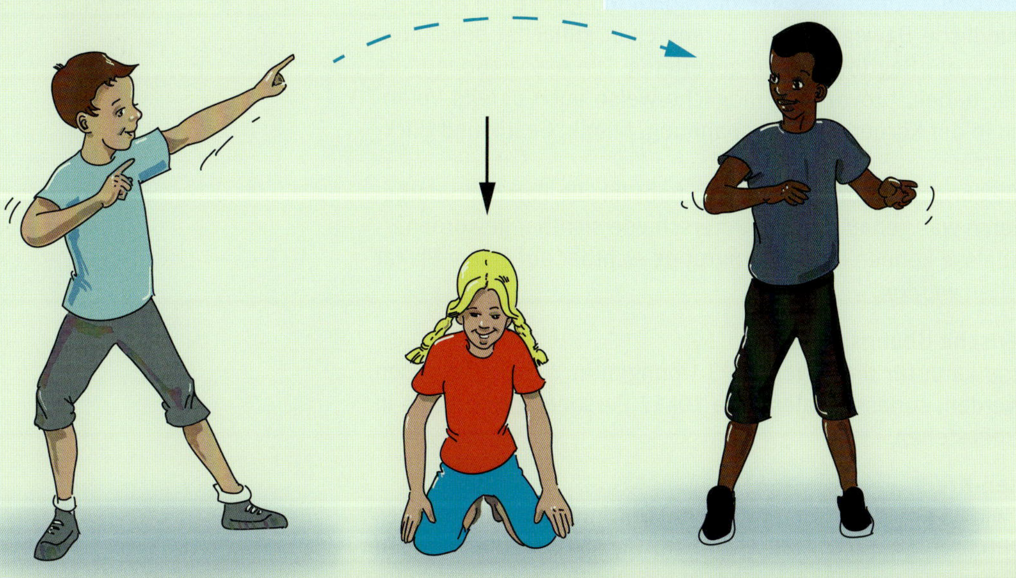

Phasen	Organisation, Geräte- und Materialbedarf
Hauptteil (55 Minuten)	
Begrüßungslauf Alle bewegen sich kreuz und quer in einem lockeren Lauftempo durch den Raum und erhalten verschiedene Anweisungen sich zu begrüßen, wenn sie auf einen Gegenüber treffen. Eine neue Anweisung kann jeweils bei einem kurzen Musikstopp durchgegeben werden. Aufgaben: ➢ Begrüßt euch wie die besten Freunde ➢ Begrüßt euch wie die ärgsten Feinde ➢ Begrüßt euch wie Fußballkumpels ➢ Begrüßt euch wie Rockstars ➢ Begrüßt & bewegt euch wie Roboter ➢ Begrüßt & bewegt euch wie Supermodels ➢ Begrüßt & bewegt euch wie Könige – fein und edel ➢ Begrüßt euch wie Langschläfer – „gaaaanz" müde ➢ Begrüßt euch wie Clowns – super lustig ➢ Begrüßt euch wie Mauerblümchen – sehr schüchtern	Musik, CD-Player Hier sollte möglichst auf ein Musikstück ohne Gesang zurückgegriffen werden, um die Assoziationen der Kinder nicht durch bekannte Musikstücke zu begrenzen. Besonders eignet sich Musik, die die einzelnen Stimmungen und Bewegungsarten zusätzlich untermalt.

Phasen	Organisation, Geräte- und Materialbedarf

Hauptteil

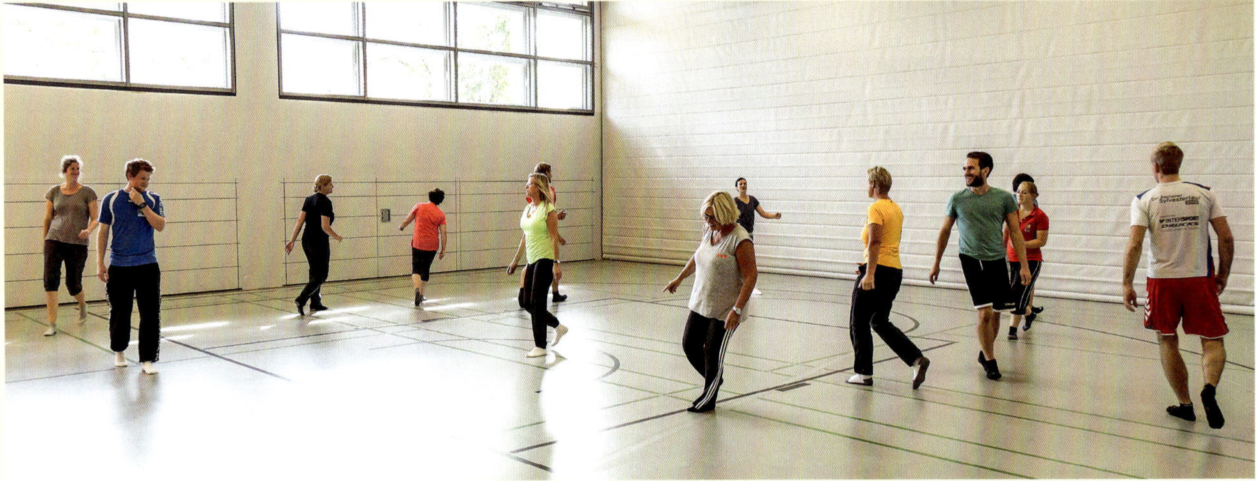

Bei dieser Runde geht es nicht darum, eine genaue Interpretation davon zu bekommen, wie sich denn nun Rockstars oder Supermodels begrüßen. Diese Aufgaben sollen die Kinder lediglich dazu anregen, unterschiedliche Bewegungsformen aus einer zunächst bekannten Bewegung – der Begrüßung – zu generieren. Die Assoziationen, die die Kinder haben, provozieren möglicherweise auch bereits Veränderungen in der Körperhaltung/-spannung, Mimik, Gestik und Blickrichtung etc.
Eine Reflexionsfrage könnte sein: Wie habt ihr die Personen dargestellt? Durch was genau sind die Unterschiede sichtbar geworden?
Die Ergebnisse können für die Lerngruppe sichtbar auf einem Plakat festgehalten werden.

Plakat, Stift

Gestalterische Übungsphase
Die Klasse kann für die folgenden 3 Übungen in 2–3 Großgruppen geteilt werden, sodass idealerweise 10–12 Personen pro Gruppe in einem Kreis stehen.

Grimassen-Kreis
Ähnlich wie „Stille Post" werden Grimassen innerhalb des Kreises von Nachbar zu Nachbar weitergegeben. Diese Grimassen können von zwei gegenüberstehenden Kindern gleichzeitig in den Kreis eingebracht werden, sodass zwei Grimassen unterwegs sind. Ziel ist es, den Ausdruck des anderen wahrzunehmen und zu reproduzieren.
Variante 1: Die Grimasse wird nachgemacht und beim Drehen zum nächsten Partner leicht verändert weitergegeben.
Variante 2: Es darf der ganze Körper in die Grimasse „miteinbezogen" werden.

Charaktere-Kreis
Vier Charaktere werden im Kreis weitergegeben. Zum Weitergeben des Charakters wendet man sich dem Nachbarn zu und mimt einige Augenblicke lang den Charakter nach einem vorgegebenen Muster:

2–3 Großgruppen
Stehkreis

- Jogger: Laufen an Ort und Stelle und schwer atmen.
- Hexe: Gebückt, auf einen Stock gestützt stehen und einen krächzenden Laut von sich geben.
- Wandersmann: Den Hut lüften und „Grüß Gott!" sagen.
- Hase: Die Hände zu Ohren formen, sich nach vorne beugen und schnüffeln.

Die Charaktere wandern in beide Richtungen. Ziel ist, dass die Charaktere flüssig durch den Kreis laufen und nicht verlorengehen.

Phasen	Organisation, Geräte- und Materialbedarf
Hauptteil	
Tätigkeiten-Kreis Ein Kind geht in die Mitte des Kreises und mimt eine Tätigkeit (Bsp.: Tennis spielen oder Straße kehren). Das tut es solange, bis eine weitere Person hinzukommt, die Tätigkeit kopiert und schließlich eine neue Bewegung/Tätigkeit daraus formt. Das erste Kind geht wieder zurück in den Kreis und ein anderes Kind löst den Mittelmann erneut ab – solange, bis jedes Kind einmal in der Mitte stand.	
Spielform Pantomime Die Lerngruppe bleibt in ihren Großgruppen und spielt jeweils selbst bestimmt das Pantomimespiel (AB 4). Ein Kind aus jeder Gruppe fungiert dabei als „Spielleiter" und bekommt von Ihnen die Begriffskarten. Ein Kind muss den abgebildeten Begriff pantomimisch (ohne zu sprechen oder Geräusche zu machen) darstellen. Dabei versucht seine Gruppe herauszufinden, was dargestellt wird. Das Kind, welches den Begriff errät, darf als Nächstes „vormachen". **Variante 1:** Wettkampfvariante. Die Spielform mit 2–3 Großgruppen kann auch als Wettkampf organisiert werden, indem jeweils ein Kind aus jeder Gruppe bei einer anderen Gruppe als Spielleiter fungiert und dort die erratenen Begriffe, die beispielsweise in einer bestimmten Zeit erraten werden, zählt. **Variante 2:** 2er-Pantomime. Zwei Kinder bekommen oder denken sich selbst einen zusammengesetzten Begriff aus (Bsp. Messerwerfer, Löwentanz). Kind 1 spielt dabei den ersten und Kind 2 den zweiten Begriff zeitgleich. **Variante 3:** Pantomime gedreht. Nicht eine Person muss einen Begriff vormachen, sondern die ganze Gruppe macht pantomimisch einen Begriff vor und nur ein Einzelner muss diesen erraten.	Großgruppen AB 4
Ausklang (15 Minuten)	
Sprichwörter Zum Abschluss kann die Lehrkraft Sprichwörter oder Redensarten hereinrufen, die jeweils von den 2–3 Großgruppen pantomimisch dargestellt werden.	Alle AB 5
Variante: Die 2–3 Großgruppen werden wiederum hälftig geteilt, sodass ein Teil der Gruppe dem jeweils anderen ein Sprichwort vormacht, welches erraten werden muss.	2–3 Großgruppen

AB 4 – Pantomimekarten

Eine Tür zuwerfen	Eine Treppe hochlaufen
Ein Tor schießen	In Schwerelosigkeit laufen
Ein Eis kaufen	Jemanden freundlich begrüßen
Einen Stall ausmisten	Einen Luftballon zum Platzen bringen
Eine Wand streichen	Hausaufgaben machen

AB 5 – Sprichwortkarten

Aller guten Dinge sind 3	Aus einer Mücke einen Elefanten machen
Ist die Katze aus dem Haus, tanzen die Mäuse auf dem Tisch	Hochmut kommt vor dem Fall
Der frühe Vogel fängt den Wurm	Du sollst den Tag nicht vor dem Abend loben
Ein blindes Huhn findet auch mal ein Korn	Wer andern’ eine Grube gräbt, fällt selbst hinein.
Wenn zwei sich streiten, freut sich der Dritte	Wer zuletzt lacht, lacht am besten

Stundenbild 4: Luftballon, Stab & Tuch – Was kannst du alles damit tun? Objekte als Gestaltungsanlass nutzen

Ziel: Die Schüler probieren in Stationsarbeit aus, wie Gegenstände als Gestaltungsanlässe genutzt werden können und entwerfen eine Minipräsentation.

Phasen	Organisation, Geräte- und Materialbedarf
Einstieg (5 Minuten)	
Aufwärmen – Ankerspiel „Wusch“ Spielbeschreibung siehe Aufwärmen, Stundenbild 1. Erweiterte Aktion, die neu hinzugenommen werden kann: ➢ **Laut:** „Tunnel!“ **Bewegung:** Man dreht sich seitlich und stellt sich breitbeinig auf. **Aktion für andere:** Der direkte Nachbar in Signalrichtung dreht sich ebenso in diese Position und verlängert den Tunnel. Er muss den Laut aber nicht sagen, das Signal geht also automatisch an den übernächsten Spieler weiter.	Stehkreis

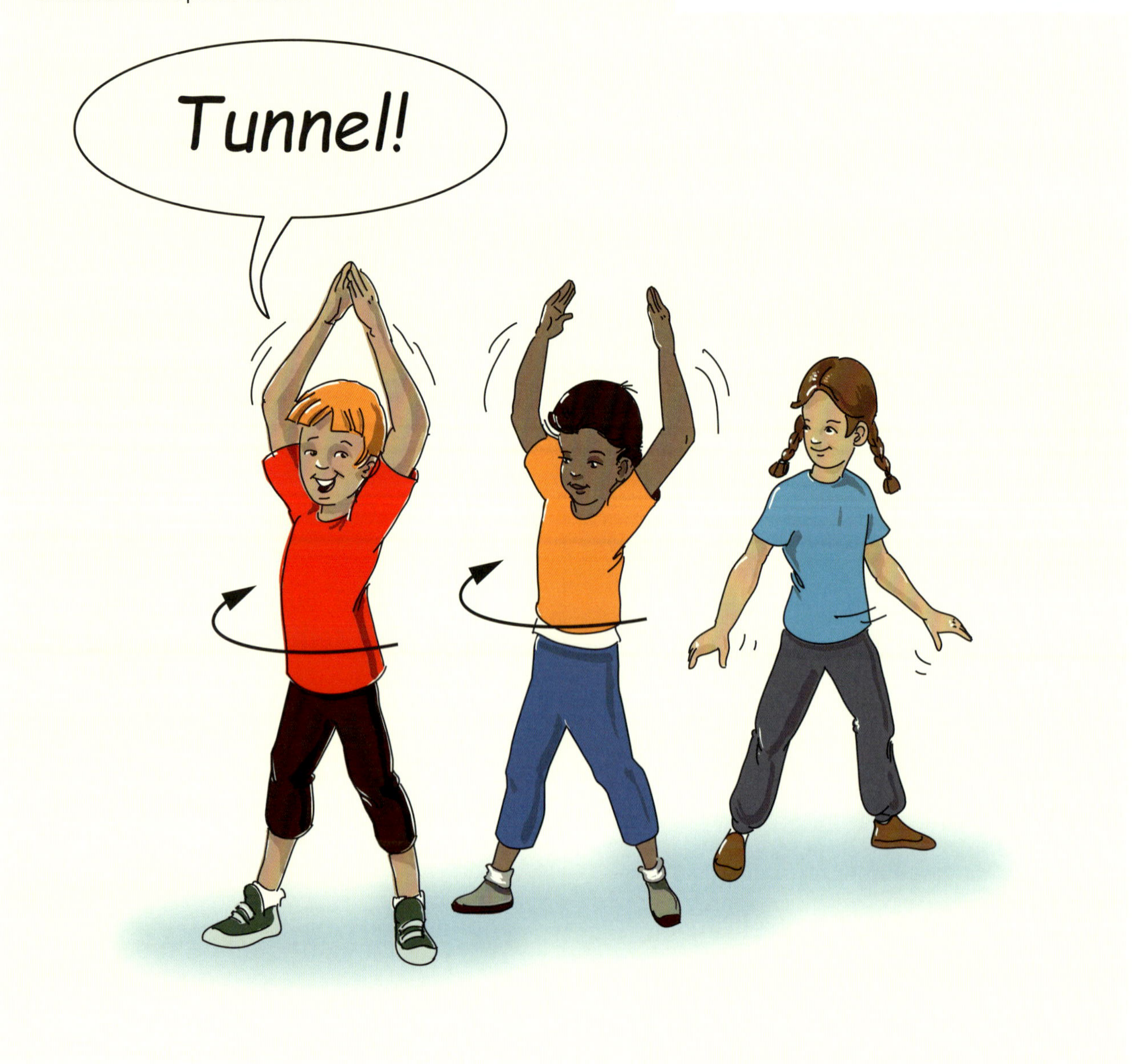

Phasen	Organisation, Geräte- und Materialbedarf
Hauptteil (55 Minuten)	
Stationsarbeit Auf den Stationskarten werden Handlungsimpulse im Zusammenhang mit Materialien gegeben, die so gewählt sind, dass die Schüler in einem überschaubaren Handlungsrahmen selbständig vielfältige Bewegungsmöglichkeiten mit diesen Materialien finden können. Ziel ist die Förderung der Experimentierfreude und Gestaltungsfähigkeit, sowie die Verbesserung der taktilen und visuellen Wahrnehmung. **Tipp:** Bereits vor Beginn der Stunde sollten die einzelnen Materialien und die Stationskarten vorbereitend in der Halle in den 4 Ecken verteilt werden. Die Lerngruppe kann in 3 Großgruppen geteilt werden und im Stationsbetrieb zunächst alle Stationen ausprobieren. Es empfiehlt sich hier eine Zeit von 7–8 Minuten pro Station anzusetzen.	4 Gruppen – innerhalb der Gruppen individuell Tücher, Stäbe, Luftballons Stationskarten AB 6, 7, 8
Lieblingsobjekt aussuchen und kleine Szene gestalten Nachdem die Materialien nach Anregung der Stationskarten getestet wurden, dürfen sich die Schüler das Material aussuchen, mit dem sie am meisten Spaß hatten. Sie sollen dazu in Partnerarbeit oder in einer Kleingruppe eine kleine Spielszene mit folgender Aufgabenstellung entwickeln: ➢ Versucht den Gegenstand als Ausgangspunkt eurer Spielszene zu nutzen. Verändert nun die Bedeutung des Gegenstands – nutzt hierfür die erlernten Stilmittel Mimik, Gestik, Blickrichtung. Entwickelt dabei einen fließenden Übergang der unterschiedlichen Abschnitte.	2–3 Personen in Partner oder Kleingruppenarbeit

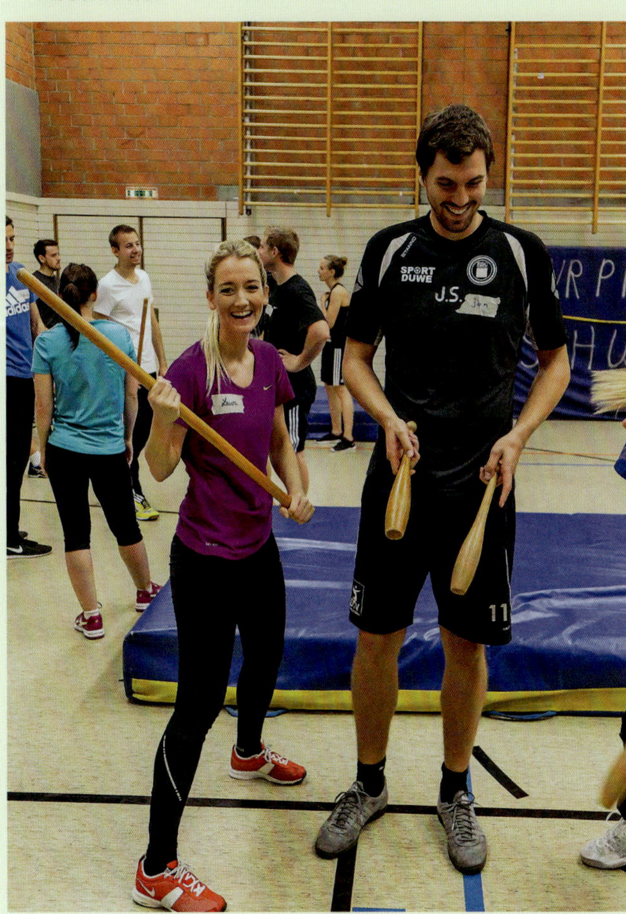

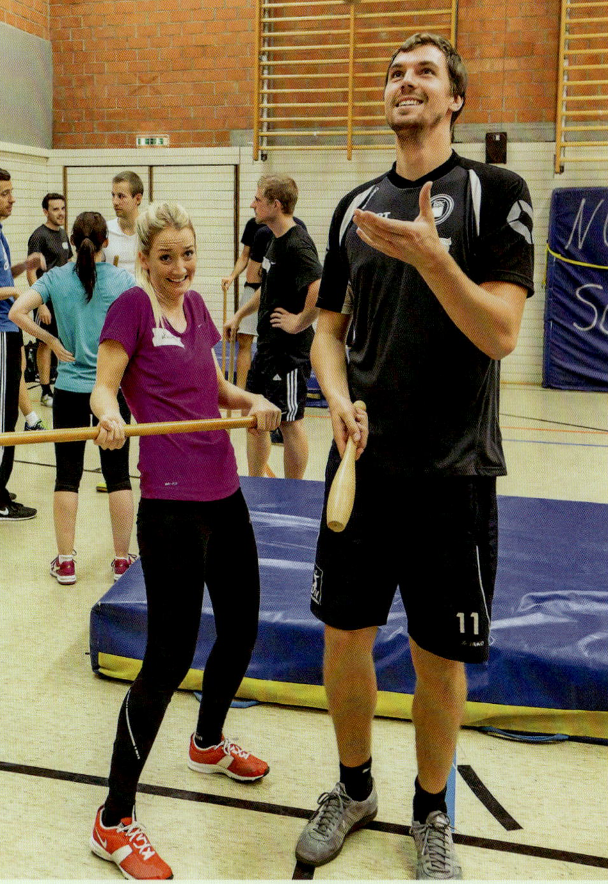

Phasen	Organisation, Geräte- und Materialbedarf
Hauptteil	
Beispiel: Zuerst ist der Stab die Stütze einer alten gebrechlichen Oma, die plötzlich zum Tänzer mutiert. Der Stab wird zum Partner geworfen, bei dem er nun ganz schwer ist und er diesen mit viel Mühe und Kraft als Gewichtstange nach oben drücken muss... usw.	

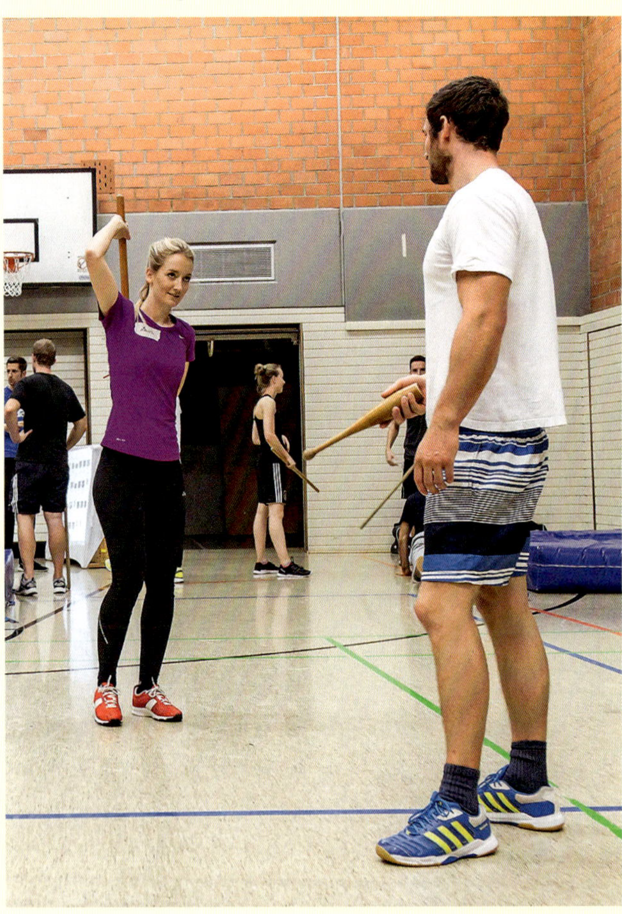

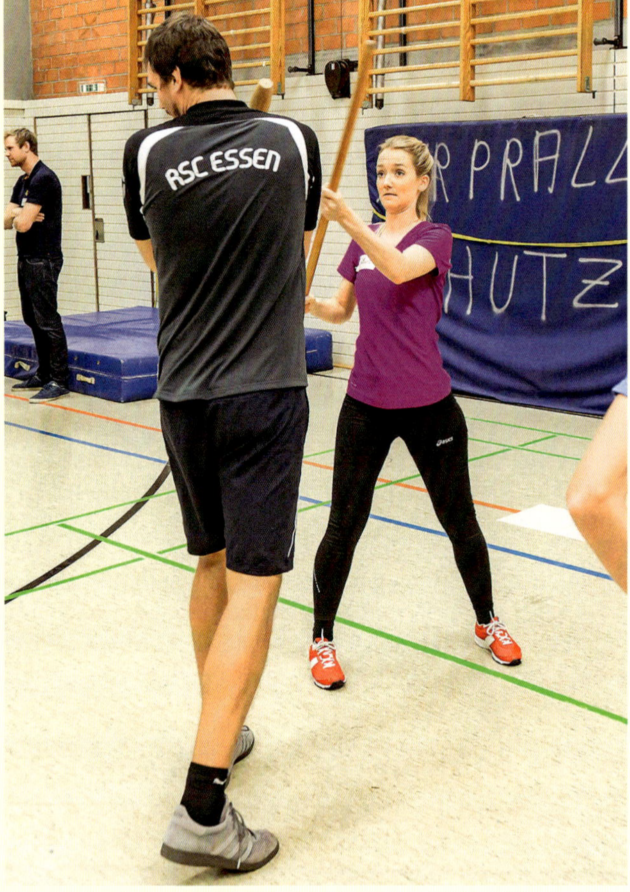

Phasen	Organisation, Geräte- und Materialbedarf
Ausklang (15 Minuten)	
Spielszene präsentieren Die Spielszene kann zunächst einer anderen Gruppe präsentiert werden oder sogar vor der Großgruppe. Der Modus, der hier gewählt wird, hängt stark vom Klassenklima und den Vorerfahrungen der Schüler mit Präsentationssituationen ab. Da es hier um ein spielerisches Ausgestalten erster Ideen geht, steht die Präsentation nicht unbedingt im Vordergrund, sodass sie an dieser Stelle auch nicht zwingend notwendig ist.	2 Großgruppen Oder alle

AB 6

Station Tuch

- Findet gemeinsam Bewegungsmöglichkeiten mit einem oder zwei Tüchern pro Person: z. B. hoch-/tiefschwingen, seitlich, frontal, horizontal, Achterschwünge, Werfen und Fangen am Ort und in der Fortbewegung.
- Fasst das Tuch an verschiedenen Stellen: in der Mitte, an nebeneinanderliegenden Enden (straff gezogen), diagonal, an einem Ende, mit den Füßen.
- Versucht euch mit dem Tuch zu bewegen: Welches Tempo passt? Findet Möglichkeiten, Betonungen oder Stopps einfließen zu lassen.
- Spielt mit eurem Krafteinsatz: Wie bewegt sich das Tuch, wenn ihr kraftvolle, schlagartige Bewegungen ausführt? Wie bewegt es sich, wenn ihr kontinuierliche oder langsame Bewegungen ausführt?
- Wer seid ihr mit dem Tuch? Mimt verschiedene Charaktere... (Bsp. Zauberer, Torero, Abschiedsszene, usw.)
- Was ist das Tuch? Welcher Gegenstand kann das Tuch symbolisieren und wie muss dann damit umgegangen werden? (Bsp. Segel, Lasso, Pfütze, usw.)

AB 7

Station Stab

- Wie kann das Gerät Stab bewegt werden? Der Stab kann gerollt, geworfen, gefangen und geschwungen werden.
- Versucht, die Griffarten zu wechseln. Findet Möglichkeiten, über den Wechsel der Griffarten auch eure Positionen zu wechseln: z. B. aus dem Stand in den Sitz, in die Bauchlage.
- Versucht den Stab auf verschiede Art und Weise zu balancieren oder ihn am Körper entlangzurollen.
- Wie wirkt sich unterschiedlicher Krafteinsatz auf die Bewegung mit dem Stab aus?
- Wer seid ihr mit dem Stab? Mimt verschiedene Charaktere... (Bsp. alter Mann/alte Frau, Stepptänzer, Baseballspieler, usw.)
- Was ist der Stab? Welcher Gegenstand kann der Stab symbolisieren und wie muss dann damit umgegangen werden? (Bsp. Regenschirm, Ruder, Schwert, usw.)

AB 8

Station Luftballons

- Findet charakteristische Bewegungen mit den Luftballons; z. B. hochschlagen, hin und her wedeln, balancieren, prellen, rollen, . . .
- Findet Möglichkeiten, euch mit dem Luftballon zu zweit, zu dritt oder zu viert zu bewegen: z. B. den Luftballon zuwerfen, zwischen den Füßen hin- und hergeben, die Ballons gegeneinanderschlagen . . .
- Spielt mit eurem Krafteinsatz: Wie bewegt sich der Ballon, wenn ihr kraftvolle, schlagartige Bewegungen ausführt? Wie bewegt er sich, wenn ihr kontinuierliche oder langsame Bewegungen ausführt?
- Wer seid ihr mit dem Ballon? Mimt verschiedene Charaktere... (Bsp. Tennisspieler, Rugbyspieler, Robbe, usw.)
- Was ist der Ballon? Welcher Gegenstand kann der Ballon symbolisieren und wie muss dann damit umgegangen werden? (Bsp. ein Baby, ein schwerer Felsbrocken, ein Mikrofon, usw.)

Stundenbild 5: Zeitraffer und Zeitlupe: Kleine Szenen spielen

Ziel: Die Schüler lernen die Gestaltungsprinzipien Zeitlupe und Zeitraffer kennen und wenden diese in einer kleinen Spielszene an.

Phasen	Organisation, Geräte- und Materialbedarf
Einstieg (10 Minuten)	
Aufwärmen – Ankerspiel „Wusch“ Spielbeschreibung siehe Aufwärmen, Stundenbild 1. Erweiterte Aktion, die neu hinzugenommen werden kann: ➢ **Laut:** „Chaos“ **Bewegung:** Man wirft die Arme in die Luft, wackelt mit den Händen und rennt kurz durcheinander auf eine neue Kreisposition. **Aktion für andere:** Dies tun dem Spieler alle anderen Mitspieler gleich, sodass nun jeder auf einem neuen Platz im Kreis steht. Das Signal muss von einem der beiden Nachbarn weitergeleitet werden, der nun neben dem „Chaos“- Rufer steht. **Tipp:** Es kann sinnvoll sein, die Aktion zu beschränken, wenn permanent hintereinander „Chaos“ gerufen wird, weil diese Aktion für die Schüler sehr attraktiv ist. Allerdings sollte immer versucht werden, den „Spiel“- und damit „Signal“-Fluss in einem zügigen und reaktionsschnellen Tempo aufrechtzuerhalten.	Stehkreis
Hauptteil (55 Minuten)	
Gestaltungsvorbereitung	
– Die Schüler bewegen sich zur Musik frei im Raum und erhalten die Aufgabe verschiedenste sportliche Bewegungen zu imitieren – wenn nötig mit einem imaginären Spielgerät.	Alle individuell
– Es bilden sich 2er-Gruppen, die nun gemeinsam am Platz verschiedene Sportarten pantomimisch durchführen sollen. **Tipp:** Je nach Lerngruppe können Sie das Abwechseln und Durchführen der Sportarten den Schülern selbst überlassen oder durch Ihre Anweisungen einen „schnellen“ Wechsel erzeugen. Dies schaffen Sie, indem Sie immer kleine Änderungen reingeben und somit den Schüler ein möglichst breites Bewegungsspektrum eröffnen.	2er-Gruppen
Gestaltungshinführung	
– Die 2er-Gruppen sollen sich für eine Sportart entscheiden. Hier ist es prinzipiell egal, welche Sportart die Schüler wählen, ob ein Boxkampf, ein Basketballmatch oder einen Sprint – alles ist erlaubt und funktioniert.	2er-Gruppen
– Zeitraffer: Die ausgewählte Sportart soll nun so schnell wie möglich durchgeführt werden. Mögliche sprachliche Unterstützung: „Stellt euch vor, beim DVD-Player drückt jemand auf vierfachen Vorlauf“. Die gewählte Musik sollte das Tempo unterstützen.	Musik zur Getsaltungsunterstützung schnelle Musik, bspw. „Benny Hill Theme“
– Zeitlupe: Die ausgewählte Sportart soll nun so langsam wie möglich durchgeführt werden. Erfahrungsgemäß haben gerade jüngere Schüler hiermit oft Probleme und sollten immer wieder dazu ermutigt werden noch langsamer zu werden. Auch hier sollte die gewählte Musik das Tempo unterstützend wiedergeben.	langsame Musik, bspw. „Vangelis – Chariots of Fire“

Phasen	Organisation, Geräte- und Materialbedarf
Hauptteil	
Gestaltungsdurchführung Abschließend bekommen die Schüler die Aufgabe eine kleine Szene mit „ihrer“ Sportart einzustudieren, in der sie einen sinnvollen Wechsel der unterschiedlichen Zeitformen Zeitlupe und Zeitraffer einbauen. Wenn sie eine Szene gefunden haben, mit der sie selbst zufrieden sind, kann diese vor einer anderen Partnergruppe präsentiert werden.	2er-Gruppen
Tipp: Wenn einzelne Schüler deutlich schneller sind als andere, können sie dazu animiert werden, nicht nur die Szene einer andern Partnergruppe anzuschauen, sondern überlegen, wie sie diese Szene mit zwei neuen Rollen unterstützen/ausbauen können: als zusätzliche Spieler, als Schiedsrichter, als Zuschauer, als Fotografen...	2x 2er-Gruppen
Ausklang (10 Minuten)	
Präsentation Fertige Szenen können der Klassengemeinschaft präsentiert werden.	Plenum

Klassenstufen 8–10

3. Just Dance: Wir entwickeln eine Choreographie und tanzen, tanzen, tanzen...

Zeit	7 Doppelstunden
Niveau	fortgeschrittene Anfänger
Ort	Sporthalle
Unterrichtsziele	Entwickeln einer eigenen Choreographie unter Berücksichtigung grundlegender Gestaltungsprinzipien
Kompetenz-erwartungen	Entwickeln einer choreographischen Handlungsfähigkeit; sich körperlich ausdrücken – Bewegungen gestalten

Fachliche Hinweise

Im Unterrichtsvorhaben „Just Dance" steht das Entwickeln und Ausgestalten einer 2- bis 3- minütigen Choreographie im Vordergrund. Die Schüler sollen zunächst durch motivierende Einstiegsübungen das Gefühl vermittelt bekommen, dass jeder tanzen und auch zu einer gemeinsamen tänzerischen Gestaltung etwas Wertvolles beitragen kann. Danach steht das Erlernen eines Grundschritts auf dem Plan. Dies hat zwei Vorteile: Zum einen können mit diesem „Bewegungsmaterial" bereits einfache tänzerische Gestaltungsprinzipien eingeübt werden. Zum anderen verhilft es den späteren Kleingruppen zu ersten Ideen und einem Grundmuster für den Arbeitsweg, wenn es darum geht, selbstständig eigene Schrittfolgen zu kreieren. Diese werden dann mit der Methode des „Expertenpuzzles" in der Klasse geteilt. So haben alle Gruppen mehrere Tanzschritte zur Verfügung, um letztlich an die eigentliche Ausgestaltung der Choreographie heranzugehen. Hier stehen schließlich das Erlernen und Umsetzen wichtiger choreographischer Grundelemente im Vordergrund (einen Anfang und einen Schluss kreieren, der Umgang mit unterschiedlichen Raumwegen und Aufstellungsformen sowie dem Gestaltungsprinzip Zeit). Abschließen kann das Unterrichtsvorhaben mit einer 2- bis 3-minütigen, tänzerischen Kurzpräsentation, die nach vorab festgelegten Kriterien beurteilt wird.

Praktische Tipps

Musik: Die Schüler können/sollen gerne ihre eigene und aktuelle Lieblingsmusik mit in den Unterricht bringen. Dies motiviert nicht nur ihre Lerngruppe, sondern schafft auch Ihnen als Lehrkraft Spielraum, nicht selbst Musik aussuchen zu müssen, die später möglicherweise nicht „up to date" ist. Es können hierfür auch gezielt ein oder zwei Personen aus der Klasse bestimmt werden, die eine „Klassen-CD" zusammenstellen. Diese sollte natürlich „tanzbare" Lieder enthalten und den Geschmack der Allgemeinheit treffen. Die Lerngruppe kann auch selbst jemanden bestimmen, den sie für geeignet erachtet, diese Bedingungen angemessen umzusetzen. Trotz großen Vertrauens in Ihre Schüler können Sie die CD natürlich einmal Probe hören, ob nicht irgendwelche unangemessenen Lieder (eventuell zu obszöne Texte etc.) zu finden sind.
Sicherlich kann man sich hierbei oft an den aktuellen Charts orientieren, die in Samplern wie „Bravo Hits" oder „The Dome" zusammengestellt sind.

Filmerlaubnis: In diesem Unterrichtsvorhaben werden an einigen Stellen Filmaufnahmen, beispielsweise als Ergebnissicherung, als Feedbackmöglichkeit oder Prüfungserleichterung vorgeschlagen. Um diese ohne Probleme in ihrem Unterricht durchführen und nutzen zu können, ist es je nach interner schulischer Vereinbarungen nötig, explizit die Erlaubnis der Eltern einzuholen.

Gestaltungsprinzipien:

<table>
<tr>
<td>
Gestaltungsprinzip
Raum
• Bewegungsrichtungen: vor-, rück-, seitwärts
• Raumwege: rund, eckig, gerade
• Raumebenen/levels: tiefe, mittlere, obere
• Raumdimensionen: weit, eng, groß, klein
• Körperebenen: frontal, saggital, horizontal
</td>
<td>
Gestaltungsprinzip
Zeit
• Tempo: schnell, langsam, halbes, doppeltes Tempo
• Zeitliche Abfolge: unisono, Echo, Frage-Antwort
• Variationen: Verzögerung, Verlangsamung, Zeitlupe, Zeitraffer
</td>
</tr>
<tr>
<td>
Gestaltungsprinzip
Organisationsformen
Beachte: Blickrichtung Laufrichtung
• Reihe
• Schlange
• Gasse
• Uvm. ...
• Block
• Kreis
• Pyramide
</td>
<td>
Gestaltungsprinzip
Dynamik
• Spannungsgrad in der Bewegung: viel/wenig Kraft, leicht/schwer
• Dynamik in der Zeit: plötzliche und allmähliche Wechsel
• Spannung im Raum: Verdichtung und Auflösung imRaum
</td>
</tr>
</table>

Internetseite www.dance360-school.ch:

Diese Internetseite bietet zahlreiche Anregungen zum Thema Tanz und kurze, gut aufbereitete Videoclips zu unterschiedlichen Schrittideen und choreographischen Gestaltungsprinzipien.

Tanzschritte: http://www.dance360-school.ch/#/search

Ideen/Beispiele zu Gestaltungsprinzipien: http://www.dance360-school.ch/#/tips/video=444

Stundenübersicht

Stundenbild 1: Jeder kann tanzen!
Stundenbild 2: Erlernen des Basicschritts
Stundenbild 3: Einen eigenen Schritt entwickeln
Stundenbild 4: Lerner und Lehrer – Wir bringen uns selbst unsere Schritte bei
Stundenbild 5: Entwickeln einer eigenen Choreographie
Stundenbild 6: Übungszeit (+ Gestaltungsprinzip „Zeit“)
Stundenbild 7: Präsentation und Prüfung

Quer zu allen Stunden: Kennenlernen grundlegender Gestaltungsprinzipien

Stundenbild 1: Jeder kann tanzen!

Ziel: Die Schüler finden durch tänzerische Spielformen einen Einstieg ins Themenfeld und erarbeiten sich das Gestaltungsprinzip „Aufstellungsform".

Phasen	Organisation, Geräte- und Materialbedarf
Einstieg (10 Minuten)	
Aufwärmen – Schlangenlaufen Zum Aufwärmen wird das Schlangenlaufen angewandt. Einer macht vor – die anderen machen nach. In Vorbereitung auf den Hauptteil der Stunde wird nicht nur das Herz-Kreislaufsystem erwärmt, sondern auch bereits die Eigeninitiative und Kreativität der Schüler gefordert. **Schlangenlaufen:** Die Kleingruppe steht aufgereiht hintereinander, mit Blickrichtung nach vorn (so schauen die Hinteren jeweils auf die Rücken der Vorderen). Die Musik wird angeschaltet und die Gruppe beginnt loszulaufen. Dabei entscheidet der Erste in jeder Gruppe sowohl die Laufrichtung, das Lauftempo als auch die Art und Weise der Bewegungen. Eine kurze Pause in der Musik (oder ein anderes Signal der Lehrkraft) deutet dabei den Wechsel des „Schlangenkopfs" an: Der Vordere lässt sich ans Gruppenende zurückfallen und automatisch ist der nächste „Schlangenkopf" mit Vormachen an der Reihe. Zunächst sollte ganz ohne Vorgaben gearbeitet werden. Wenn alle einmal mit Vormachen an der Reihe waren, können Sie eine zweite Runde durchführen, in der Sie gezielte Zusatzaufgaben geben, die beim Vormachen vom „Schlangenkopf" umgesetzt werden sollen: ➢ Arme einsetzen ➢ Drehungen einbauen ➢ Sprünge einbauen ➢ Den Boden miteinbeziehen **Tipp:** Im Idealfall sollten für dies Übungen Gruppen mit 4 Personen gebildet werden, da diese Gruppengröße auch für die nächste Übung benötigt wird. Möglich sind aber auch 3er- oder 5er-Gruppen.	4er-Gruppen Musikplayer, Musik-CD
Hauptteil 1 (25 Minuten)	
Vormachen – Nachmachen I Die 4er-Gruppen von eben positionieren sich in der Halle und stellen sich jeweils als Raute auf, sodass es immer eine Spitze gibt, die „vorne" steht und von den drei anderen Personen gesehen wird. Diese Person macht nun Bewegungen zur Musik vor, die die drei Gruppenmitglieder nachmachen müssen. Sobald die vormachende Person keine Lust mehr hat oder ihr nichts mehr einfällt, kann sie eine Viertel- oder halbe Drehung machen. Diese Drehung wird ebenfalls von den Mitstreitern nachgemacht: so entsteht automatisch eine „neue Spitze" und die neue Person ist mit dem Vormachen dran. Ziel ist es hier, sich von der Musik leiten zu lassen und einfache Bewegungen zu finden, die der Rest der Gruppe auch gut nachmachen kann. Um diese Ziel zu erfüllen, ist es wichtig, dass die Bewegungen der vormachenden Person **wiederholt und rhythmisiert** werden, sodass die Gruppenmitglieder überhaupt eine Chance haben, die Bewegungen sinnvoll nachzumachen. Sie können diese Experimentierphase 5–6 Minuten laufen lassen, ruhig auch mit unterschiedlicher Musik, sodass jeder Person mehrmals in die Rolle des Vormachers schlüpfen kann.	4er-Gruppen von eben, Aufstellungsform: Raute Musikplayer, Musik-CD

Phasen	Organisation, Geräte- und Materialbedarf
Hauptteil 1	
Tipp: Die Übung kann auch mit 3er- und 5er-Gruppen durchgeführt werden. 3er-Gruppe = Dreieck 5er-Gruppe = Raute + „Mittelmann“	

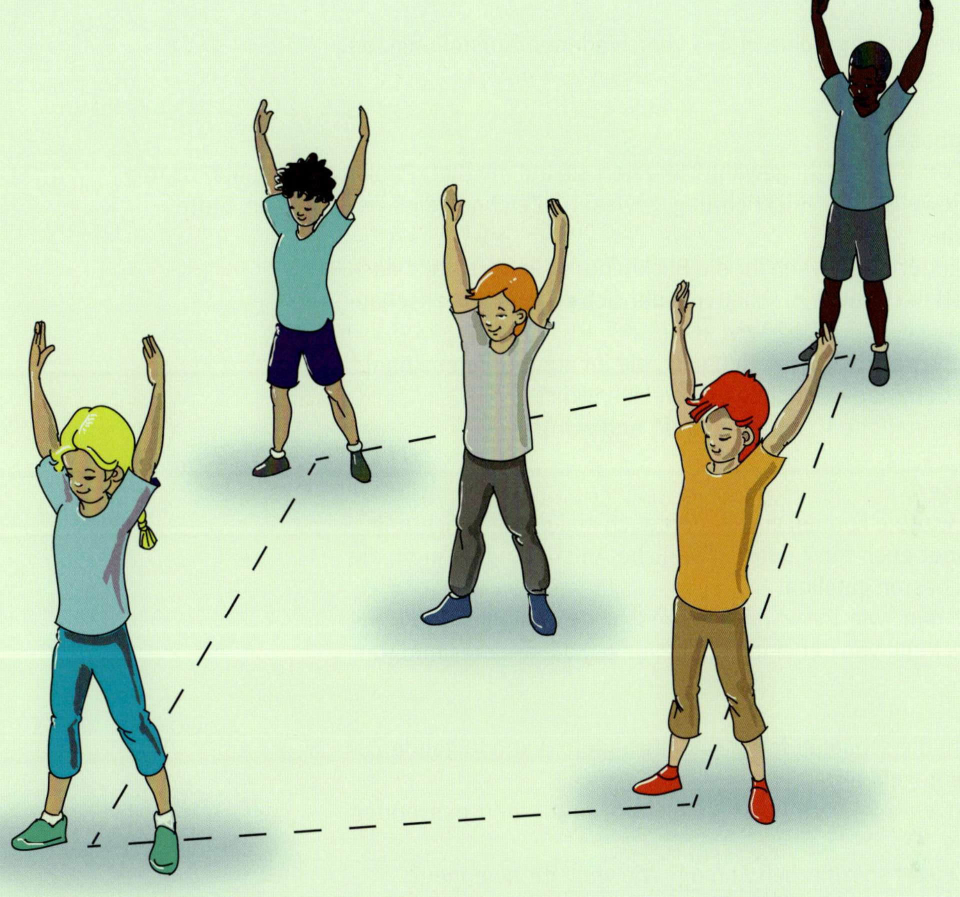

Phasen	Organisation, Geräte- und Materialbedarf
Vormachen – Nachmachen II Die Schüler bleiben in den Gruppen und dem Modus von eben und erhalten folgende Aufgabe: ➢ „Jeder Einzelne von euch hat nun verschiedene Schritte vorgemacht. Nun sucht sich jeder einen davon aus, den er, immer wenn er nun an der Spitze der Raute ist, vormacht. Gewechselt wird immer noch beliebig durch eine jeweilige Viertel- oder halbe Drehung.“ **Variation:** Es dürfen auch Bewegungen der anderen ausgesucht werden.	4er-Gruppen Musikplayer, Musik-CD
Vormachen – Nachmachen III Wenn die Schüler nun erneut 2–3 Minuten Übungszeit hatten, um jeweils „ihre“ Bewegung zu finden und zu festigen, folgt der nächste und letzte Arbeitsschritt: ➢ „Legt nun fest, in welcher Reihenfolge ihr die vier unterschiedlichen Bewegungen durchführen und wie oft ihr diese jeweils ausführen wollt. Die Blickrichtung sollte nun nicht mehr wechseln und immer dieselbe sein. Stellt euch einfach ein Publikum vor, dass an einer bestimmten Seite der Halle sitzt.“ So entsteht im Handumdrehen eine kleine Minichoreographie, zu der jeder aus der Kleingruppe etwas beigetragen hat.	4er-Gruppen Musikplayer, Musik-CD

Phasen	Organisation, Geräte- und Materialbedarf
Hauptteil 2 (25 Minuten)	
Kennenlernen des Gestaltungsprinzips *Aufstellungsform* Nachdem die Kleingruppen nun eine kleine Basischoreographie mit 4 einfachen Tanzschritten zusammengestellt haben, kann dieses Bewegungsmaterial dazu genutzt werden, das erste von 3 grundlegenden Gestaltungsprinzipien mit folgender Aufgabenstellung zu thematisieren: ➢ Tanzt eure Choreographie in 4–5 verschiedenen Aufstellungsformen	Kleingruppen CD-Player, Musik-CD
Reflexionsphase ➢ Welche Formen habt ihr gewählt? Skizziert sie auf ein Blatt Papier ➢ Wie ist jeweils eure Blickrichtung gewesen? Zeichnet dies mit Pfeilen ein. ➢ Was verändert sich, wenn ihr die Blickrichtung ändert? (alle nach links, statt nach vorne zu schauen, oder sich gegenseitig anschauen...) ➢ Fallen euch noch andere Formen ein, die ihr ausprobieren könnt? ➢ Welche Formationen klappen gut, welche nicht? ➢ Welche Formationen „sehen gut aus" und warum?	Plenum, Sitzkreis Papier, Stifte
Übungsphase ➢ Probiert weitere Formen aus, ändert auch mal die Blickrichtung. ➢ Entscheidet euch für 2 unterschiedliche Aufstellungsformen, die euch am besten gefallen. ➢ Überlegt nun, wie ihr während eures Tanzes elegant und ohne Unterbrechung von der einen Aufstellung in die andere kommt.	
Tipp: Für Gruppen, die schneller fertig sind als andere, kann folgende Zusatzaufgabe gegeben werden: ➢ Integriert eine weitere Aufstellungsform und einen passenden Übergang ➢ Habt ihr einen spezifischen Anfang? Wie wollt ihr beginnen? ➢ Habt ihr ein besonderes Ende? Wie wollt ihr aufhören?	
Ausklang (15 Minuten)	
Präsentation – Übergänge gestalten Zum Abschluss sollte die erarbeitete Minipräsentation präsentiert werden. Das Publikum hat dabei die Aufgabe, darauf zu achten, welche Aufstellungsformen jeweils eingenommen und wie der Wechsel vollzogen wird. Hierzu dürfen sich die Beobachter selbstverständlich kurze Notizen machen. Dies kann in einem abschließenden Gespräch auch als Strichzeichnung auf einem großen Plakat zusammengetragen werden, welches in den nächsten Stunden den Schüler als Gedankenstütze zur Verfügung steht.	Alle gemeinsam Papier, Stifte, eventuell Plakat

Stundenbild 2: Erlernen des Basicschritts

Ziel: Die Schüler erlernen den Basicschritt, vertiefen das Gestaltungsprinzip „Aufstellungsform" und lernen einen Ausschnitt aus dem Gestaltungsprinzip „Raum" kennen.

Phasen	Organisation, Geräte- und Materialbedarf
Einstieg (5 Minuten)	
Aufwärmen – Stopptanz Alle bewegen sich frei zur Musik und müssen auf den Musikstopp „freezen" und in ihrer Pose „einfrieren".	Alle gemeinsam Stehkreis/freies bewegen in der Halle, Musik, CD-Player

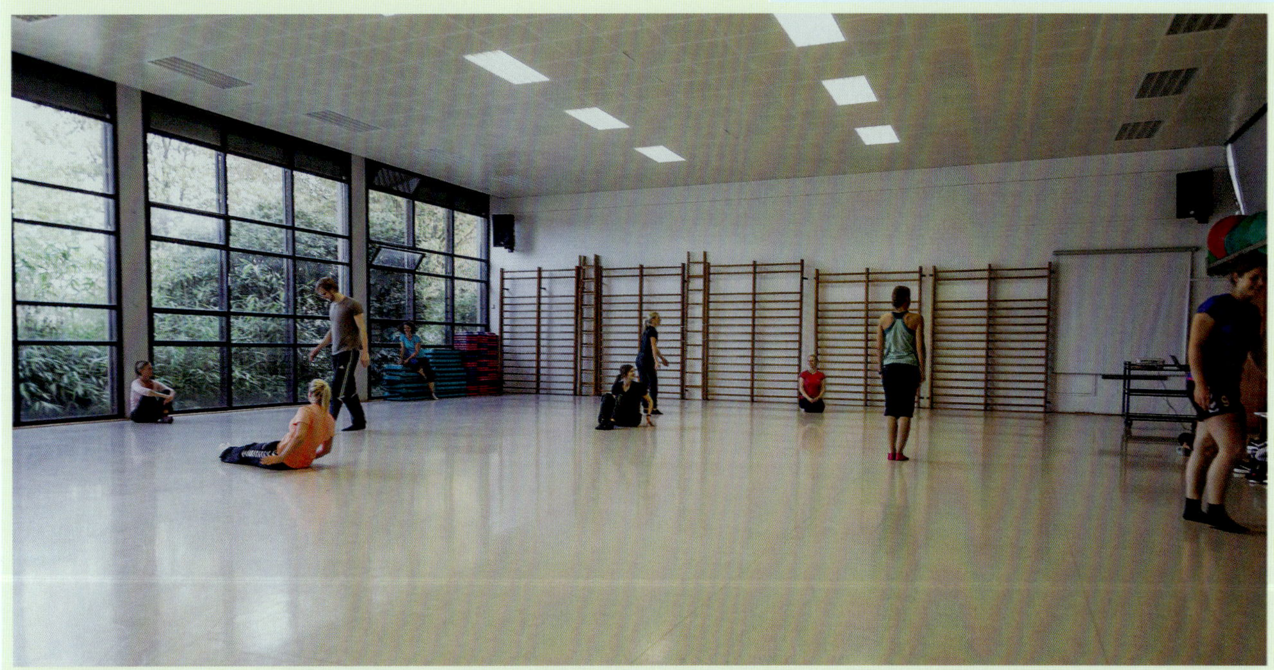

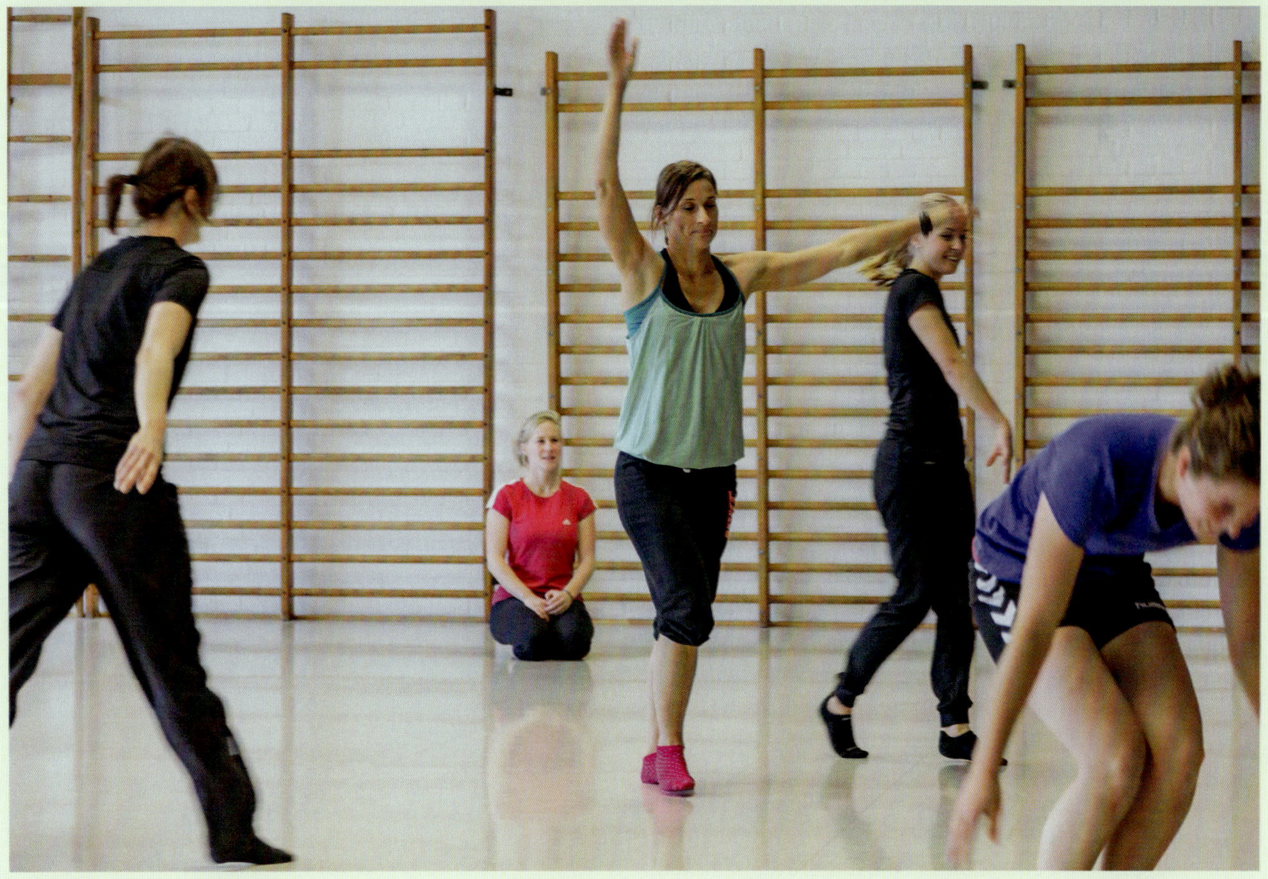

Phasen	Organisation, Geräte- und Materialbedarf
Hauptteil (55 Minuten)	
Erlernen des Basicschritts Um im kommenden Unterrichtsvorhaben ein grundlegendes Bewegungsmaterial zu haben, an dem beispielhaft einige Prinzipien einer interessanten Tanzschrittgestaltung gezeigt werden können, ist es sinnvoll, einen Grundschritt für die gesamte Klasse einzuführen. Für welche methodische Vorgehensweise Sie sich dabei entscheiden, bleibt Ihnen überlassen. Hier sind beispielhaft drei unterschiedliche aufgeführt: **1. Selbst aktiv werden:** Hier können Sie beliebig agieren, sich selbst einen Schritt ausdenken (von 1 x 8 oder maximal 2 x 8 Zählzeiten) und diesen in die Klasse einbringen.	Alle gemeinsam Aufstellung in Reihen auf Lücke CD-Player, Musik YouTube-Kanal
2. Anregungen holen: Im Internet gibt es zahlreiche Tutorials, die eine gute Anregung hierfür bieten und einfache Tanzschritte vorführen. Des Weiteren findet Sie auch im YouTube-Kanal des Limpert Verlags ein Vorschlag für solch einen Basicschritt, den Sie selbst erlernen und anschließend den Schülern beibringen können (https://youtu.be/ADLrVn4SGWk).	**Tipp:** www.dance360-school.ch
3. Sich selbst rausnehmen: Das Tutorial zum Basicschritt unter https://youtu.be/ADLrVn4SGWk (3) ist so konzipiert, dass dieser Schritt für Schritt nachvollzogen werden kann. Somit eignet es sich auch zum direkten Erlernen für Schüler. Sie können das Tutorial gegebenenfalls mit einem Beamer für alle an der Hallenwand abspielen. **Für alle Varianten gilt:** Als sinnvolle Aufstellungsform ist die klassische Reihenform zu empfehlen, bei der die Schüler „auf Lücke“ stehen. Das bedeutet, jeder sollte in der Lage sein, die vormachende Person deutlich zu sehen. Es kann auch ab und zu ein Reihenwechsel eingebaut werden, indem die hinteren beiden Reihen nach vorne wechseln. Ein **lautes Mitzählen der Takte** unterstützt oft den Lernprozess, gerade bei Schülern, die noch wenig Erfahrung im tänzerischen Bereich haben. **Tipp:** Grundsätzlich empfiehlt sich ein Abwechseln von „Trockenphasen“ ohne Musik, mit Erklärung und Phasen mit Musik. Prinzipiell kann zunächst jede Musik gewählt werden. Für den Anfang empfiehlt sich allerdings eine Musik mit einem nicht zu schnellen, aber deutlichem Takt, beispielsweise „Funhouse“ von Pink.	Laptop, Beamer, DVD
Übungsphase Die nachfolgende Übungsphase verfolgt gleich mehrere Intensionen: ➢ Festigen des Basicschritts ➢ Vertiefen des Gestaltungsprinzips *Aufstellungsform* ➢ Kennenlernen des Gestaltungsprinzips *Raum*	Kleingruppen von 3–4 Personen CD-Player, Musik-CD
Die Schüler gehen in Kleingruppen von 3–4 Personen zusammen, wiederholen innerhalb der Gruppe den Basicschritt und erhalten dabei folgende Aufgaben: ➢ Tanzt den Basicschritt mehrmals hintereinander durch und nutzt jeweils die ersten drei Schritte, um verschiedene Laufrichtungen auszuprobieren (alle seitwärts nach links/rechts, diagonal nach vorne/hinten, rückwärts, auf der Stelle usw.) ➢ Was passiert, wenn jeder eine andere Richtung einschlägt? ➢ Tanzt den Basicschritt mehrmals hintereinander durch und variiert dabei eure Aufstellungsform. Nutzt hierfür besagte drei Schritte, um ‚elegant‘ von einer Form in die andere zu kommen.	AB 1 *Hinweis: Diese Aufgaben beziehen sich auf den Basicschritt beim YouTube-Kanal unter https://youtu.be/ADLrVn4SGWk*

Phasen	Organisation, Geräte- und Materialbedarf
Hauptteil	
Erweiterung: ➢ Geht jeweils mit einer anderen Gruppe zusammen, sodass ihr nun 6–8 Personen in einer Gruppe seid. ➢ Probiert verschiedene Aufstellungsformen aus und entscheidet euch für 2–3 unterschiedliche. Besprecht auch, wie ihr von einer in die andere Aufstellung gelangt. ➢ Tanzt nun den Basicschritt 2–3 x hintereinander. **Hinweis:** Die Gestaltungsprinzipien Raum und Aufstellungsform liegen eng beieinander und bedingen sich gegenseitig. Während es bei der Aufstellungsform zunächst darum geht, wie die einzelnen Gruppenmitglieder angeordnet sind, spielen beim Gestaltungskriterium Raum folgende Aspekte eine wichtige Rolle: die Bewegungsrichtung (vor-, seit- und rückwärts), der Art und Weise, wie Raumwege zurückgelegt werden (rund, eckig, gerade), und auf welchen Raumebenen die Bewegung durchgeführt wird (tief/unten, mittel, hoch/oben).	AB 2 2 Kleingruppen zusammen ca. 6–8 Personen Es können auch 3 Gruppen zusammengelegt werden
Ausklang (15 Minuten)	
Großgruppenzusammenführung Es werden zwei Großgruppen zu einer noch größeren Gruppe zusammengefügt, die ebenfalls die Aufgabe erhält, wiederum eine Aufstellungsform zu finden und gemeinsam den Basicschritt tanzen soll. **Abschließende Reflexion** An dieser Stelle kann Folgendes thematisiert werden: ➢ Welchen Einfluss hat die Gruppengröße auf die Präsentation als solche (je mehr – desto schwieriger wird die Synchronität; je weniger – desto weniger Möglichkeiten verschiedener Aufstellungsformen, usw.)? ➢ Welchen Einfluss hat die Gruppengröße auf die Arbeitsphase (je mehr – desto mehr Ideen; je mehr – desto mehr unterschiedliche Meinungen, die unter einen Hut gebracht werden müssen – Arbeitsphasen werden länger, usw.)?	Großgruppe, Plenum Musik, CD-Player

AB 1

Arbeitskarte 1

- Tanzt den Basicschritt mehrmals hintereinander durch und nutzt jeweils die ersten drei Schritte, um verschiedene Laufrichtungen auszuprobieren (alle seitwärts nach links/rechts, diagonal nach vorne/hinten, rückwärts, auf der Stelle usw.)
- Was passiert, wenn jeder eine andere Richtung einschlägt?
- Tanzt den Basicschritt mehrmals hintereinander durch und variiert dabei eure Aufstellungsform. Nutzt hierfür besagte drei Schritte, um 'elegant' von einer Form in die andere zu kommen.

AB 2

Gesamtablauf

- Geht jeweils mit einer anderen Gruppe zusammen, sodass ihr nun 6–8 Personen in einer Gruppe seid.
- Probiert verschiedene Aufstellungsformen aus und entscheidet euch für 2–3 unterschiedliche. Besprecht auch, wie ihr von einer in die andere Aufstellung gelangt.
- Tanzt nun den Basicschritt 2–3 x hintereinander.

Stundenbild 3: Einen eigenen Schritt entwickeln

Ziel: Die Schüler entwickeln in Kleingruppen anhand von Arbeitskarten einen eigenen Tanzschritt auf 1x 8 Zählzeiten im erlernten Muster.

Phasen	Organisation, Geräte- und Materialbedarf
Einstieg (5 Minuten)	
Wiederholen des Basicschritts Hier kann gemeinsam mit der Klasse der erlernte Basicschritt mit der Großgruppe ca. 5 x wiederholt werden, um die einzelnen Elemente wieder in Erinnerung zu rufen. Sie können hier auf bestimmte Merkmale aufmerksam machen, die Ihnen bei der Bewegungsausführung wichtig sind.	Alle gemeinsam Aufstellung in Reihen auf Lücke
Hauptteil (55 Minuten)	
Gruppeneinteilung In dieser Phase werden zunächst die Tanzgruppen gebildet, die fortan als Stammgruppen bezeichnet und im kommenden Unterrichtsvorhaben gemeinsam an einer Choreographie arbeiten werden. Dieser Prozess ist mitunter nicht unproblematisch, und Sie sollten je nach Klasse bewusst entscheiden, wie Sie hierbei vorgehen (Schüler entscheiden selbst, Sie teilen ein, Zufallswahl...). 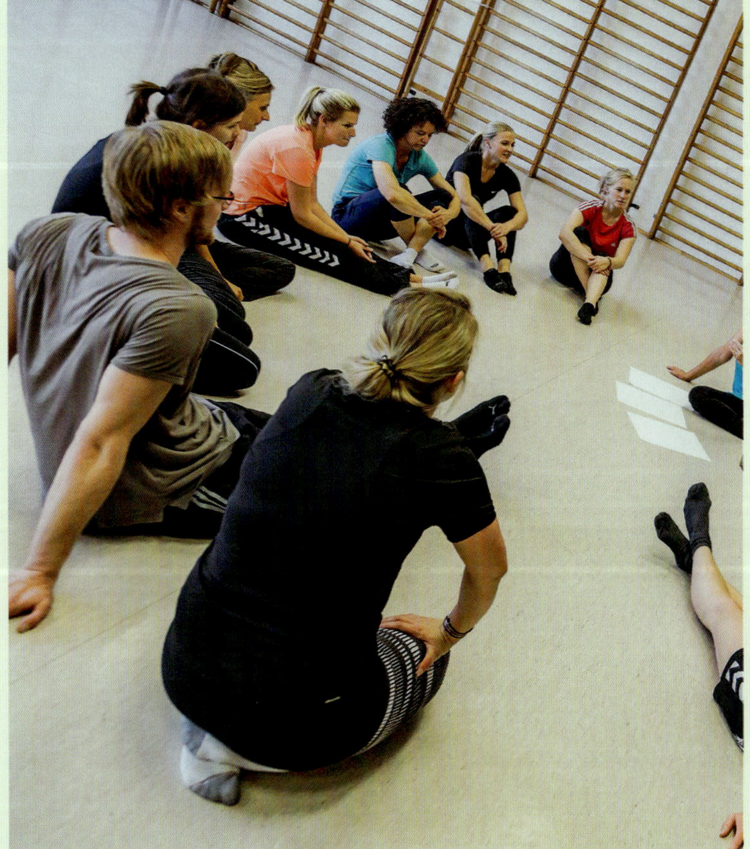	Plenum Unterrichtsgespräch
Besprechen der Arbeitsaufgabe Für den weiteren, eigenständigen Arbeitsprozess ist es wichtig zunächst das „Muster" des erlernten Basicschritts zu thematisieren. Folgendes Muster gilt: 1-2-3-**UND**-4; 5-6-7-**UND**-8. Dadurch, dass eine Bewegung auf den Zwischentakt ausgeführt wird, muss diese Bewegung schneller als die vorausgegangenen ausgeführt werden und der Tanzschritt erhält durch die Variation und den entstehenden Rhythmuswechsel ein spannendes Moment.	*Hinweis: Diese Angaben beziehen sich auf den Basicschritt, siehe https://youtu.be/ADLrVn4SGWk (3)*

Phasen	Organisation, Geräte- und Materialbedarf
Hauptteil	
Gruppenarbeitsphase Ebenso nach diesen Zählzeiten sollen die Schüler nun einen eigenen Tanzschritt entwickeln. Hierfür erhalten die Kleingruppen verschiedene Arbeitskarten, die je einen unterschiedlichen Schwerpunkt innerhalb des zu entwerfenden Tanzschritts setzen. „Arme“, Drehung“, „Boden“ & „Füße“ (AB 3–6). Dabei sollte jede Arbeitskarte mindestens einmal vergeben werden. Es ist hierbei unproblematisch eine Aufgabe auch an zwei Gruppen zu vergeben. Musik sollte in der Entwicklungsphase nicht oder nur ganz leise laufen, da zu laute Musik den auftretenden Kommunikationsprozess der Gruppen stören würde. **Tipp:** In dieser Phase soll die Kreativität der Lerngruppe angeregt werden. Offene Aufgabenstellungen fördern dabei diesen Prozess, zu offene Aufgaben können allerdings überfordern und den Prozess verhindern. Deshalb wurde an dieser Stelle mit dem Fokus auf ein bestimmtes Körperteil, einen Raumabschnitt oder Ereignis versucht, die Aufgabenstellung bereits etwas einzugrenzen. Sollte diese für ihre Gruppen immer noch zu offen sein, bietet es sich an, einige weitere Anregungen hineinzugeben: ➢ „Überlegt mal, was kann man alles mit den Füßen/den Händen/ Armen, auf dem Boden machen? Wie kann man sich alles drehen (Richtung/Ebene/Rollen...)“ ➢ „Überlegt mal, welche Tanzschritte ihr letzte Stunde beim Aufwärmen schon entwickelt habt. Passt da etwas in eure Aufgabe rein? Könnt ihr etwas davon übernehmen/leicht verändern?“ ➢ Geben Sie selbst Anregungen in Form von kleinen Bewegungen.	Kleingruppen Arbeitskarten AB 3, 4, 5, 6 (jeweils in doppelter Ausführung)
Gruppenübungsphase Entscheiden Sie selbst, wann Sie sich zurückziehen und den Gruppen Raum zur Entfaltung geben und wann Sie vielleicht eingreifen müssen. ➢ Geben Sie Anregungen, wenn eine Gruppe nicht weiter weiß. ➢ Lassen Sie sich bereits erarbeitete Teilstücke zeigen. ➢ Geben Sie möglicherweise Verbesserungstipps. ➢ Weisen Sie die Schüler noch einmal auf den Zwischentakt hin. ➢ Weisen Sie darauf hin, dass jede Bewegung einer klaren Zählzeit zugeordnet werden muss (dies ist besonders für den späteren Lehr-Lernprozess im Expertenpuzzle wichtig). Sobald die Gruppen den Entwicklungsprozess weitestgehend abgeschlossen haben (kleine Veränderungen werden immer noch auftreten), kann Musik hinzugenommen werden, um die Schritte in der Gruppe zu üben, sodass alle ihren eigenen Tanzschritt sicher beherrschen. **Tipp:** Für Gruppen, die schneller fertig werden, können folgende Zusatzaufgaben gegeben werden: ➢ Setzt euren Schritt und den Basicschritt zusammen und übt ihn. ➢ Schafft ihr auch das Ganze 3 x hintereinander durchzutanzen, ohne Unterbrechung? ➢ Könnt ihr die Aufstellungsform dabei wechseln, ohne dass Brüche entstehen?	CD-Player, Musik-CD Kleingruppen

Phasen	Organisation, Geräte- und Materialbedarf
Ausklang (15 min)	
Präsentation Die Stammgruppen präsentieren ihre entwickelten Schritte. Diese sollten zur Ergebnissicherung auf Video aufgenommen werden. Dies hat den Vorteil, dass bei Bedarf in der nächsten Stunde darauf zurückgegriffen werden kann. Auch Schüler, die möglicherweise eine Einheit verpasst haben, können sich den Schritt so besser beibringen. **Variation:** Je nachdem, wie ihr Unterrichtsvorhaben weitergeht (siehe Folgeseite), kann an dieser Stelle bereits das „Aussuchen“ der Schritte erfolgen, um so das Expertenpuzzle der nächsten Stunde besser vorzubereiten.	Videokamera, CD-Player, Musik-CD

AB 3

Arme/Schultern

- Entwerft 8 Zählzeiten, bei denen die Bewegung der Arme und/oder der Schultern im Vordergrund stehen.
- Die Arme können dabei isoliert vom Körper bewegt werden, müssen sie aber nicht.
- Achtet darauf, dass jede Bewegung einer Zählzeit zugeordnet ist.
- Geht dabei (wenn möglich) nach folgendem, bekanntem Muster vor: 1, 2, 3 **und** 4, 5, 6, 7 **und** 8.

AB 4

Drehung

- Entwerft 8 Zählzeiten, bei denen eine oder mehrere Drehbewegung/en im Vordergrund steht/en.
- Ihr könnt Drehungen um die Längsachse, aber auch Drehungen um die Querachse (Rollen) verwenden.
- Achtet darauf, dass jede Bewegung einer Zählzeit zugeordnet ist.
- Geht dabei (wenn möglich) nach folgendem, bekanntem Muster vor: 1, 2, 3 **und** 4, 5, 6, 7 **und** 8.

AB 5

Boden

- Entwerft 8 Zählzeiten, bei denen eine Bewegung am Boden im Vordergrund steht.
- Es sollten hierbei mehr Körperteile als nur die Füße den Boden berühren.
- Achtet darauf, dass jede Bewegung einer Zählzeit zugeordnet ist.
- Geht dabei (wenn möglich) nach folgendem, bekanntem Muster vor: 1, 2, 3 **und** 4, 5, 6, 7 **und** 8.

AB 6

Beine/Füße

- Entwerft 8 Zählzeiten, bei denen eine Bewegung der Beine/Füße im Vordergrund steht.
- Legt den Schwerpunkt beispielsweise auf eine bestimmte Schritt- oder Sprungkombination.
- Die Armbewegung sollte hierbei eine untergeordnete Rolle spielen oder sogar komplett ausgeblendet werden.
- Achtet darauf, dass jede Bewegung einer Zählzeit zugeordnet ist.
- Geht dabei (wenn möglich) nach folgendem, bekanntemMuster vor: 1, 2, 3 **und** 4, 5, 6, 7 **und** 8.

Stundenbild 4: Lerner und Lehrer – Wir bringen uns selbst unsere Schritte bei

Ziel: Die Schüler tauschen ihre Schritte in Form des Expertenpuzzles gegenseitig aus und üben diese.

Phasen	Organisation, Geräte- und Materialbedarf
Einstieg (10 Minuten)	
Kognitiver Einstieg: Bekanntgabe des Stundenziels und Erläuterung der Expertenpuzzlemethode; je nachdem, für welchen Modus Sie sich entscheiden. Wenn die Methode für die Schüler noch unbekannt ist, bietet es sich an, die Gruppenzusammensetzungen unterstützend zu visualisieren.	Sitzkreis o. ä. Unterrichtsgespräch Plakat, Stift
Aufwärmen – Wiederholen des eigenen Schritts Bevor die Kleingruppen in die Vermittlung ihrer Schritte gehen, sollten sie zu Beginn der Stunde noch einmal Gelegenheit haben, ihren eigenen Schritt zu wiederholen und letzte Unklarheiten zu klären (möglicherweise videogestützt mit den Aufnahmen der letzten Stunde).	Stammgruppen Eventuell Laptop + Videoaufnahmen der letzten Stunde
Hauptteil (50 Minuten)	
Expertenpuzzle Schüler tauschen ihre Schritte nach einer vorab von Ihnen bestimmten oder gemeinsam mit der Lerngruppe entwickelten Methode aus. Das jeweilige Ziel sollten Sie für alle klar und transparent formulieren. Beispielsweise: „Jeder vermittelt heute seinen eigenen Schritt und lernt 3 neue Schritte dazu.“	AB 7
Ausklang (15 Minuten)	
Stammgruppen finden sich wieder zusammen Zum Abschluss der Stunde sollten die Stammgruppen wieder zu einander kommen und die neu erlernten Schritte in ihrer Gruppe einmal durchgehen und üben. Durch die unterschiedlichen Vermittler kann es durchaus passieren, dass der ein oder andere den gleichen Schritt etwas verändert gelernt hat. Wichtig ist es nun diese kleinen Varianten innerhalb der Stammgruppe zu erkennen, zu klären und anzupassen. Dies kann in Rückbezug auf die Expertengruppe passieren, die den Schritt entwickelt hat. Es kann sich das Video dieser Gruppe angeschaut werden oder die Kleingruppen bekommen von Ihnen die Freiheit, für sich selbst zu entscheiden, wie sie den Schritt letztlich konkret ausführen wollen – solange er innerhalb der Stammgruppe gleich ist. Falls die Gruppen zusätzlich aus den erlernten Schritten einzelne aussuchen können, sollte die Entscheidung an dieser Stelle fallen.	2 Großgruppen Oder alle

AB 7 – Lehrerarbeitshilfe Organisation Expertenpuzzle

Das weitere Vorgehen innerhalb der Unterrichtseinheit hängt von unterschiedlichen Faktoren ab: Ihrer Intension, dem zur Verfügung stehenden Zeitrahmen, der Gruppenzusammensetzung sowie der tänzerischen Vorerfahrung und Lerngeschwindigkeit Ihrer Klasse. Beispielhaft sind hier mögliche Vorgehensweisen dargestellt:

Möglichkeit 1:

Ausgangslage: Sie haben **4** Stammgruppen à 6 Personen. Jede Stammgruppe hat eine Schwerpunktaufgabe bearbeitet (**A**rme, **F**üße, **D**rehung, **B**oden).

Ziel: Jede Stammgruppe soll jeden Tanzschritt **(A, F, D, B)** lernen und diesen in die Choreographie einbauen.

Expertenpuzzle: Es bilden sich 6 neue Gruppen à 4 Personen, wobei jeweils eine Person aus einer Schwerpunktgruppe kommt.

Gruppe 1: **A**1+**F**1+**D**1+**B**1
Gruppe 2: **A**2+**F**2+**D**2+**B**2
Gruppe 3: **A**3+**F**3+ usw...

Jeder der 4 Personen bringt seinen Schritt den anderen 3 Mitschülern bei.

Ergebnis: 4 Stammgruppen à 6 Personen mit 4 x 8 Zählzeiten + 2 x 8 Zählzeiten Basicschritt.

Variation: 3 neue Schritte zu erlernen und zu üben, erscheint Ihnen für Ihre Schüler zu viel? Dann geben Sie der Gruppe die Möglichkeit einen beliebigen neu erlernten Schritt wegzulassen und diesen nicht in die Choreographie zu übernehmen. So entstehen 3 x 8 Zählzeiten + 2 x 8 Zählzeiten Basicschritt.

Möglichkeit 2:

Ausgangslage: Sie haben **8** Stammgruppen (**4** x à 3 Personen & **4**x à 4 Personen). Jede Stammgruppe hat eine Schwerpunktaufgabe bearbeitet (**A**rme, **F**üße, **D**rehung, **B**oden). Jede Aufgabe wurde also von 2 Gruppen bearbeitet (im Idealfall einmal von einer 3er- und einmal von einer 4er-Gruppe).

Ziel: Jede Stammgruppe soll 4 Tanzschritte **(A, F, D, B)** lernen und diese in die Choreographie einbauen.

Vorbereitung: Sie teilen die Klasse zunächst in 2 Hälften: Die 3er-Gruppen und die 4 4er-Gruppen. Jeder Teil der Klasse führt nun das Expertenpuzzle für sich durch.

Expertenpuzzle: Es bilden sich 3 bzw. 4 neue Gruppen à 4 Personen, wobei jeweils eine Person aus einer Schwerpunktgruppe kommt.

Gruppe 1: **A**1+**F**1+**D**1+**B**1
Gruppe 2: **A**2+**F**2+**D**2+**B**2
Gruppe 3: **A**3+**F**3+ usw. ...

Jeder der 4 Personen bringt seinen Schritt den anderen 3 Mitschülern bei.

Ergebnis: 8 Stammgruppen à 6 Personen mit 4 x 8 Zählzeiten + 2 x 8 Zählzeiten Basicschritt. Es entstehen 2 unterschiedliche Tänze, da sich die 4 x 8 Zählzeiten bei den 3er- und 4er-Gruppen unterscheiden.

Variation: Soll die gesamte Klasse den gleichen Tanz am Ende haben, kann ein Zwischenschritt vorangestellt werden. Jeweils beide Stammgruppen zu demselben Schwerpunkt (beispielsweise „Arme“) präsentieren ihren Schritt vor der Klasse und diese stimmen dann ab, welcher der beiden von allen erlernt werden soll. So reduziert man aus 8 unterschiedlichen Entwürfen auf 4 Tanzschritte.

AB 7 – Lehrerarbeitshilfe Organisation Expertenpuzzle

Möglichkeit 3:

Ausgangslage: Sie haben **6** Stammgruppen à 4 Personen.

Tipp: Lassen Sie hier nur 3 der 4 Schwerpunktaufgaben (beispielsweise **A**rme, **D**rehung, **B**oden) bearbeiten und verfahren dann ähnlich wie in in Möglichkeit 2.

Ziel: Jede Stammgruppe soll 3 Tanzschritte **(A, D, B)** lernen und diese in die Choreographie einbauen.

Vorbereitung: Sie teilen die Klasse in 2 Hälften (Stammgruppen **A, D, B** & Stammgruppen **a, d, b**)

Expertenpuzzle:
Es bildet sich 2x4 neue Gruppen à 3 Personen.

Gruppe 1: **A**1+**D**1+**B**1	Gruppe 1: **a**1+**d**1+**b**1
Gruppe 2: **A**2+**D**2+**B**2	Gruppe 2: **a**2+**d**2+**b**2
Gruppe 3: **A**3+**D**3+ usw. ...	Gruppe 3: **a**3+**d**3+ usw...

Jeder der 3 Personen bringt seinen Schritt den anderen beiden Mitschülern bei.

Ergebnis: 6 Stammgruppen à 4 Personen mit 3 x 8 Zählzeiten + 2 x 8 Zählzeiten Basicschritt. Es entstehen 2 unterschiedliche Tänze, da sich die 3 x 8 Zählzeiten unterscheiden.

Variation: Soll die gesamte Klasse den gleichen Tanz am Ende haben, kann ein Zwischenschritt vorangestellt werden. Jeweils beide Stammgruppen zu demselben Schwerpunkt (beispielsweise „Arme") präsentieren ihren Schritt vor der Klasse und diese stimmen dann ab, welcher der beiden von allen erlernt werden soll. So reduziert man aus 6 unterschiedlichen Entwürfen auf 3 Tanzschritte.

Möglichkeit 4:

Ausgangslage: Sie haben **5–7** Stammgruppen à 3–6 Personen. Jede Stammgruppe hat eine Schwerpunktaufgabe bearbeitet (**A**rme, **F**üße, **D**rehung, **B**oden). Manche Aufgaben wurden von 2 Gruppen bearbeitet.

Ziel: Jede Stammgruppe soll 4 Tanzschritte **(A, F, D, B)** lernen und diese in die Choreographie einbauen.

Vorbereitung: Lassen sie jeweils die Gruppen ihren Schritt präsentieren, die zu demselben Schwerpunkt (beispielsweise „Arme") gearbeitet haben. Die Klasse kann dann entscheiden, welcher der beiden von allen erlernt werden soll.

Expertenpuzzle:
Es bildet sich eine unterschiedliche Anzahl an Gruppen mit unterschiedlich vielen Personen darin. Wichtig ist, dass in jeder Gruppe mindestens einer derjenigen ist, deren Schritte erlernt werden sollen.

Gruppe 1: **A**1+**F**1+**D**1+**B**1+?+?
Gruppe 2: **A**2+**F**2+**D**2+**B**2+?+?
Gruppe 3: **A**3+**F**3+ usw. ...

Jeder der 4 Personen bringt seinen Schritt den anderen Mitschülern bei.

Ergebnis: 5–7 Stammgruppen à 3–6 Personen mit 4 x 8 Zählzeiten + 2 x 8 Zählzeiten Basicschritt.

Möglichkeit 5:

Ausgangslage: Sie haben **5–7** Stammgruppen à 3–6 Personen. Jede Stammgruppe hat eine Schwerpunktaufgabe bearbeitet (**A**rme, **F**üße, **D**rehung, **B**oden). Manche Aufgaben wurden von 2 Gruppen bearbeitet.

Ziel: Jede Stammgruppe soll **einen** weiteren Tanzschritt **(A, F, D, B)** erlernen und diese in die Choreographie einbauen.

Vorbereitung: Lassen sie jeweils die Gruppen ihren erarbeiteten Schritt präsentieren. Jede Stammgruppe sucht sich dabei einen Schritt aus, den sie gerne in ihre eigene Choreographie übernehmen möchte.
(Expertenpuzzle):
Hier bildet sich eigentlich kein richtiges Expertenpuzzle mehr heraus. Der weitere Verlauf, in dem die Schritte nun ausgetauscht und erlernt werden, muss sehr flexibel und individuell von Ihnen organisiert werden – je nachdem, welche Gruppe sich für welchen Schritt interessiert.

Ergebnis: 5–7 Stammgruppen à 3–6 Personen mit 2 x 8 Zählzeiten + 2 x 8 Zählzeiten Basicschritt. Es entstehen unterschiedlichste Tänze, nur der Basicschritt ist bei allen gleich.

Stundenbild 5: Entwickeln einer eigenen Choreographie

Ziel: Die Schüler üben die neu erlernten Schrittkombinationen, setzen diese sinnvoll zusammen, wählen unterschiedliche Aufstellungsformen und entwickeln passende Übergänge.

Phasen	Organisation, Geräte- und Materialbedarf
Einstieg (10 Minuten)	
Kognitiver Einstieg **Was macht eine Choreographie interessant/spannend?** Besprechen der Prüfungsanforderungen. Dies empfiehlt sich, wenn die Choreographie bestimmte Anforderungen erfüllen soll. So sind die Schüler frühzeitig informiert und können ihre Choreographie entsprechend der Anforderungen gestalten. ➢ Wie viele verschiedene Schritte sollen vorkommen? ➢ Wie oft müssen diese wiederholt werden? ➢ Wie viele Aufstellungsformen müssen eingebracht werden? 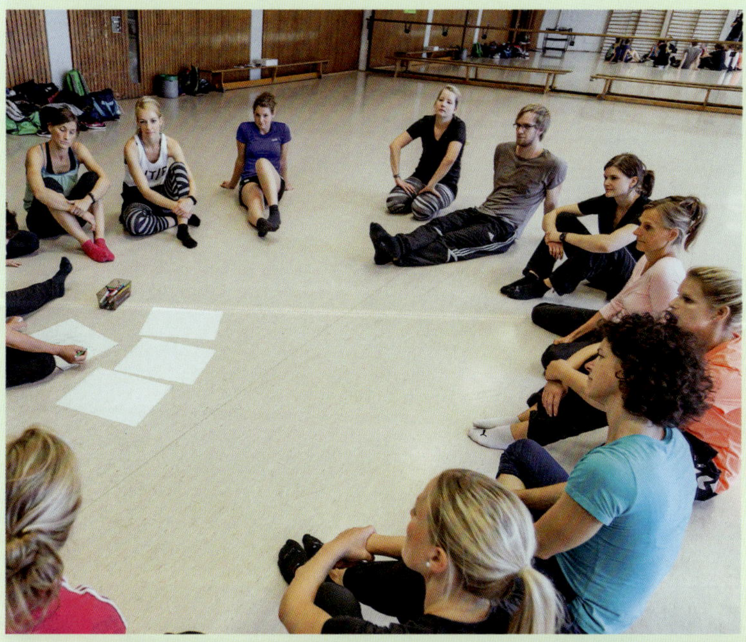	Sitzkreis o. ä. Unterrichtsgespräch AB 8 (Handzettel mit Prüfungsanforderungen)
Hauptteil (55 Minuten)	
Erarbeitungs- & Übungsphase Die Stammgruppen sollen ein choreographisches Grundgerüst entwickeln und haben dabei im Wesentlichen folgende Punkte abzusprechen: ➢ Wie setzen wir die Schritte für uns sinnvoll hintereinander, sodass 1 Block entsteht? ➢ Mit welcher Aufstellungsform beginnen wir? ➢ Welche Aufstellungsform bietet sich als Nächstes an und wie kommen wir von der einen in die andere? Beispiele für einen „Block“ mit 4 Komponenten: ***Beispiel Block 1*** *1 x 8 Arme,* *1 x 8 Boden,* *1 x 8 Drehung* *2 x 8 Basicschritt* ***Beispiel Block 2*** *2 x 8 Basicschritt* *1 x 8 Drehung* *1 x 8 Boden* *1 x 8 Arme* ***Beispiel Block 3*** *1 x 8 Boden* *1 x 8 Arme* *2 x 8 Basicschritt* *1 x 8 Drehung*	Stammgruppen CD-Player, Musik-CD

Phasen	Organisation, Geräte- und Materialbedarf
Hauptteil	
Tipp: Dieser „Block“ sollte zunächst geübt werden, damit die Schritte nicht nur im Einzelnen sitzen, sondern auch in der Kombination hintereinander ohne große Pausen getanzt werden können. Dies erweist sich erfahrungsgemäß als eine der schwierigsten Aufgaben, die viele Schüler unterschätzen. Dem kann mit viel Bewegungs- und damit Übungszeit entgegengewirkt werden. Sie sollten die Lerngruppe deshalb immer wieder ermutigen, die Choreographie nicht nur theoretisch zu besprechen, sondern auch permanent praktisch zu üben.	

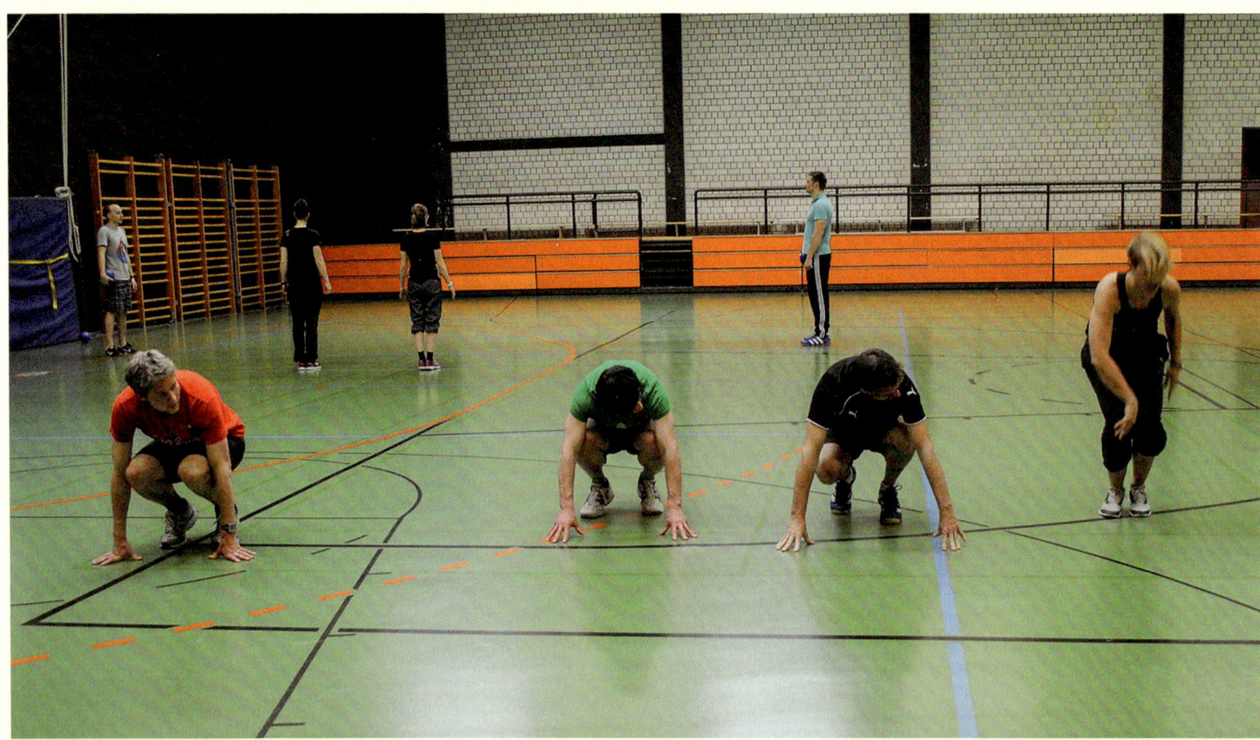

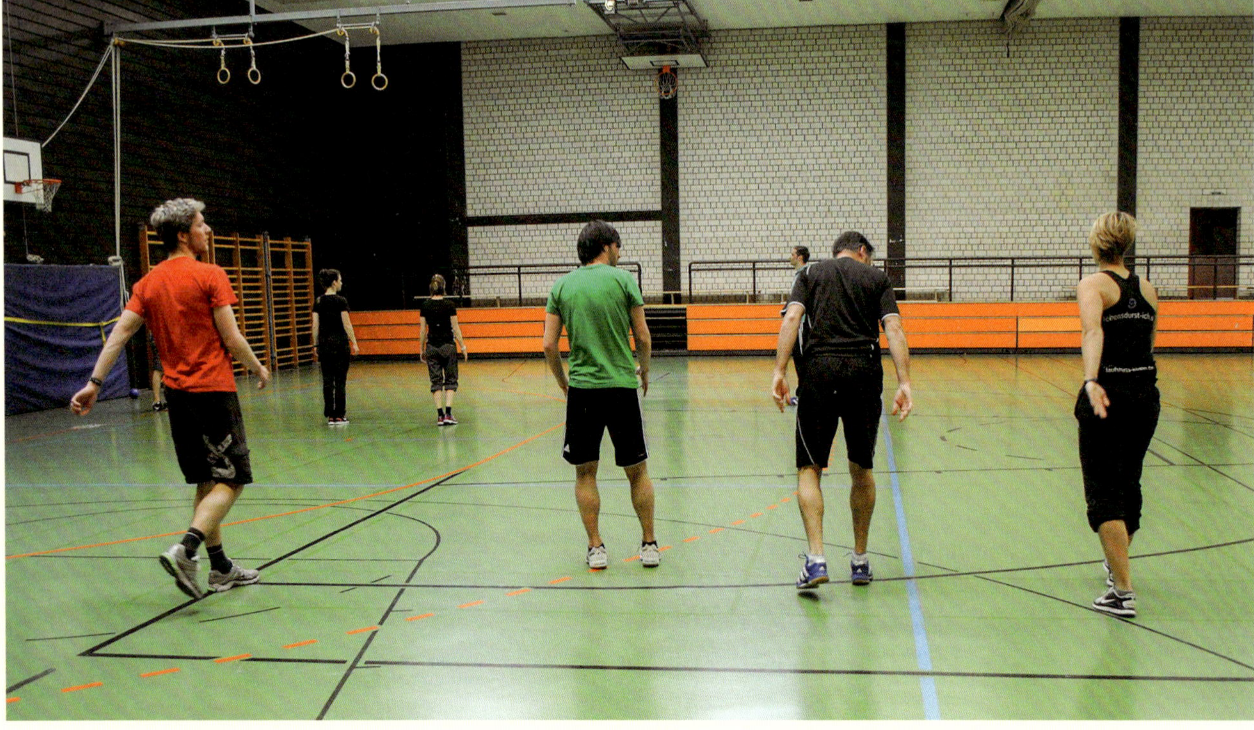

Phasen	Organisation, Geräte- und Materialbedarf

Hauptteil

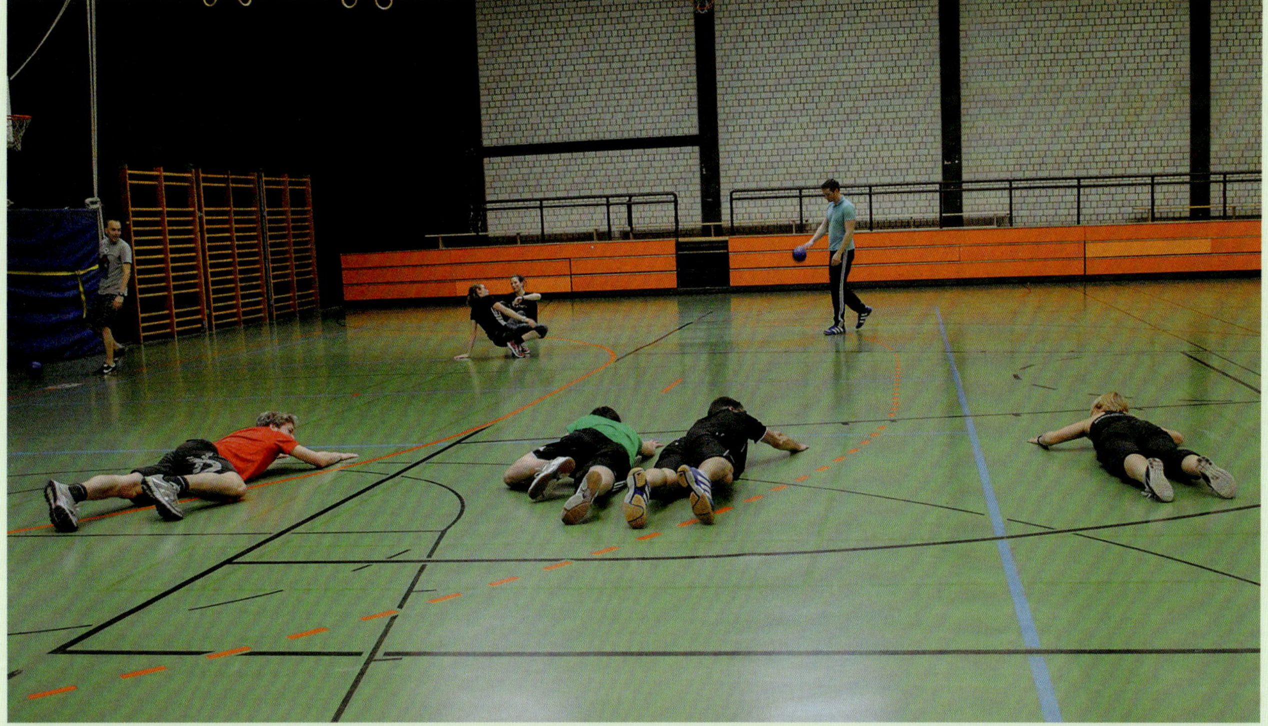

Ausklang (10 Minuten)

Notizen anfertigen Falls noch nicht während der Übungsphase geschehen, sollten die Gruppen ihre choreographischen Überlegungen als Gedankenstütze für die nächste Stunde stichpunktartig und mit entsprechenden Aufstellungsskizzen festhalten.	Stammgruppen Arbeitsblatt (AB 9), Stifte
Individuelle Musikwahl Wenn Sie selbst nicht die Musik für alle vorgeben wollen, können Sie den jeweiligen Stammgruppen die Hausaufgabe geben, sich bis zur nächsten Stunde in Lied auszusuchen, auf welches diese ihren Tanz durchführen wollen. Die Gefahr ist hierbei, dass oft ein zu flotter Takt ausgesucht wird. Um das zu verhindern, sollten die Gruppen unbedingt zu Hause ausprobieren, ob sich der Takt der Musik zum Tanzen eignet. Vorteil einer solchen Musikwahl ist sicherlich die erhöhte Motivation, da die Gruppen zu „ihrem Lieblingslied“ tanzen. Unterschiedliche Musik bietet außerdem mehr Raum zu individuellen und kreativen Ausgestaltungen im Bereich *Anfang, Ende, Kostüm*. Nachteil ist der erhöhte organisatorische Aufwand, der folgt. Denn um in der kommenden Stunde zur „eigenen“ Musik üben zu können, müssen entweder entsprechend viele Abspielgeräte (CD-Player, I-Pods, Handys, I-Pads o. ä.) vorhanden sein, oder das Lied wird entsprechend abgewechselt. Ein Mittelweg ist es drei verschiedene Lieder zur Wahl zu stellen, aus denen dann jede Gruppe für sich ihr Lied auswählen kann.	

Just Dance! – Jahrgangsstufe 8

Eure Aufgaben:

- Die gelernten Tanzschritte zu einem Block zusammenführen.
- Den Block mindestens 3 x hintereinander durchtanzen
- Dabei 3 verschiedene Aufstellungsformen verwenden.
- Die Übergänge zwischen den Aufstellungsformen sind frei wählbar, sollten aber nicht mehr als jeweils 8 Zählzeiten in Anspruch nehmen.
- Einen eigenen Anfang (eventuell auf die Musik abgestimmt)
- Und einen eigenen Schluss kreieren
- Eigene Musik wählen
- Sowie eigene „Kostüme"

Bewertungskriterien:

Gruppenkriterien:

- Habt ihr alle Vorgaben erfüllt?
- Passen Musik und Kostüme zusammen?
- Wie habt ihr die Übergänge zwischen den Aufstellungsformen gestaltet?
- Wie synchron seid ihr?

Einzelkriterien:

- Hast du die Tanzschritte gut gelernt?
- Wie genau führst du deine Bewegungen aus?
- Mit welcher Präsenz agierst du in Richtung Publikum?

AB 9 – Unsere Choreographie!

Haltet eure Choreographie stichpunktartig fest, damit ihr Sie nicht vergesst!

Besonderheit? (Raum, Zeit, Blickrichtung?)				
Wie stehen wir? (Skizze)				
Welche Schritte in welcher Reihenfolge?				

Stundenbild 6: Übungszeit (+ Gestaltungsprinzip „Zeit“)

Ziel: Die Schüler üben die bisherige Choreographie und ergänzen diese um die Elemente *Anfang*, *Ende* & gegebenenfalls dem Gestaltungsprinzip *Zeit*

Phasen	Organisation, Geräte- und Materialbedarf
Einstieg (10 Minuten)	
Kognitiver Einstieg – Gestaltungsprinzip Zeit Je nachdem, wie „fit“ ihre Gruppe ist, können Sie neben den beiden bereits kennengelernten Gestaltungsprinzipien *Aufstellungsform* und *Raum* auch ein drittes Gestaltungsprinzip hinzunehmen: *Zeitliche Abfolge* ➢ **Unisono** (Alle tanzen zur gleichen Zeit den gleichen Schritt) ➢ **Echo** (Einer/mehrere tanzen einen Schritt & ein/mehrere andere/r setzen 2/4/6 Takte später ein und tanzen den gleichen Schritt) ➢ **Frage – Antwort** (Einer/ein Teil der Gruppe tanzt einen Schritt ca. bis zur Hälfte und ein anderer/der andere Teil der Gruppe tanzt den Schritt an dieser Stelle weiter) Aufgabe könnte es sein, mindestens eine zeitliche Variation in die Choreographie einzubringen.	Sitzkreis o. ä. Unterrichtsgespräch Handzettel mit Prüfungsanforderungen AB 10 (Plakat mit Gestaltungsprinzip Zeit)
Hauptteil (55 Minuten)	
Übungsphase Die Stammgruppen arbeiten selbstständig an ihren Choreographien. Sie erhalten nun zusätzlich noch die Aufgabe einen **Anfang** (möglicherweise abgestimmt zur Musik) sowie ein **Ende** zu kreieren. Diese wird wahrscheinlich nicht passend zur Musik gestaltet werden können, da die entstehenden Choreographien oft kürzer als die meisten Lieder sind. Auch die Aufgabe, passende oder einheitliche **Kleidung** auszusuchen, weckt bei den Schülern erfahrungsgemäß großes Interesse und bietet weiteres kreatives Potential.	Stammgruppen CD-Player, Musik-CD
Feedback Je nachdem, welche Beurteilungskriterien Sie mit ihrer Lerngruppe festlegen, kann anhand dieser eine Feedbackrunde stattfinden.	Videokamera, Laptop
Variante 1: Die Gruppen werden per Video aufgenommen, sehen sich selbst und können kleine Fehler ausbessern.	2 Stammgruppen zusammen
Variante 2: Die Gruppen zeigen einer jeweils anderen Gruppe ihr Ergebnis und bekommen deren Rückmeldung zur Weiterentwicklung und Verbesserung der Choreographie. Es können auch beide Feedbackvarianten eingesetzt werden.	
Ausklang (10 Minuten)	
Offene Fragen klären Es sollte Raum gegeben werden, um letzte offene Fragen zu den Prüfungskriterien oder dem Prüfungsablauf klären zu können. Bei Bedarf kann auch eine weitere „Übungsdoppelstunde“ dazwischen geschoben werden.	Plenum Unterrichtsgespräch

AB 10 – Gestaltungsprinzipien

Gestaltungsprinzip

Raum

- **Bewegungsrichtungen:** vor-, rück-, seitwärts
- **Raumwege:** rund, eckig, gerade
- **Raumebenen/levels:** tiefe, mittlere, obere
- **Raumdimensionen:** weit, eng, groß, klein
- **Körperebenen:** frontal, saggital, horizontal

Gestaltungsprinzip

Zeit

- **Tempo:** schnell, langsam, halbes, doppeltes Tempo
- **Zeitliche Abfolge:** unisono, Echo, Frage-Antwort
- **Variationen:** Verzögerung, Verlangsamung, Zeitlupe, Zeitraffer

AB 10 – Gestaltungsprinzipien

Gestaltungsprinzip

Organisationsformen

Beachte:
Blickrichtung
Laufrichtung

- Reihe
- Schlange
- Gasse
- Uvm. ...
- Block
- Kreis
- Pyramide

Gestaltungsprinzip

Dynamik

- **Spannungsgrad in der Bewegung:**
  viel/wenig Kraft, leicht/schwer
- **Dynamik in der Zeit:**
  plötzliche und allmähliche Wechsel
- **Spannung im Raum:**
  Verdichtung und Auflösung imRaum

Stundenbild 7: Präsentation und Prüfung

Ziel: Die Schüler präsentieren ihre Ergebnisse

Phasen	Organisation, Geräte- und Materialbedarf
Einstieg (10 Minuten)	
Ablauf der Stunde klären Informieren Sie ihre Lerngruppe über den genauen Ablauf der heutigen Präsentations- & Prüfungsstunde.	Sitzkreis o. ä.
Aufwärmen Die Schüler erwärmen sich selbstständig individuell.	Einzelarbeit/Kleingruppe
Hauptteil (65 Minuten)	
Generalprobe Die Kleingruppen haben ca. 20 Minuten Zeit noch einmal in Ruhe ihre Choreographie durchzugehen.	Stammgruppenarbeit CD-Player, Musik-CD
Prüfung Die Gruppen präsentieren ihre Ergebnisse und werden nach vorab festgelegten Kriterien beurteilt. Einen Beispielbeurteilungsbogen finden Sie nachfolgend. Um alle Kriterien angemessen beurteilen zu können – gerade bei sehr großen Gruppen – kann die Prüfung auf Video aufgenommen und zu Hause analysiert werden. Jedoch sollten Sie sich auch Stichpunkte zum „Live-Gesamtauftritt“ machen, da die Wirkung oft noch einmal eine andere ist. Möchten Sie nur vor Ort die Beurteilung durchführen, empfiehlt es sich alle Gruppen zweimal anzusehen. Hier sollte dann insgesamt genügend Zeit eingeplant werden.	Präsentationssituation mit der Klasse als Publikum CD-Player, Musik-CD AB 11

AB 11 – Just Dance! Beispielbewertungsbogen

Formales	
3 Blocks	
3 unterschiedliche Gruppenformen	

Notizen

Kreatives	
Anfang	
Musik/Kostüme	
Übergänge	
Ende	
Gruppenmerkmal	
Synchronität	

Einzelkriterien						
Korrektheit der Schritte						
Bewegungsgenauigkeit						
Publikumspräsenz						

Gesamt						

Just Dance! Beispielbewertungsbogen

Formales	
3 Blocks	✓
3 unterschiedliche Gruppenformen	✓

Notizen

Kreatives	
Anfang	+
Musik/Kostüme	+
Übergänge	+
Ende	++
Gruppenmerkmal	
Synchronität	–

		Tanja	*Laura*	*Jan*	*Lukas*	*Timo*
Einzelkriterien						
Korrektheit der Schritte		++	+	–	++	–
Bewegungsgenauigkeit		++	–	0	+	+
Publikumspräsenz		++	–	–	0	+
Gesamt	2 (Gruppennote)	1	3	4–	2	2–

4. Hip-Hop lernen und zur Musik gestalten: Wie lerne ich Tanzbewegungen am besten?

Zeit	6 Doppelstunden
Niveau	fortgeschrittene Anfänger
Ort	Sporthalle
Unterrichtsziele	Erlernen von Hip-Hop-Tanzschritten und passgenaue Zusammensetzung zu einer ausgewählten Musik
Kompetenzerwartungen	Erweiterung der Methodenkompetenz (Bewegungslernen); sich körperlich ausdrücken – Bewegungen gestalten

Fachliche Hinweise

Im Unterrichtsvorhaben „Hip-Hop“ wird der unter Jugendlichen beliebte Tanzstil dazu genutzt, zunächst das Bewegungslernen in den Fokus zu stellen und zu reflektieren. Wie können Tanzbewegungen am besten vermittelt und erlernt werden? Welche Vor- und Nachteile bieten die einzelnen Vermittlungswege? Gibt es individuelle Unterschiede und somit eine persönliche Präferenz? Gegenübergestellt werden dabei das Bewegungslernen anhand einer Beschreibung, einer Bildfolge und einem Video.
Im zweiten Abschnitt sollen die erlernten Hip-Hop-Schritte auf Musik zusammengesetzt werden. Dabei sollen die Schüler die Musikstruktur erkennen und die erlernten Schritte möglichst passgenau auf die Musik auswählen und abstimmen.

Praktische Tipps

Laptop-Einsatz: Die Videoaufnahmen der Hip-Hop-Schritte sind unter https://youtu.be/ZMK77cOVST4 (Hip-Hop-Schritt 1) einsehbar. Eine Übersicht der YouTube-Links steht unter www.limpert.de/downloads. Um Sie im Unterricht einsetzen zu können, reicht ein Laptop mit einem normalen Abspielprogramm wie dem Windows-Media-Player o.ä. aus. Ein Beamer ist aufgrund der vorgesehenen Stationsarbeit nicht notwendig, die Bildgröße eines Laptops ist dabei ausreichend. Je nach Gruppengröße ist es vorteilhaft, wenn zwei Laptops zur Verfügung stehen. Diese können möglicherweise an Ihrer Schule ausgeliehen werden.

Filmerlaubnis: In diesem Unterrichtsvorhaben werden an einigen Stellen Filmaufnahmen, beispielsweise als Ergebnissicherung, als Feedbackmöglichkeit oder Prüfungserleichterung vorgeschlagen. Um diese ohne Probleme in ihrem Unterricht durchführen und nutzen zu können, ist es je nach interner schulischer Vereinbarungen nötig, explizit die Erlaubnis der Eltern Ihrer Schüler einzuholen.

Internetseite www.dance360-school.ch:
Diese Internetseite bietet zahlreiche Anregungen zum Thema Tanz und kurze, gut aufbereitete Videoclips zu unterschiedlichen Schrittideen und choreographischen Gestaltungsprinzipien.
Tanzschritte: http://www.dance360-school.ch/#/search
Ideen/Beispiele zu Gestaltungsprinzipien: http://www.dance360-school.ch/#/tips/video=444

Stundenübersicht

Stundenbild 1: Erarbeiten von Hip-Hop-Grundschritten über unterschiedliche Vermittlungswege
Stundenbild 2: Festigen und Üben der erlernten Hip-Hop-Grundschritte
Stundenbild 3: Das Gestaltungselement Musik kennenlernen und nutzen
Stundenbild 4: Entwickeln und Festigen der Schrittfolge zur Musik
Stundenbild 5: Übungszeit
Stundenbild 6: Präsentation und Prüfung

Stundenbild 1: Erarbeiten von Hip-Hop-Grundschritten über unterschiedliche Vermittlungswege

Ziel: Die Schüler lernen unterschiedliche Vermittlungswege von Tanzbewegungen kennen und reflektieren diese.

Phasen	Organisation, Geräte- und Materialbedarf
Einstieg (ca. 10 Minuten)	
Kognitive Einstimmung Ausblick auf das Unterrichtsvorhaben geben. Die Schüler werden Hip-Hop-Bewegungen kennenlernen und selbstständig in Kleingruppen zu Musik zusammensetzen. Dabei steht in der heutigen Stunde im Fokus, **wie** am besten gelernt werden kann.	Plenum/Sitzkreis
Aufwärmen – Stopptanz Alle bewegen sich frei zur Musik und müssen auf den Musikstopp „freezen“ und in ihrer Pose „einfrieren“.	Musikplayer, Musik-CD
Hauptteil (ca. 55 Minuten)	
Stationsarbeit Es sind 6 unterschiedliche Stationen vorbereitet, an denen jeweils selbstgewählte Kleingruppen von 3–5 Personen arbeiten können. Bei jeder Station geht es um das Bewegungslernen von Hip-Hop-Schritten. 2 Stationen per Bildreihe, 2 Stationen mit Beschreibung des Schrittes und 2 Stationen mit Video (siehe Stationskarten 1–6). Jeder Schüler erhält außerdem einen Reflexionsbogen, auf dem er das Erlernen der Schritte an den einzelnen Stationen beurteilen kann (AB 1). Dieser wird für die Abschlussreflexion benötigt. **Tipp:** Die Stationen sollten mit großen Zahlen an der Wand kenntlich gemacht werden und es sollte im Uhrzeigersinn, jeweils nach ca. 8–9 Minuten, durch ein Signal gewechselt werden, damit jede Gruppe an jeder Station lernen kann. 8–9 Minuten sind dabei eine realistische Zeit, um die kurzen Bewegungssequenzen zu erlernen. Bei Gruppen, die motorisch im tänzerischen Bewegungslernen nicht geübt sind, kann die Stationsanzahl reduziert und somit die Übungszeit an den einzelnen Stationen erhöht werden. Es sollte aber mindestens eine Station von jeder Variante (Text, Bildreihe, Video) vorhanden sein, um einen Vergleich zu ermöglichen.	Kleingruppen (3–5 Personen) AB 1 (6 Stationskarten), 2 Laptops, AB 2 (Reflexionsbögen), Stifte Hinweis zu den Stationskarten: 1 und 4 (Video), 2 und 5 (Bild) sowie 3 und 6 (Text) hängen jeweils von den Herangehensweisen des Lernens zusammen. 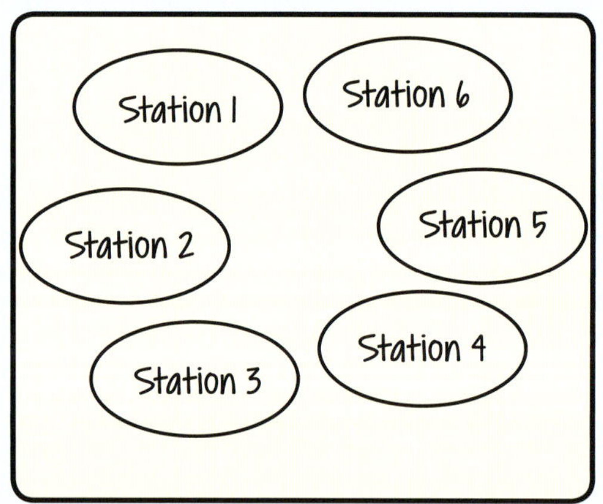
Ausklang (10 Minuten)	
Vermittlungswege reflektieren Zum Abschluss sollten die Ergebnisse des Reflexionsbogens im Plenum diskutiert werden. Um dies transparenter zu machen, kann der individuelle Bogen auch als Plakatvorlage genutzt werden, auf dem die Schüler alle gemeinsam ihre Ergebnisse eintragen, sodass man über das Klassenergebnis besser diskutieren kann und unterschiedliche Lernwege thematisiert werden.	Alle gemeinsam Ausgefüllte Reflexionsbögen, eventuell Plakat, Stifte

AB 1 – Stationskarten

Station 1

- Erlernt den Schritt, der auf dem Video zu sehen ist.
- Ihr dürft ihn euch so oft anschauen, wie ihr möchtet.
- Übt ihn so, dass ihr ihn sicher könnt – auch noch am Ende der Stunde.

  Hip Hop-Schritt 4.1 (https://youtu.be/g0Gkp_keEiU) (alternativ Hip Hop-Schritte 4.9: https://youtu.be/Bvp6VpXCeJQ, 4.10: https://youtu.be/agVdDmVOhjo, 4.11:https://youtu.be/t5GKwiyOUME, 4.12: https://youtu.be/GLMl1J_OKco)

Station 4

- Erlernt den Schritt, der auf dem Video zu sehen ist.
- Ihr dürft ihn euch so oft anschauen, wie ihr möchtet.
- Übt ihn so, dass ihr ihn sicher könnt – auch noch am Ende der Stunde.

  Hip Hop-Schritt 4.7 (https://youtu.be/WnROBwxuwxl) (alternativ Hip Hop-Schritte 4.9: https://youtu.be/Bvp6VpXCeJQ, 4.10: https://youtu.be/agVdDmVOhjo, 4.11:https://youtu.be/t5GKwiyOUME, 4.12: https://youtu.be/GLMl1J_OKco)

Eine Übersicht der YouTube-Links steht unter www.limpert.de/downloads.

Station 2

- Erlernt folgenden Schritt mithilfe der Bildreihe.
- Übt ihn so, dass ihr ihn sicher könnt – auch noch am Ende der Stunde.

  Beachte die beiliegende Bildkarte zum Tanzschritt.

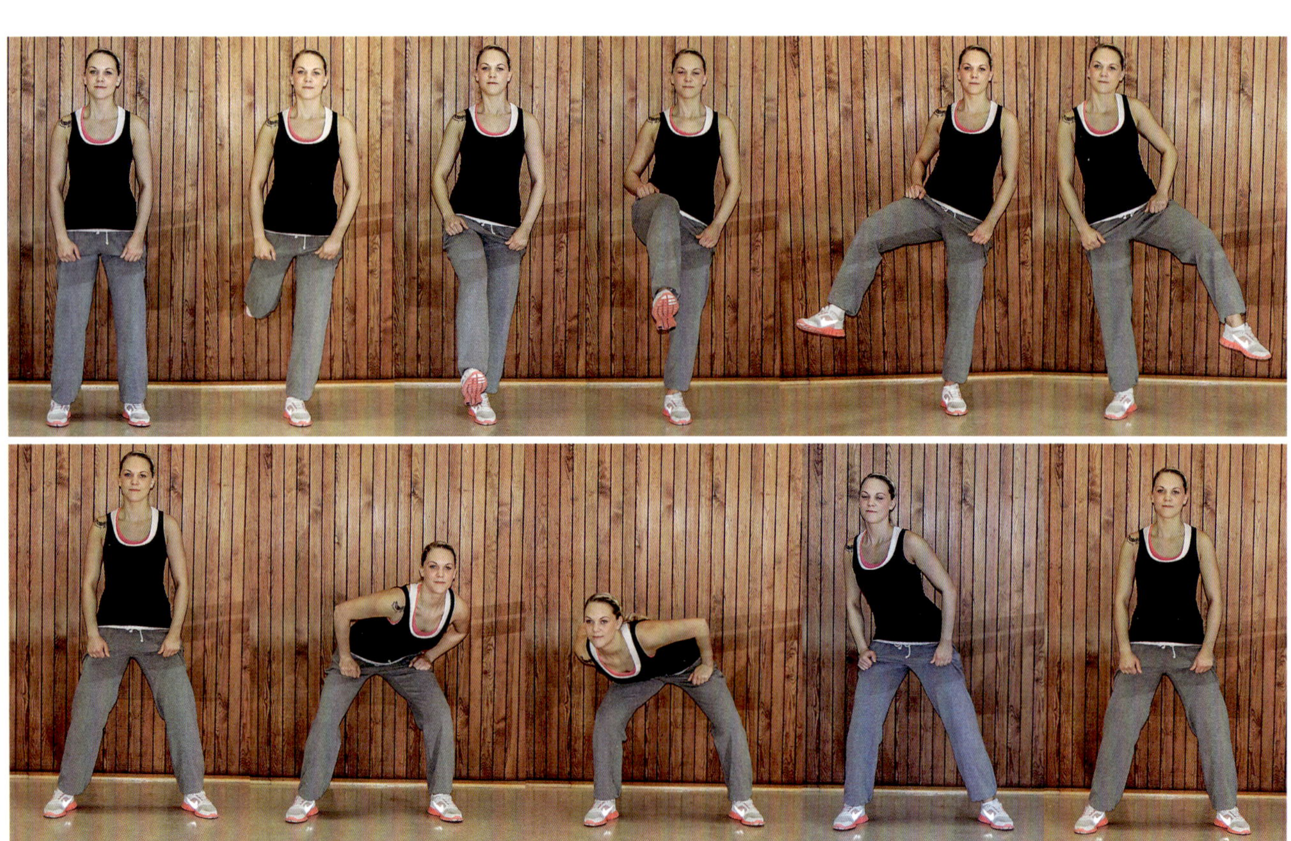

AB 1 – Stationskarten

Station 5

- Erlernt den Schritt mithilfe der Bildreihe.
- Übt ihn so, dass ihr ihn sicher könnt – auch noch am Ende der Stunde.

Beachte die beiliegende Bildkarte zum Tanzschritt.

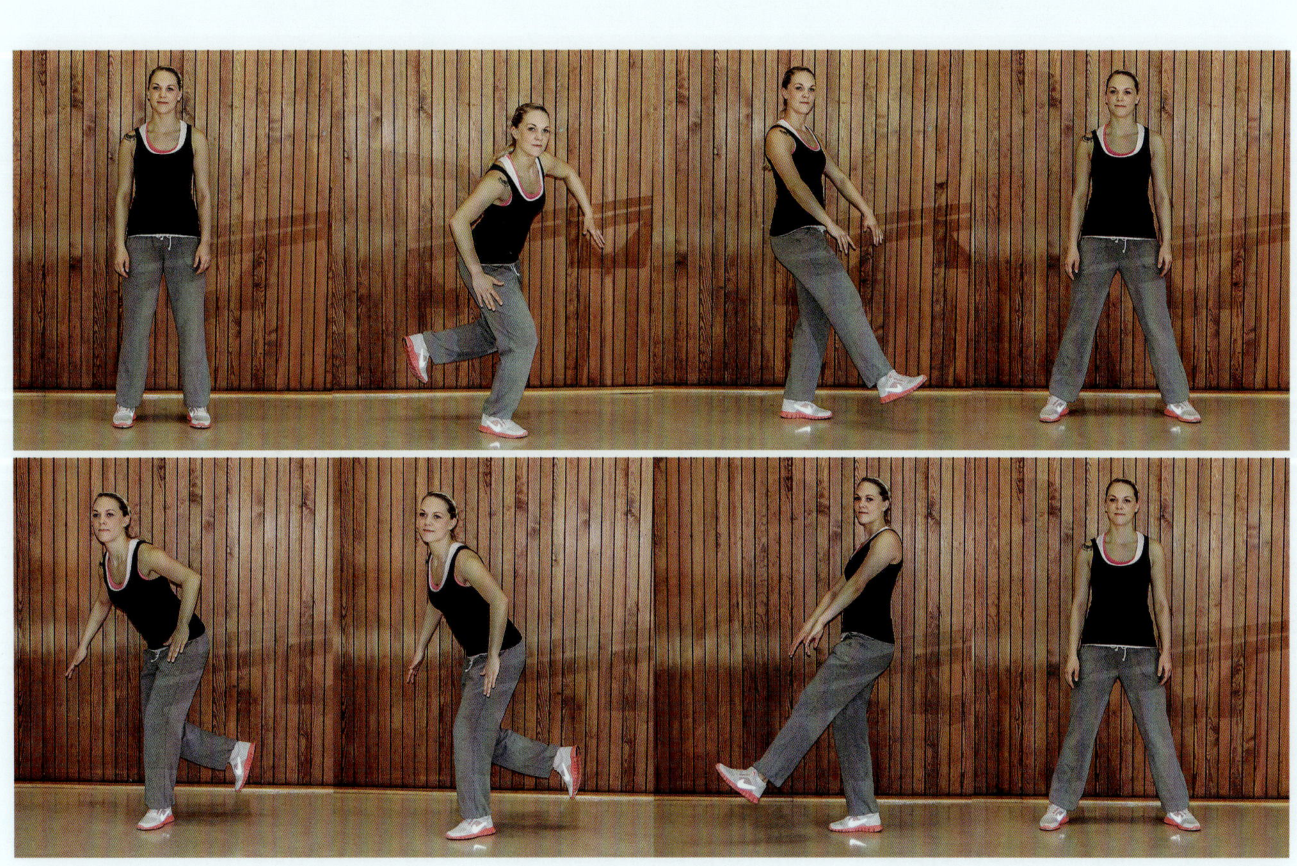

Station 3

- Erlernt den unten beschriebenen Schritt.
- Übt ihn so, dass ihr ihn sicher könnt – auch noch am Ende der Stunde.

Überkreuzen

Bei dem Überkreuzen handelt es sich um drei Schritte, die zur Seite oder diagonal getanzt werden. Der rechte Fuß wird nach rechts gesetzt, dann wird der linke über Kreuz hinter den rechten gestellt und schließlich wird der rechte Fuß wieder weiter gesetzt. Abschließend erfolgt ein Sprung. Nun wird die Abfolge nach links getanzt.

Station 6

- Erlernt den unten beschriebenen Schritt.
- Übt ihn so, dass ihr ihn sicher könnt – auch noch am Ende der Stunde.

Kombi:

Schritt nach rechts mit rechtem Fuß, linker Fuß wird „ran“ gestellt – das Gleiche in die andere Richtung. Danach ein Slide nach rechts. Bei dem Slide versucht der Tänzer sich von etwas Imaginärem wegzudrücken oder an etwas heranzuziehen. Dabei sind die Füße bodennah. Abschließend ein Bouncer mit links. Das Bouncen (Federn) ist eines der typischen Hip-Hop-Elemente. Unter Bouncen versteht man ein leichtes Beugen und Strecken aus den Knien in Verbindung mit Heben und Senken der Ferse.

AB 2 Reflexionsbogen

Hip-Hop-Schritte – wie lerne ich am besten?

Name: ____

Beurteile jede Station, an der du warst, nach zwei Kriterien:

1. Schwierigkeitsgrad des Schritts: Wie kompliziert ist der Schritt an sich?
2. Lerntempo: Wie schnell oder langsam hast du den Schritt gelernt. Wie beurteilst du den Lernweg?

	Schwierigkeitsgrad des Schritts			Lerntempo?		
1. Video	🙂	😐	🙁	🙂	😐	🙁
2. Bildreihe	🙂	😐	🙁	🙂	😐	🙁
3. Beschreibung	🙂	😐	🙁	🙂	😐	🙁
4. Video	🙂	😐	🙁	🙂	😐	🙁
5. Bildreihe	🙂	😐	🙁	🙂	😐	🙁
6. Beschreibung	🙂	😐	🙁	🙂	😐	🙁

Formuliere ein Fazit über deine Beobachtungen!

____

____

____

____

____

Stundenbild 2: Festigen und Üben der erlernten Hip-Hop-Grundschritte

Ziel: Die Schüler festigen und üben die bereits erlernten Schritte, indem sie einzelne Schritte miteinander kombinieren.

Phasen	Organisation, Geräte- und Materialbedarf
Einstieg (15 Minuten)	
Aufwärmen – kognitive Aktivierung Das Plakat vom Ende der letzten Stunde kann als möglicher Aufhänger zum Stundeneinstieg genutzt werden, um noch einmal die unterschiedlichen Lernwege, sowie Vor- und Nachteile der unterschiedlichen Darbietungsformen der Tanzschritte zu beleuchten. Eine Form, um Tanzschritte zu vermitteln, wurde dabei noch nicht bedacht: Die Kombination von Bild und Text. Das sollen die Schüler nun nachholen und zu jeweils 1 – 2 Bildreihen passende Beschreibungen der Teilbewegungen der jeweiligen Tanzschritte anfertigen. Diese kognitive Auseinandersetzung bereitet die motorische Auseinandersetzung damit entscheidend vor. Wichtig ist, dass jeder Schritt aus der letzten Stunde mit einer Bildreihe und einer Beschreibung am Ende dieser Phase vorhanden ist, sodass in die Übungsphase gestartet werden kann. **Hinweis:** Zwei Schritte aus der letzten Stunde sind bereits beschrieben. Hier könnte stattdessen die Aufgabe lauten, eine Bildreihe zu erstellen. Vor allem inaktive Schüler könnten diese Aufgabe gut übernehmen.	Sitzkreis AB 3 Bildreihen Stifte Selbstgewählte Kleingruppen (je nach Anzahl der Schritte, bei 6 Schritten, 6 Kleingruppen)
Hauptteil (50 Minuten)	
Wiederholen der Schritte Die Übungsphase kann so gestaltet werden, dass alle Bildreihen (inklusive der Schülerbeschreibungen) in der Halle verteilt an die Wand gehängt werden und die Schüler im Rotationsprinzip in offener Stationsarbeit jeden Schritt für sich wiederholen. **Kombinieren der Schritte** Um die Schritte weiterführend zu festigen, bekommen die Schüler nun die Aufgabe zwei (drei, vier) der Schritte auszuwählen und miteinander zu kombinieren, sprich sie hintereinander zu schalten und flüssig, ohne Unterbrechungen zu tanzen.	Selbstgewählte Kleingruppen Ausgefüllte Bildreihen
Ausklang (10 Minuten)	
Präsentation Zum Abschluss der Stunde können die Gruppen ihre Schrittkombinationen präsentieren. Dies kann im gesamten Plenum oder zunächst in Kleingruppen (2 Kleingruppen präsentieren sich gegenseitig) geschehen, je nach Klasse. Während der Übungsphase sollte dies den Gruppen bereits mitgeteilt werden, um möglicherweise den Arbeits- und Übungsprozess während der Stunde etwas stringenter zu verfolgen.	Großgruppe oder Plenum (Musik, CD-Player – keine Pflicht)

AB 3 – Bildreihe Hip-Hop-Schritt 1

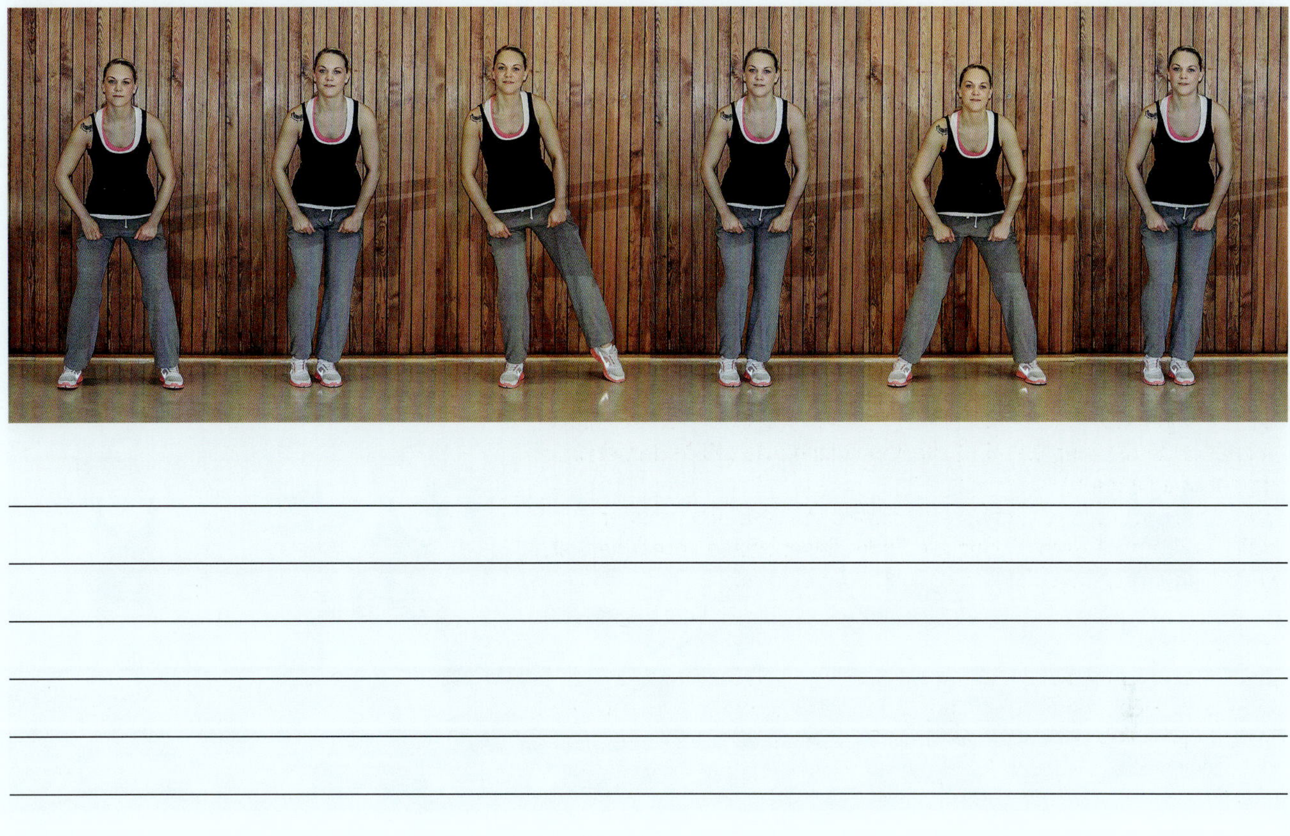

____

____

____

____

____

____

____

AB 3 – Bildreihe Hip-Hop-Schritt 2

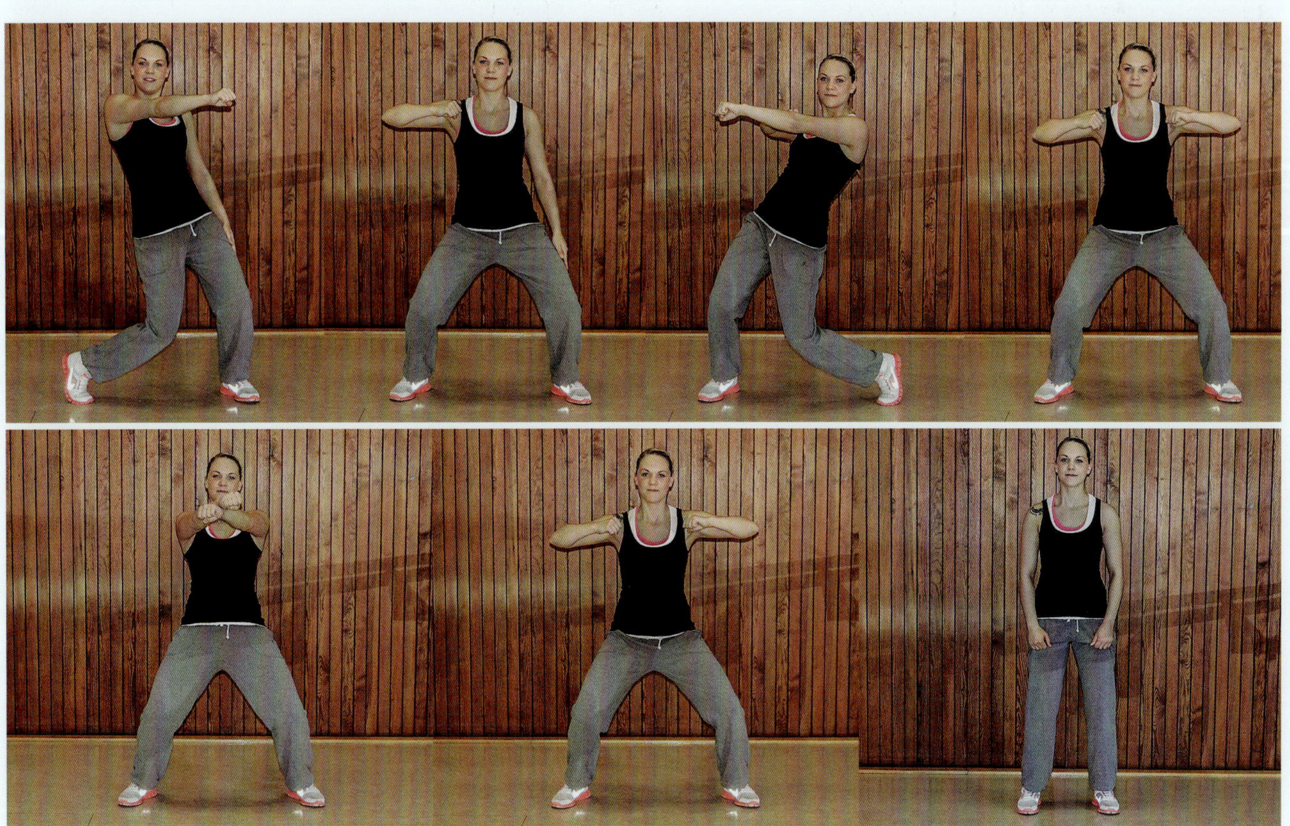

AB 3 – Bildreihe Hip-Hop-Schritt 3

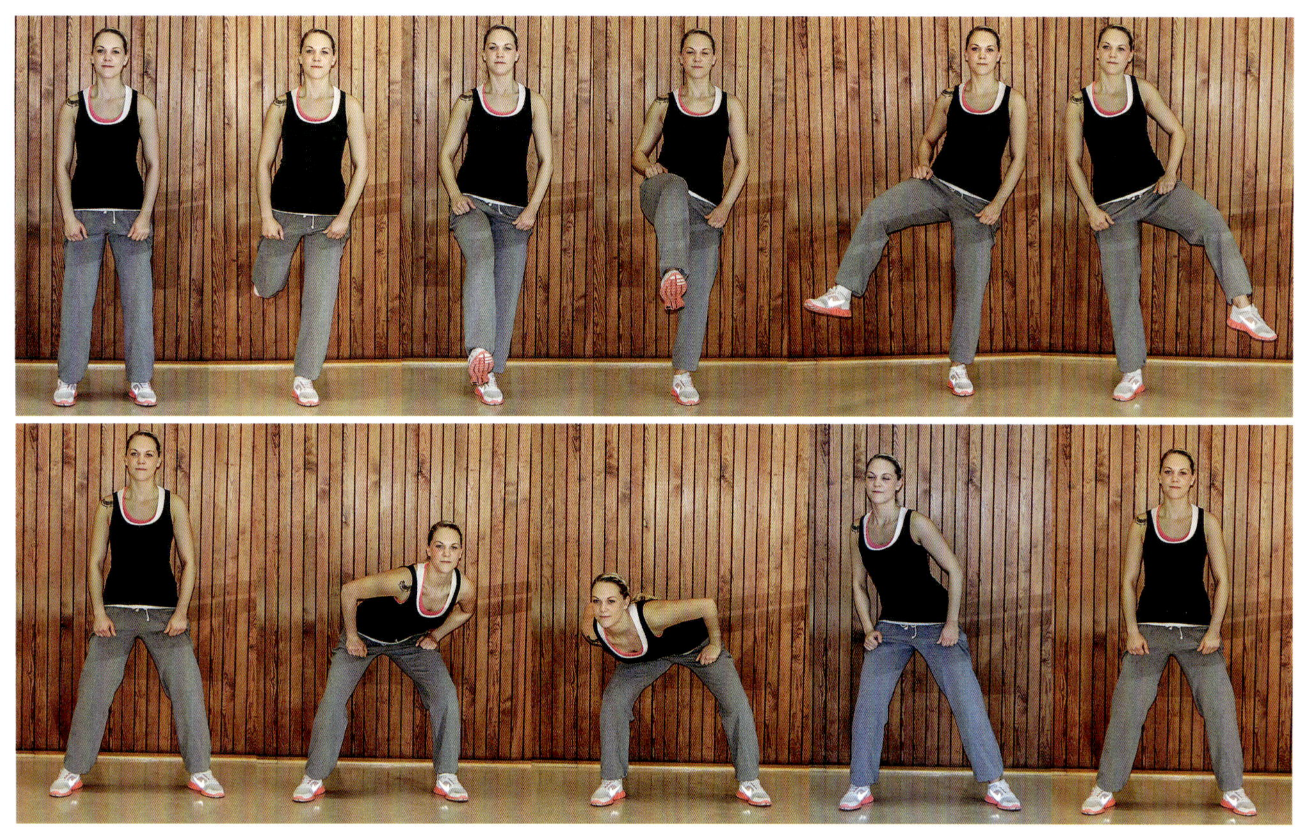

AB 3 – Bildreihe Hip-Hop-Schritt 4

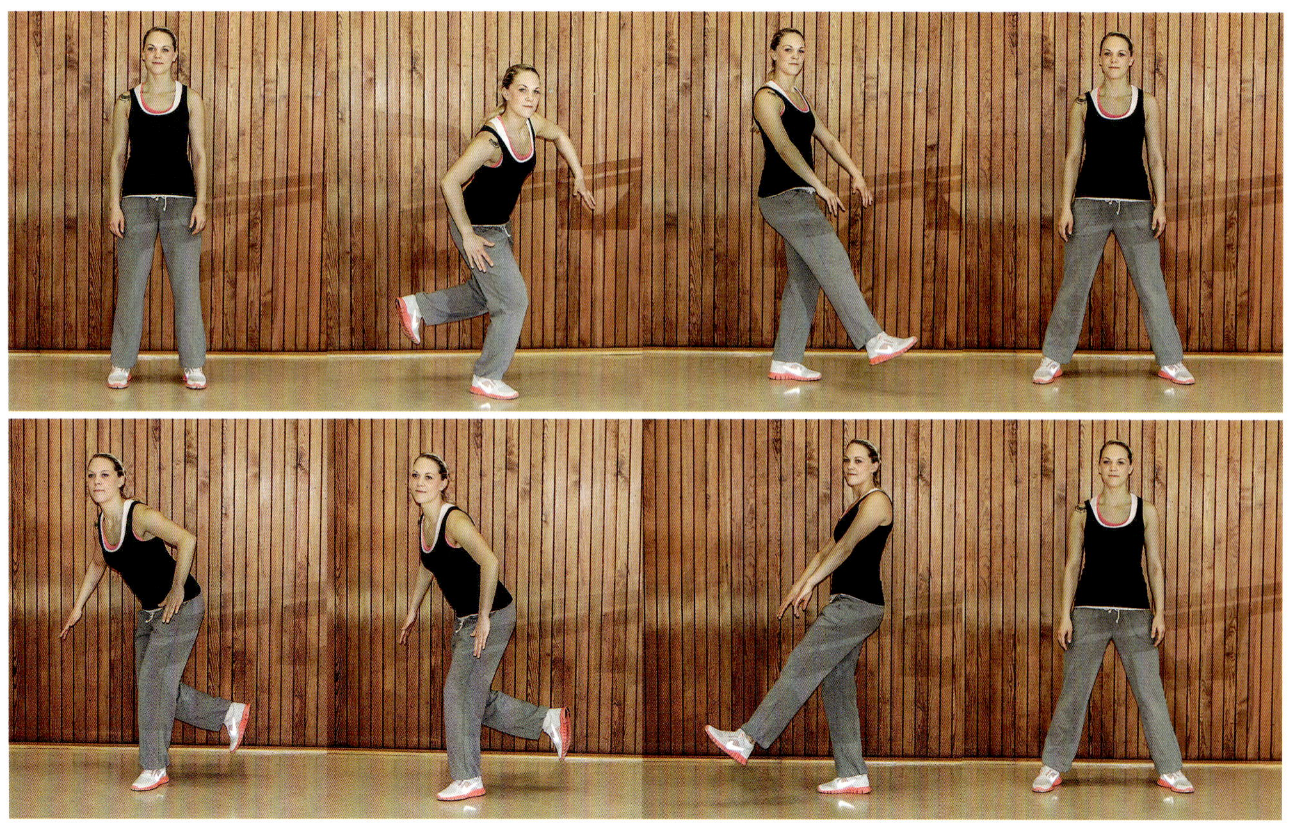

AB 3 – Bildreihe Hip-Hop-Schritt 5

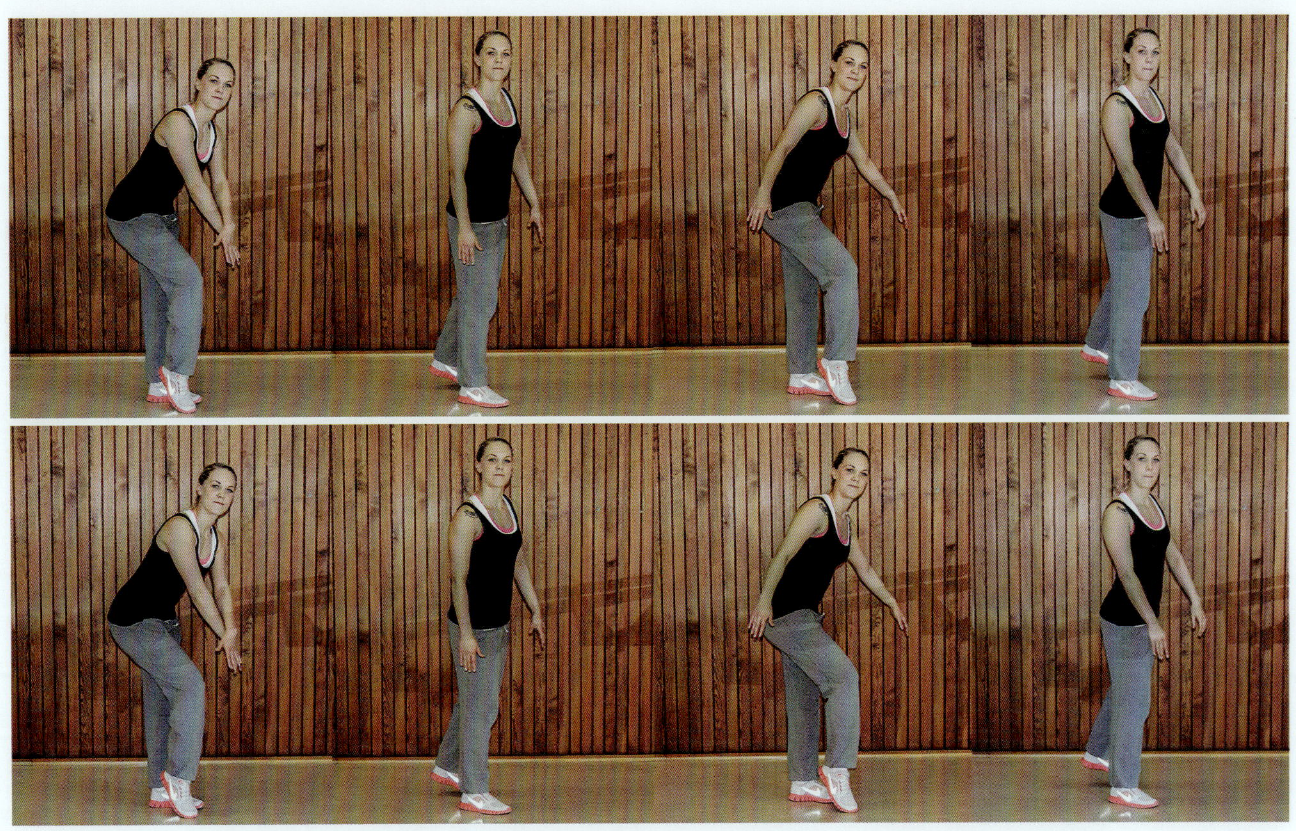

AB 3 – Bildreihe Hip-Hop-Schritt 6

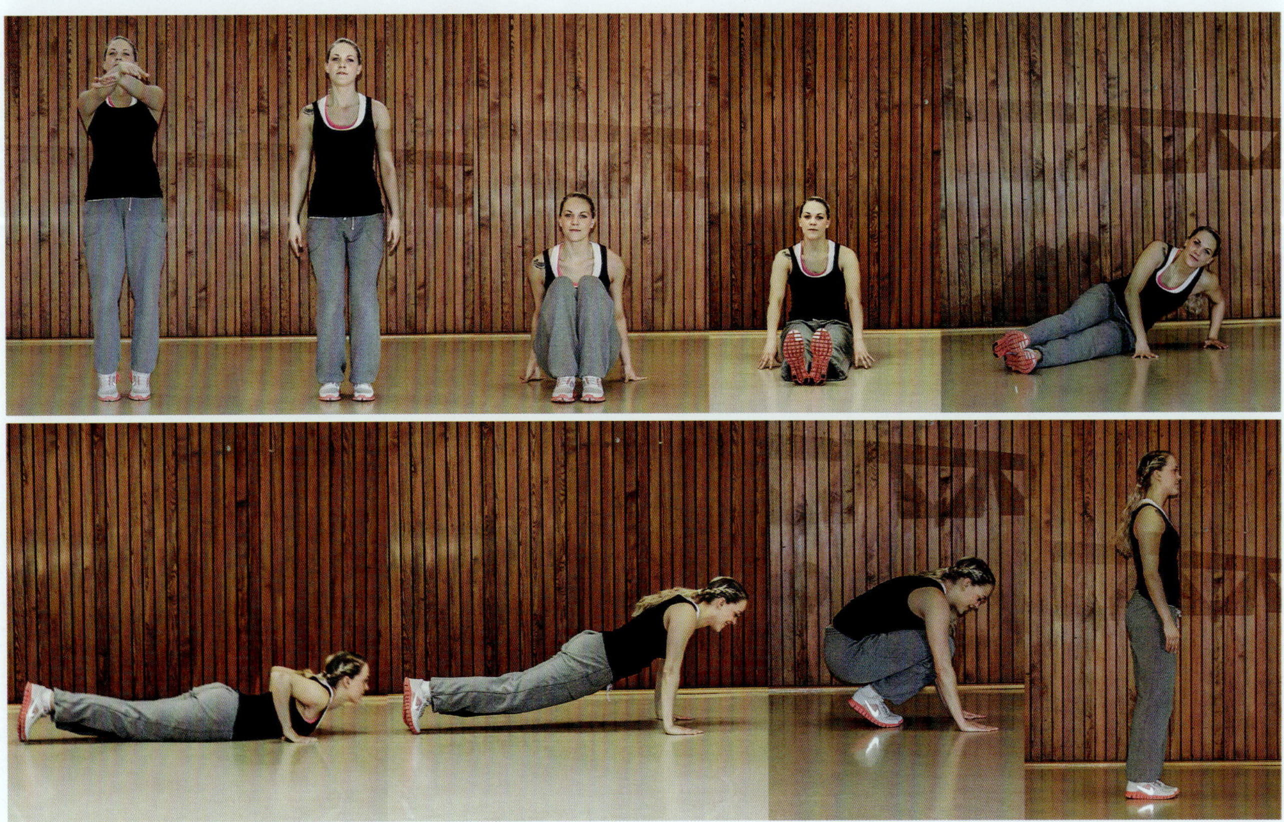

AB 3 – Bildreihe Hip-Hop-Schritt 6 seitlich

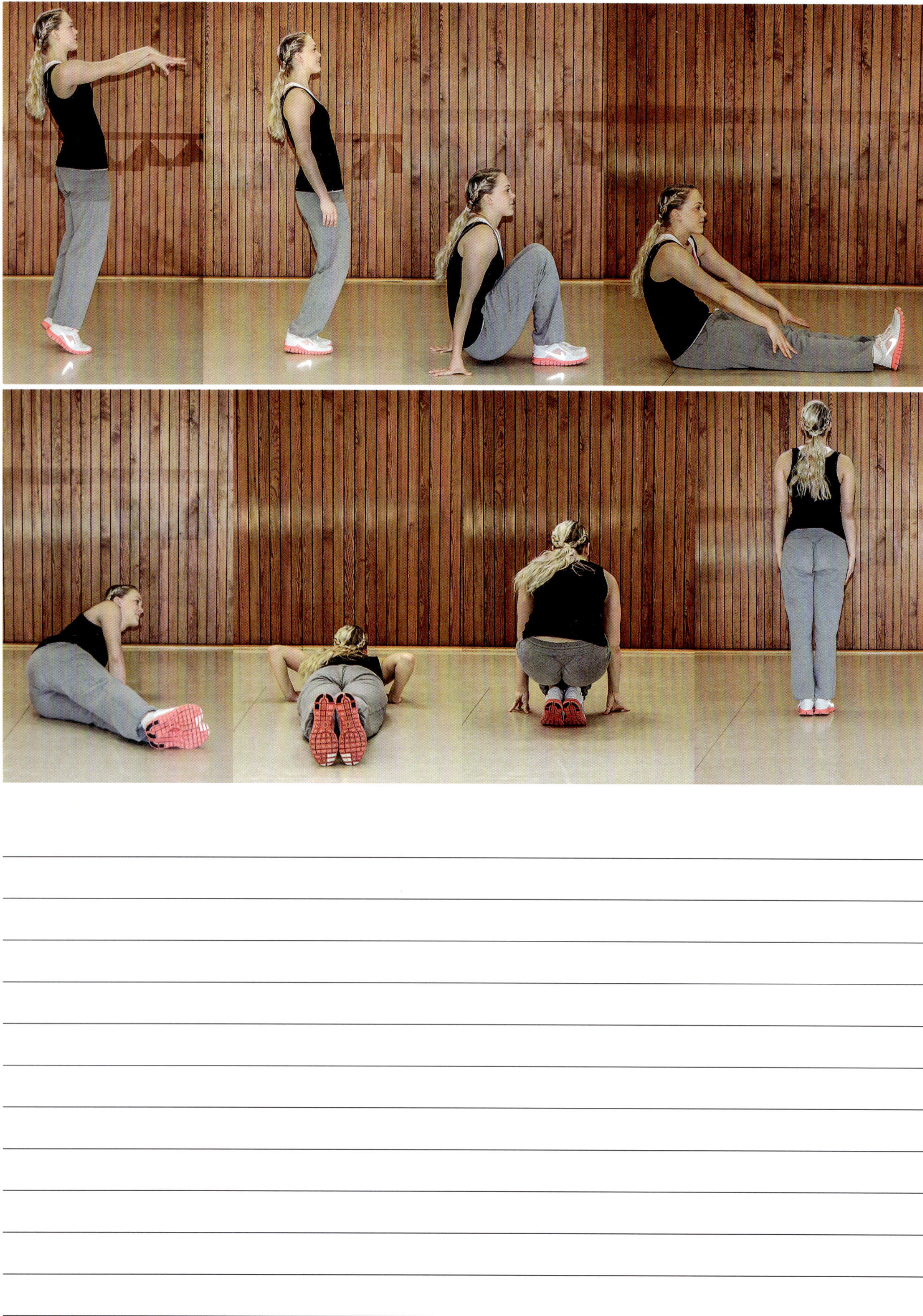

Stundenbild 3: Das Gestaltungselement Musik kennenlernen und nutzen

Ziel: Die Schüler üben das Erschließen der Musikstruktur und erproben eine Passung von Musik und Tanzschritt.

Phasen	Organisation, Geräte- und Materialbedarf
Einstieg (10 Minuten)	
Liedauswahl Partizipation der Schüler bei der Liedauswahl sollte gegeben sein. Es werden drei unterschiedliche Lieder vorgespielt, aus denen die Klasse sich eines zur Weiterarbeit aussucht. Diese Lieder können von Ihnen vorgegeben werden oder aus den Vorschlägen der Schüler entstammen. Dabei sollten Sie sich die Liedvorschläge aber bereits in der vorherigen Stunde geben lassen, um die entsprechende Musik auf ihre Tauglichkeit überprüfen zu können. Dies betrifft sowohl die „Tanzbarkeit“ als auch die „Schultauglichkeit“, da viele der oft amerikanischen Hip-Hop-Texte sehr obszön und oder frauenverachtend (o. ä.) sind. **Hinweis:** Ein Lied für die gesamte Klasse zur Weiterarbeit auszuwählen, macht diese einfacher. Sollten Sie mehr Zeit für die Einheit zur Verfügung haben, ist es aber auch denkbar alle drei Lieder zur Verfügung zu stellen und jede Kleingruppe kann sich individuell für ein entsprechendes Lied entscheiden. **Tipp:** Es kann außerdem hilfreich sein, das Lied nicht in seiner vollen Länge zu vertanzen, sondern zu kürzen, um die Schüler zu entlasten (auf ca. 1:30 – 2:30 min). Kostenlose MP3-Schnittprogramme finden sie im Internet. Eine Auswahl finden Sie unter: http://www.soft-ware.net/downloads/mp3-schneiden-freeware	Sitzkreis
Hauptteil (60 Minuten)	
Erschließen der Liedstruktur Um Tanzschritte passend zur Musik auszuwählen oder zu entwickeln, ist es wichtig, die Schüler zunächst dafür zu sensibilisieren, wie die Struktur des Musikstückes gestaltet ist. Hierzu lässt sich eine einfache Übung machen, die Sie als Lehrkraft am besten zunächst vormachen: Die Musik wird gespielt und es soll versucht werden, das, was man hört, in Linien und Striche auf ein Blatt Papier zu bringen. Dabei kann ganz intuitiv, ohne groß darüber nachzudenken, vorgegangen werden. Der Stift soll möglichst ohne Unterbrechung geführt werden und mit unterschiedlichen Schwüngen, Linien (Zickzack, gebogen, gepunktet o. ä.) soll die jeweilige Musik interpretiert werden. Dies kann ruhig zwei- bis dreimal zu demselben Lied geübt werden, ehe die Ergebnisse der Schüler miteinander verglichen werden (immer zwei bis drei Schüler zusammen).	Sitzkreis Zettel, Stifte Plakat oder Tafel 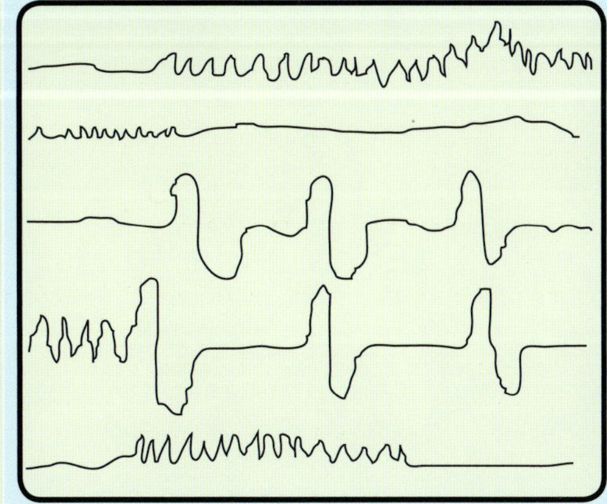

Phasen	Organisation, Geräte- und Materialbedarf
Hauptteil	
Auswählen von Tanzschritten Die Aufzeichnungen der Schüler sollen nun dazu genutzt werden einzelne Liedpassagen zu unterteilen, markante Stellen in einem Lied herauszufiltern und von dieser Grundlage aus zu überlegen, welche Schritte und Schrittmuster wo am besten passen würden. Dies soll in Kleingruppen ausprobiert werden.	CD-Player, Musik Kleingruppen
Ausklang (5 min)	
Protokollieren der Tanzschritte Die Schüler sollten zum Abschluss die bisher erarbeitete Reihenfolge der Tanzschritte stichwortartig protokollieren, um diese für die nächste Stunde als Gedächtnisstütze für den weiteren Entwicklungs- und Übungsprozess nutzen zu können.	CD-Player, Musik

Stundenbild 4: Entwickeln und Festigen der Schrittfolge zur Musik

Ziel: Die Schüler entwickeln die Schrittfolgen zur Musik weiter, sodass am Ende eine Zusammenhängende Choreographie entsteht.

Phasen	Organisation, Geräte- und Materialbedarf
Einstieg (5–10 Minuten)	
Aufwärmen – Stopptanz Alle bewegen sich frei zur Musik und müssen auf den Musikstopp „freezen“ und in ihrer Pose „einfrieren“. **Tipp:** Sinnvoll ist es, hier bereits den/oder die ausgewählten Lieder einzusetzen, die es auch weiterhin zu bearbeiten gilt. Dies dient dazu ein besseres Gefühl für die unterschiedlichen Lied-Sequenzen zu bekommen und den Bewegungsassoziationsprozess zu forcieren, da die Schüler sich frei und ungezwungen zur Musik bewegen können.	Alle gemeinsam CD-Player, Musik
Hauptteil (55–60 Minuten)	
Erarbeitungsphase Die Kleingruppen aus der letzten Stunde sollten von nun an zur Weiterarbeit beibehalten werden. Die Schüler erhalten die Aufgabe an ihrer Choreographie zu arbeiten, indem sie passende Schritte zur Musik wählen (aus den bereits erlernten) oder eigene Schritte entwickeln. Hier sollten Sie darauf achten, dass sich die Gruppen nicht zu sehr darin vertiefen etwas theoretisch zu diskutieren, sondern Sie immer ermutigen, die besprochenen Schritte auch praktisch auszuprobieren und zu üben. **Tipp:** Einige Schüler neigen dazu, bereits zu überlegen, wer wo steht, wie die Position gewechselt werden kann etc. Das sollte aber definitiv nicht der Fokus in dieser Unterrichtseinheit und schon gar nicht in dieser Arbeitsphase sein. Wenn sich die Schüler damit beschäftigen, findet oftmals eine Überlagerung und Verlangsamung des eigentlichen Arbeitsprozesses statt. Unterstützen Sie Ihre Lerngruppe, indem Sie gegebenenfalls darauf hinweisen, dass es wichtig ist, zunächst geeignete Schritte zu finden und die Schrittfolge festzulegen und zu üben. Erst wenn das steht, können sich Gruppen, die früher fertig sind als andere, um choreographisch-gestalterische Dinge Gedanken machen.	Kleingruppen aus der letzten Stunde CD-Player, Musik
Ausklang (10 Minuten)	
Kleingruppenpräsentation Jeweils zwei Kleingruppen präsentieren sich gegenseitig ihre Schrittfolgen zur Musik und geben sich jeweils ein Feedback. Feedbackpunkte könnten sein: – Wie passen die einzelnen Schritte zur Musik? – Wo harmonieren Musik und Tanzschritt besonders gut? – Wo gibt es diesbezüglich Optimierungsbedarf? – Wie technisch sauber werden die Tanzschritte ausgeführt? – Wie flüssig ist der Übergang zwischen einzelnen Schritten (ist er fließend, oder muss noch viel überlegt werden?) Diese Punkte sollten stichpunktartig festgehalten werden, um sie in der folgenden Stunde zu verbessern.	Je 2 Kleingruppen zusammen Zettel, Stift

Stundenbild 5: Übungszeit

Ziel: Die Schüler üben ihre Schrittkombinationen, sodass sie diese sicher beherrschen.

Phasen	Organisation, Geräte- und Materialbedarf
Einstieg (10 Minuten)	
Beurteilungskriterien festlegen Falls Sie dies nicht bereits ausführlich an einer anderen Stelle mit Ihren Schülern thematisiert haben, sollten Sie vor dieser letzten Übungsstunde klären, wie die Prüfung abläuft und welche Prüfungskriterien Sie haben. Gerne können Sie dies auch gemeinsam mit der Lerngruppe festlegen, indem Sie beispielsweise erörtern, worin der Schwerpunkt innerhalb des letzten Unterrichtsvorhabens lag. **Beispielkriterien könnten sein:** – Wie passgenau wurde die Musik in den Tanzschritten umgesetzt? – Sind die Tanzschritte korrekt ausgeführt (Bewegungslernen)? – Wie sicher wird die gesamte Schrittfolge beherrscht?	Sitzkreis o. ä. Unterrichtsgespräch (Plakat und Stifte um Kriterien zu notieren)
Hauptteil (55 Minuten)	
Übungsphase Die Stammgruppen arbeiten selbstständig an ihren Schrittfolgen. Sie erhalten die Aufgabe ihren Tanz noch einmal gezielt hinsichtlich der Kriterien zu überprüfen. Dies kann zunächst 20 Minuten in Eigenarbeit geschehen, ehe eine erneute Zwischenfeedbackrunde geschaltet wird und die Kleingruppen anschließend erneut 20 Minuten Zeit haben, ihren Schrittfolgen den letzten Feinschliff zu geben.	Stammgruppen CD-Player, Musik
Feedback Je nachdem, welche Beurteilungskriterien Sie mit ihrer Lerngruppe festlegen, kann anhand dieser eine Feedbackrunde stattfinden.	
Variante 1: Die Gruppen werden per Video aufgenommen, sehen sich selbst und können kleine Fehler ausbessern.	Videokamera, Laptop
Variante 2: Die Gruppen zeigen einer jeweils andern Gruppe ihr Ergebnis und bekommen deren Rückmeldung zur Weiterentwicklung und Verbesserung der Choreographie. Es können auch beide Feedbackvarianten eingesetzt werden.	2 Stammgruppen zusammen
Ausklang (10 Minuten)	
Offene Fragen klären Es sollte Raum gegeben werden, um letzte offene Fragen zu den Prüfungskriterien oder dem Prüfungsablauf klären zu können. Bei Bedarf kann auch eine weitere „Übungsdoppelstunde“ dazwischen geschoben werden. **Tipp:** Sie können mit den Schülern auch verabreden, eine Art „Kostümierung“ (im Sinne eines ähnlichen Outfits) zu forcieren. Dies stößt in der Regel auf große Akzeptanz und gibt der Präsentation noch einmal einen besonderen Charme.	Plenum Unterrichtsgespräch

Stundenbild 6: Präsentation und Prüfung

Ziel: Die Schüler präsentieren ihre Ergebnisse

Phasen	Organisation, Geräte- und Materialbedarf
Einstieg (10 Minuten)	
Ablauf der Stunde klären Informieren Sie Ihre Lerngruppe über den genauen Ablauf der heutigen Präsentations- & Prüfungsstunde. **Aufwärmen** Die Schüler erwärmen sich selbstständig individuell.	Sitzkreis o. ä. Einzelarbeit/Kleingruppe
Hauptteil (65 Minuten)	
Generalprobe Die Kleingruppen haben Zeit noch einmal in Ruhe ihre Choreographie durchzugehen.	Stammgruppenarbeit CD-Player, Musik
Prüfung Die Gruppen präsentieren ihre Ergebnisse und werden nach vorab festgelegten Kriterien beurteilt. Um alle Kriterien angemessen beurteilen zu können – gerade bei sehr großen Gruppen – kann die Prüfung auf Video aufgenommen und zu Hause analysiert werden. Jedoch sollten Sie sich auch Stichpunkte zum „Live-Gesamtauftritt“ machen, da die Wirkung oft noch einmal eine andere ist. Möchten Sie nur vor Ort die Beurteilung durchführen, empfiehlt es sich alle Gruppen zweimal anzusehen. Hier sollte dann insgesamt genügend Zeit eingeplant werden.	Präsentationssituation mit der Klasse als Publikum CD-Player, Musik

Oberstufe

5. Einen eigenen Videoclip gestalten: Gestaltungsanlässe für soziale Lernerfahrungen nutzen

Zeit	7–10 Doppelstunden
Niveau	Fortgeschrittene
Ort	Sporthalle/Schulgelände/ freies Gelände
Unterrichtsziele	Die Schüler erlernen den Umgang mit Gestaltungsprinzipien, Gestaltungsparametern und Stilmitteln, indem sie diese in angemessener Weise innerhalb einer Gestaltungsabsicht zum Ausdruck bringen.
Kompetenzerwartungen	Entwickeln einer choreographischen sowie technisch-ästhetischen Handlungsfähigkeit; Erweiterung der Sozialkompetenz

Fachliche Hinweise

Die digitalen Medien sind in der heutigen Zeit bei Jugendlichen nicht mehr wegzudenken. Jeder Zweite besitzt ein Smartphone, ist auf Facebook „unterwegs" oder produziert eigene Videos für YouTube. Um an diese aktuellen Entwicklungen in der Lebenswelt der Jugendlichen angemessen anzuknüpfen und die damit verbundenen Ressourcen, die die Jugendlichen aufgrund ihrer technischen Involviertheit bereits mitbringen, optimal zu nutzen, wurde ein Unterrichtsvorhaben entwickelt, welches genau dieses Potenzial aufgreift. In der Unterrichtseinheit „Einen eigenen Videoclip gestalten" sollen Schüler in großen Teilen selbstständig ein eigenes Video gestalten. Das Themenfeld „Tanzen, Darstellen und Gestalten" bildet dabei die Grundlage. Eine besondere Chance der projektartigen Arbeitsweise bietet auch die gezielte Weiterentwicklung sozialer Kompetenzen.

Ziel der Unterrichtseinheit ist es den Umgang mit **Gestaltungsprinzipien, Gestaltungsparametern** und **Stilmitteln** zu erlernen und diese in angemessener Weise innerhalb einer **Gestaltungsabsicht** zum Ausdruck zu bringen (vgl. Tabelle 1).

Die Unterrichtseinheit ist so angelegt, dass zunächst drei Doppelstunden dazu dienen, einen Einblick in verschiedene Bereiche des Tanzens zu geben. Dies kann je nach individuellen Kenntnissen und Fähigkeiten der Lehrkraft geschehen. Die erste Doppelstunde dient dazu die Lerngruppe einzustimmen und durch einfache tänzerische Vorbereitungsübungen jedem das Gefühl zu vermitteln „Ich kann tanzen" und „Ich kann etwas zur Gruppenarbeit beitragen". Denn jeder bringt individuelle Bewegungserfahrungen mit, die in einem offen angelegten Unterrichtsvorhaben sinnvoll eingebracht werden können. Darüber hinaus können auch Tanzschritte von Seiten der Lehrkraft eingebracht werden, die später für alle verpflichtend in das Video einzubauen sind. Wenn die Lehrkraft dafür selbst keine geeigneten Ideen hat, kann der Grundschritt zu dieser Einheit unter https://youtu.be/6hWbdJjsyYc (5) als Vorlage dienen. Auch lassen sich weitere Videotutorials verwenden, die in YouTube zu finden sind[1].

In der zweiten Doppelstunde werden die Grundlagen der Gestaltungsparameter *Raum, Zeit, Dynamik* und *Organisationsform* in kleinen Übungsaufgaben erarbeitet, sodass die Schüler einige choreographische Basiselemente an die Hand bekommen. Gut eignet sich an dieser Stelle auch die Arbeit mit dem „choreographischen Baukasten" (Klein, 2011), der eine Reihe guter Vorschläge zu choreographischen Aspekten auf praktischen Arbeitskarten bereithält, die auch während der Projektarbeit den Schülern als Ideenpool zur Verfügung gestellt werden kann.

In der dritten Doppelstunde eignet es sich auch Aspekte und Übungen aus dem Bewegungstheater einzubauen, um gewisse Stilmittel wie *Übertreibung*, *Einsatz von Mimik und Gestik* oder *Zeitlupe* zu thematisieren.

In der vierten Doppelstunde werden schließlich Details des Projektablaufs und der Bewertung geklärt. Welche konkrete Aufgabenstellung den Jugendlichen in dieser Phase gestellt wird und welche konkreten Absprachen getroffen werden, ist der Lehrkraft überlassen. Zu beachten ist hierbei, dass auch die Beurteilungskriterien für das Endprodukt, je nach unterschiedlicher Schwerpunktsetzung, kontextabhängig entwickelt und festgelegt werden müssen. In dem vorgestellten Unterrichtsvorhaben erhalten die Jugendlichen die Aufgabe mit ihrem Video einer zuvor gewählten Gestaltungsabsicht (siehe Tabelle 1) nachzukommen. Um diese Gestaltungsabsicht zu erfüllen, können die Schüler sich verschiedener Gestaltungsprinzipien, Gestaltungsparametern und Stilmittel bedienen. In der Beurteilung wird schließlich darauf geachtet, inwiefern die verschiedenen Gestaltungsprinzipien sinnvoll eingesetzt wurden und zur Erfüllung der Gestaltungsabsicht beitragen. Für Lehrkräfte, die im tänzerischen Bereich nicht viel Erfahrung aufweisen, empfiehlt es sich, nur eine Gestaltungsabsicht in den Vordergrund zu stellen und der Lerngruppe keine Wahlmöglichkeit einzuräumen. Denkbar ist es auch der Lerngruppe thematisch eine Einschränkung vorzugeben, beispielsweise die Umsetzung des Themas „Albtraum", „Schulhof", „Freizeitgestaltung", „Herzensangelegenheit" o. ä.

[1] (Beispielsweise: http://www.youtube.com/watch?v=d-3BeKj7KfI, oder http://www.youtube.com/watch?v=pkkSnrK-GWQ)

Gestaltungsabsicht	Gestaltungsprinzipien	Gestaltungsparameter	weitere Stilmittel
Unterhaltung, Show Bsp.: Jazz-Dance, Modern-Dance, Inszenierung & Interpretation eines Musikstücks: klassisches "Musikvideo"	• Bekanntes nachahmen (Bewegungskönnen, tanztechnische Fertigkeiten; Anpassung der Bewegung an den Charakter der Musik)	• Synchronität in der Bewegungsausführung • Rhythmische Exaktheit • Klare räumliche Formationen • Formaler Aufbau in Anpassung an die Musik	• Kleidung, Kostüm • Licht • Musik • Schnitt
Komik, Witz Bsp.: Elemente des Bewegungstheaters	• Verändern, Verzerren, Übertreiben (von bekannten Ausgangssituationen) • Überraschungen durch ungewohnte Zusammensetzungen	• Zeitläufe verlangsamen, beschleunigen • Brüche, Einschnitte • Rückblenden	• Kleidung, Kostüm • Mimik, Gestik • Material, Objekte • Klang, Geräusche • Kameraführung
Spannung, Ereignishaftigkeit Bsp: Elemente des Break-Dance oder der Artistik. Aufbau eines Spannungsbogens	• Erfinden neuer Bewegungsmöglichkeiten • Neuartiges, Ungewohntes • Überraschendes Zusammensetzen von bekannten Bewegungen	• Ausrichtung im Raum • Plötzlicher Wechsel • Dynamische Steigerungen • Spannungsbogen	• Kleidung, Kostüm • Musik • Schnelle Schnitte • Bildausschnitte • Kameraführung • Material, Objekte
Vieldeutigkeit, Nachdenklichkeit Bsp.: Tanztheater, zeitgenössischer Tanz	• Nachahmen, verändern, verzerren, reduzieren, wiederholen, rhythmisieren, stilisieren... von Alltags- wie Tanzbewegungen	• *Eher geringere Relevanz*	• Musik • Licht • Material, Objekte • Bildausschnitt • Schnitt • Kameraführung

Tabelle 1: Übersicht Gestaltungsabsicht, -prinzipien, -parameter und Stilmittel (in Anlehnung an Klinge, 2010, S. 241).

Praktische Tipps

Sich präsentieren als Herausforderung: Nicht nur das direkte Anknüpfen an die Lebenswelt der Jugendlichen bildet einen großen Pluspunkt im Unterrichtsvorhaben. Durch die Produktion eines Videos wird auch die Prüfungssituation für die Schüler, die eine „normale" Ergebnispräsentation im Sinne einer „Alles oder Nichts-Situation" mit sich bringt, entschärft. Die Gefahr, im alles entscheidenden Moment Fehler zu machen, wird minimiert. Gerade im besonders sensiblen Themenfeld des Tanzes bildet die Präsentationssituation für viele Jugendliche eine besondere Herausforderung.
Das Unterrichtsvorhaben knüpft damit auch an die Erkenntnisse der wissenschaftlichen Studie „Sich präsentieren im Tanz – Eine Problemanalyse aus Schülersicht" (Feth, 2010) an: Diese benennt verschiedene Einflussgrößen, die auf die tänzerische Präsentationssituation im Unterricht wirken und stellt die *Bewegungssicherheit* als *die* zentrale Einflussgröße bei den Jugendlichen heraus. Es zeigte sich, dass für die Teenager das Präsentieren erst dann problematisch wird, sobald Fehler gemacht werden. Diese sind für die Schüler fast untrennbar mit dem Gefühl des Versagens und somit einer Blamage verbunden. Und genau dieses Gefühl kann durch eine Videoproduktion umgangen werden, denn dort können die Jugendlichen eine Szene so lange wiederholen, bis sie fehlerfrei ist. Das gibt ihnen mehr Selbstbestimmtheit. Sie können entscheiden, wann eine Szene in ihren Augen „gut genug" ist, was sie den Mitschülern zeigen und somit auch von sich Preis geben wollen.

Potenzial sozialer Lernerfahrungen in Gestaltungsanlässen: Wie alle Gruppenarbeiten bietet auch dieses Projekt vielfältigste Lernerfahrungen im sozialen Bereich: Es müssen Absprachen getroffen, Aufgaben übernommen, Termine eingehalten werden. Dies fördert Kompetenzen, die die Jugendlichen in einer sich ständig wandelnden und vielschichtigen Lebenswelt benötigen: Kommunikative Kompetenz, Fähigkeit zum Selbstmanagement, Verantwortungs- und Pflichtbewusstsein, Kritik- und Entscheidungsfähigkeit, Durchhaltevermögen und nicht zuletzt Teamfähigkeit.

Speziell *Gestaltungsanlässe* bieten darüber hinaus ein noch größeres Potential in folgenden Entwicklungsbereichen: Umgang mit persönlichen Emotionen sowie Konfliktfähigkeit. Denn anders als bei anderen Projektarbeiten oder gemeinsamen Referaten geht es nicht um die Darstellung eines fachlichen Inhalts, dessen Fakten zwischen Richtig und Falsch diskutiert werden können. Im Gestaltungsbereich geht es um ästhetisches Empfinden, welches zunächst individuell ist. Sich hierüber auszutauschen, in Diskussion zu kommen, um am Ende ein für alle ästhetisch empfundenes Produkt zu produzieren, bietet erhöhtes Konflikt- und damit auch großes Lernpotential. Denn es regt noch stärker an mit meinem Gegenüber in Austausch zu kommen, Standpunkte zu vertreten, Dinge auszuhandeln und Kompromisse zu schließen.

Um die sozialen Lernerfahrungen der Jugendlichen transparent zu machen, wird ein Selbstreflexionsbogen eingesetzt. Durch das schriftliche Beantworten der vorgegebenen Fragen sollen die Schüler für ihre sozialen Lernerfahrungen sensibilisiert werden:

Selbstreflexionsbogen (Beispiel)

1. Welche Erfahrungen hast du während des Tanzprojektes gemacht?
2. Welche Erkenntnisse hast du gesammelt?
3. Was hast du über dich lernen können?
4. Was hast du über andere lernen können?
5. Was kannst du auf andere Schulfächer oder Lebensbereiche übertragen?
6. Wie schätzt du selbst eure Projektleistung ein?

Einsatz von Aufnahmegeräten und Schnittprogrammen: Zur Aufzeichnung eignen sich alle Geräte, die die Aufnahmen in digitaler Form produzieren, sodass diese leicht auf den PC (in den meisten Fällen per SD-Speicherkarte) übertragbar sind, als gängige .mov- oder .mpg- Datei abgespeichert und so in Schnittprogrammen bearbeitet werden können. Zur Sicherheit kann die Übertragbarkeit der Dateien in ein Schnittprogramm zu Beginn der Einheit überprüft werden. Von älteren Kameramodellen, die noch mit Kassetten arbeiten, ist abzuraten, da die Digitalisierung der Aufzeichnungen unnötig aufwendig ist. Digitalkameras eignen sich am besten, selbst preisgünstige Modelle erfüllen mittlerweile alle technisch erwünschten Standards. Auch andere Geräte, wie Smartphones oder Tablet-PCs mit Kamerafunktion sind aus technischer Sicht unproblematisch. Hier muss allerdings darauf geachtet werden, ob der Einsatz solcher Geräte nicht mit einer eventuellen Schulphilosophie (beispielsweise Handyverbot o. ä.) kollidiert. Sinnvoll ist es, die Schüler selbst die Aufnahmegeräte wählen zu lassen. Die Wahl fällt sicherlich auf ein Medium, dass erstens innerhalb einer Projektgruppe verfügbar ist und zweitens, bei dem die Bedienung keine Probleme darstellt. Sollte wider Erwarten kein Aufnahmegerät vorhanden sein, empfiehlt es sich einen Gerätepool anzulegen, wo sich die Schüler entsprechende Geräte leihen können. Falls die Lerngruppe keine eigene Idee für ein Schnittprogramm hat, kann aus eigener Erfahrung das gängige, in seinen Funktionen absolut ausreichende und kostenlose Programm von Windows empfohlen werden: Windows Movie Maker.

Digitale Medien als Türöffner: Durch die Aufforderung, ein Video zu drehen, kann eine erhöhte Bereitschaft vor allem bei männlichen Jugendlichen festgestellt werden, sich mit dem Themenbereich Tanz auseinanderzusetzen. Das digitale Medium fungiert in diesem Zusammenhang als Türöffner für ein Themenfeld, dem vor allem die Jungen oft ablehnend gegenüberstehen. Die Jugendlichen bringen ein unglaubliches technisches Know-How mit, welches hier gar nicht erst vermittelt werden muss. Die Erfahrung zeigt, dass die Schüler es als äußerst freudvoll erleben, ihr Wissen und Können in diesem Bereich in Schulprojekten sinnvoll einsetzen zu können. Man begegnet den Schülern damit auf Augenhöhe und sie fühlen sich mit ihrer technischen Kompetenz ernst genommen. Auch kranke oder verletzte Jugendliche können aktiv in solch ein Projekt eingebunden und Teil einer Gruppe werden, da es mehrere Aufgaben und Rollen gibt, wie beispielsweise Kameraführung, Schnitt etc. Die entstandenen Ergebnisse machen außerdem oft so stolz, dass die Jugendlichen die Videos gerne der (Schul-)Öffentlichkeit im Rahmen von Schulfesten, Tag der offenen Türen oder eigens dafür organisierten Klassenfeiern präsentieren möchten.

Literatur

Feth, C. (2010). „Sich präsentieren im Tanz“ als Herausforderung für Schüler und Schülerinnen. Sportunterricht, 59 (8), S. 233 – 236

Feth, C. (2014). Einen eigenen Videoclip gestalten. Medienkompetenz und Kreativität im Team nutzen. Sportpädagogik 38 (5) S. 14–18.

Feth, C. (2014). Mitsprache bei der Notenverteilung. Produkt und Prozess berücksichtigen. Sportpädagogik 38 (5) S. 44

Klein, G. (Hrsg.) (2011). Choreographischer Baukasten.

Klinge, A. (2010). Tanz, Tanzstücke und Gestaltung bewerten. „Tanz im Sportunterricht? Nee, das lass‘ ich lieber, das kann man ja nicht bewerten!“ Sportunterricht, 59 (8), S. 237–243.

Stundenübersicht

Stundenbild 1:	Jeder kann tanzen!
Stundenbild 2:	Übungen zur Gestaltungskreativität
Stundenbild 3:	Einführung in Methoden des Bewegungstheaters
Stundenbild 4:	Klären des Projektablaufs und Erstellen eines Projektplans
Stundenbilder 5–9:	Freie Arbeitszeit
Stundenbild 10:	Projektpräsentation

Stundenbild 1: Jeder kann tanzen!

Ziel: Die Schüler finden durch tänzerische Spielformen einen Einstieg ins Themenfeld und Erlernen einen Basicschritt.

Phasen	Organisation, Geräte- und Materialbedarf
Einstieg (10 Minuten)	
Aufwärmen – Schlangenlaufen Zum Aufwärmen wird das Schlangenlaufen angewandt. Einer macht vor – die anderen machen nach. In Vorbereitung auf den Hauptteil der Stunde wird nicht nur das Herz-Kreislaufsystem erwärmt, sondern auch bereits die Eigeninitiative und Kreativität der Schüler gefordert. **Schlangenlaufen:** Die Kleingruppe steht aufgereiht hintereinander, mit Blickrichtung nach vorn (so schauen die Hinteren jeweils auf die Rücken der Vorderen). Die Musik wird angeschaltet und die Gruppe beginnt loszulaufen. Dabei entscheidet der Erste in jeder Gruppe sowohl die Laufrichtung, das Lauftempo und die Art und Weise der Bewegungen. Eine kurze Pause in der Musik (oder ein anderes Signal der Lehrkraft) deutet dabei den Wechsel des „Schlangenkopfs" an: Der Vordere lässt sich ans Gruppenende zurückfallen und automatisch ist der nächste „Schlangenkopf" mit Vormachen an der Reihe. Zunächst sollte ganz ohne Vorgaben gearbeitet werden. Wenn alle einmal mit Vormachen an der Reihe waren, können Sie eine zweite Runde durchführen, in der Sie gezielte Zusatzaufgaben geben, die beim Vormachen vom „Schlangenkopf" umgesetzt werden sollen: ➢ Arme einsetzen ➢ Drehungen einbauen ➢ Sprünge einbauen ➢ Den Boden miteinbeziehen **Tipp:** Im Idealfall sollten für dies Übungen Gruppen mit 4 Personen gebildet werden, da diese Gruppengröße auch für die nächste Übung benötigt wird. Möglich sind aber auch 3er- oder 5er-Gruppen.	4er-Gruppen Musikplayer, Musik-CD
Hauptteil 1 (30 Minuten)	
Vormachen – Nachmachen I Die 4er-Gruppen von eben positionieren sich in der Halle und stellen sich jeweils als Raute auf, sodass es immer eine Spitze gibt, die „vorne" steht und von den drei anderen Personen gesehen wird. Diese Person macht nun Bewegungen zur Musik vor, die die drei Gruppenmitglieder nachmachen müssen. Sobald die vormachende Person keine Lust mehr hat oder ihr nichts mehr einfällt, kann sie eine Viertel- oder halbe Drehung machen. Diese Drehung wird ebenfalls von den Mitstreitern nachgemacht: So entsteht automatisch eine „neue Spitze" und die neue Person ist mit dem Vormachen dran. Ziel ist es hier, sich von der Musik leiten zu lassen und einfache Bewegungen zu finden, die der Rest der Gruppe auch gut nachmachen kann. Um diese Ziel zu erfüllen, ist es wichtig, dass die Bewegungen der vormachenden Person **wiederholt und rhythmisiert** werden, sodass die Gruppenmitglieder überhaupt eine Chance haben, die Bewegungen sinnvoll nachzumachen. Sie können diese Experimentierphase 5–6 Minuten laufen lassen, ruhig auch mit unterschiedlicher Musik, sodass jeder Person mehrmals in die Rolle des Vormachers schlüpfen kann.	4er-Gruppen von eben, Aufstellungsform: Raute Musikplayer, Musik-CD

Phasen	Organisation, Geräte- und Materialbedarf
Hauptteil 1	

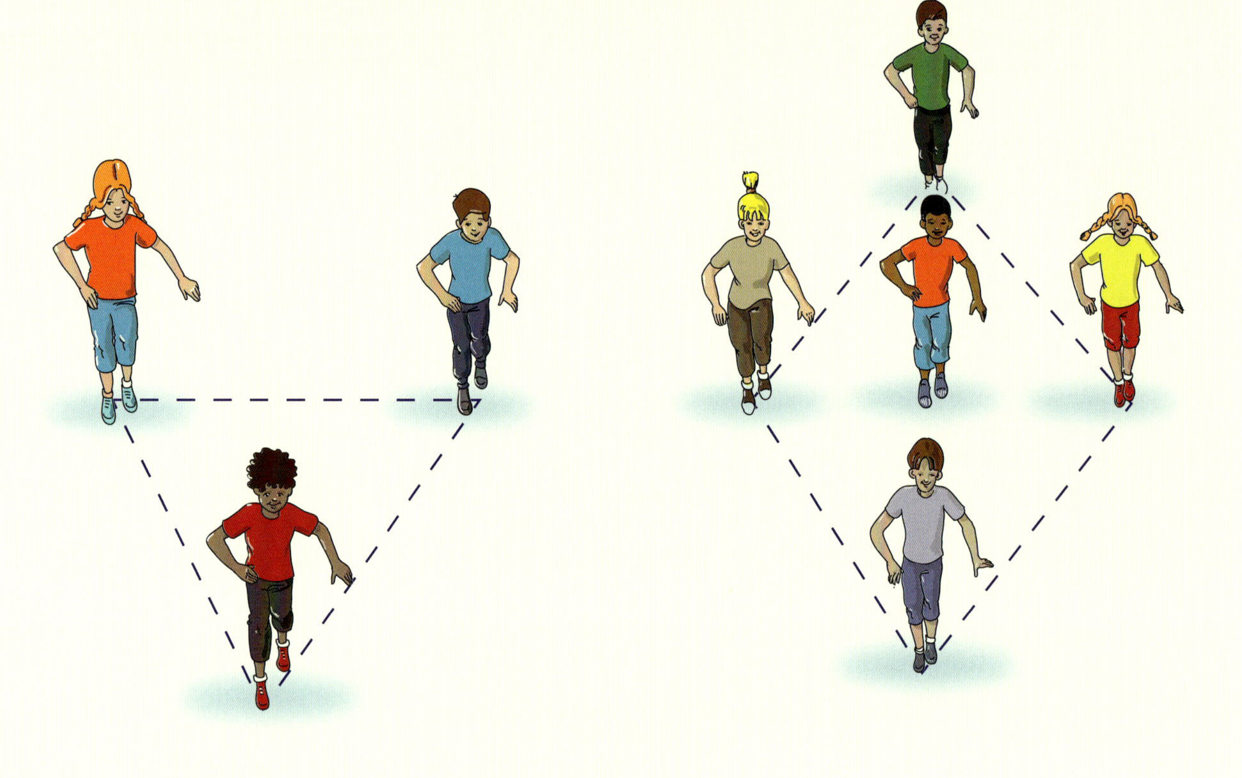

Phasen	Organisation, Geräte- und Materialbedarf
Tipp: Die Übung kann auch mit 3er- und 5er-Gruppen durchgeführt werden. 3er-Gruppe = Dreieck 5er-Gruppe = Raute + „Mittelmann“	
Vormachen – Nachmachen II Die Schüler bleiben in den Gruppen und dem Modus von eben und erhalten nun folgende Aufgabe: ➢ „Jeder Einzelne von euch hat verschiedene Schritte vorgemacht. Nun sucht sich jeder einen davon aus, den er, immer dann, wenn er nun an der Spitze der Raute ist, vormacht. Gewechselt wird immer noch beliebig durch eine jeweilige Viertel- oder halbe Drehung.“ **Variation:** Es dürfen auch Bewegungen der anderen ausgesucht werden.	4er-Gruppen Musikplayer, Musik-CD
Vormachen – Nachmachen III Wenn die Schüler nun erneut 2–3 Minuten Übungszeit hatten, um jeweils „ihre“ Bewegung zu finden und zu festigen, folgt der nächste und letzte Arbeitsschritt: ➢ „Legt nun fest, in welcher Reihenfolge ihr die vier unterschiedlichen Bewegungen durchführen und wie oft ihr diese jeweils ausführen wollt. Die Blickrichtung sollte nun nicht mehr wechseln und immer dieselbe sein. Stellt euch einfach ein Publikum vor, das an einer bestimmten Seite der Halle sitzt.“ So entsteht im Handumdrehen eine kleine Minichoreographie, zu der jeder aus der Kleingruppe etwas beigetragen hat.	4er-Gruppen Musikplayer, Musik-CD

Phasen	Organisation, Geräte- und Materialbedarf
Hauptteil 2 (30 Minuten)	
Erlernen des Basicschritts Um im kommenden Unterrichtsvorhaben ein grundlegendes Bewegungsmaterial zu haben, an dem beispielhaft einige Prinzipien einer interessanten Tanzschrittgestaltung gezeigt werden können, ist es sinnvoll, einen Grundschritt für den gesamten Kurs einzuführen. Für welche methodische Vorgehensweise Sie sich dabei entscheiden, bleibt Ihnen überlassen. Hier sind beispielhaft drei Unterschiedliche aufgeführt:	Alle gemeinsam Aufstellung in Reihen auf Lücke CD-Player, Musik-CD
1. Selbst aktiv werden: Hier können Sie beliebig agieren, sich selbst einen Schritt ausdenken (von 2 x 8 bis zu 4 x 8 Zählzeiten) und diesen in die Klasse einbringen.	
2. Anregungen holen: Im Internet gibt es zahlreiche Tutorials, die eine gute Anregung hierfür bieten und einfache Tanzschritte vorführen. Des Weiteren finden Sie auch unter https://youtu.be/6hWbdJjsyYc (5) einen Vorschlag für solch einen Basicschritt, den Sie selbst erlernen und anschließend den Schülern beibringen können.	**Tipp:** www.dance360-school.ch
3. Sich selbst rausnehmen: Das Tutorial zum Basicschritt unter https://youtu.be/6hWbdJjsyYc ist so konzipiert, dass dieser Schritt für Schritt nachvollzogen werden kann. Somit eignet es sich auch zum direkten Erlernen für Schüler. Sie können das Tutorial gegebenenfalls mit einem Beamer für alle an der Hallenwand abspielen.	Laptop, Beamer, DVD
Für alle Varianten gilt: Als sinnvolle Aufstellungsform ist die klassische Reihenform zu empfehlen, bei der die Schüler „auf Lücke“ stehen. Das bedeutet, jeder sollte in der Lage sein, die vormachende Person deutlich zu sehen. Es kann auch ab und zu ein Reihenwechsel eingebaut werden, indem die hinteren beiden Reihen nach vorne wechseln. Ein **lautes Mitzählen der Takte** unterstützt oft den Lernprozess, gerade bei Schüler, die noch wenig Erfahrung im tänzerischen Bereich haben.	
Ausklang (5 Minuten)	
Präsentation Der Kurs wird in zwei große Gruppen geteilt. Eine Gruppe führt jeweils den gelernten Schritt vor, die andere stellt das Publikum. Danach wird gewechselt.	2 Großgruppen, Musik

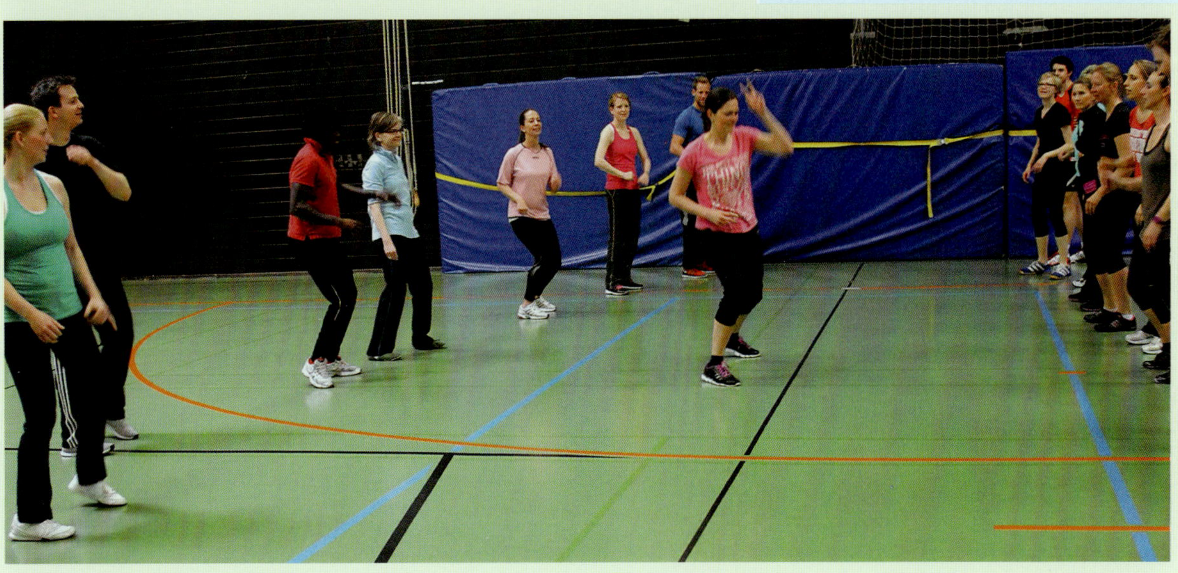

Stundenbild 2: Übungen zur Gestaltungskreativität

Ziel: Die Schüler erlernen den Umgang mit den grundlegenden Gestaltungsparametern Aufstellungsform, Raum und Zeit.

Phasen	Organisation, Geräte- und Materialbedarf
Einstieg (10 Minuten)	
Wiederholen des Basicschritts Hier kann gemeinsam mit dem Kurs der erlernte Basicschritt in der Großgruppe ca. 5x wiederholt werden, um die einzelnen Elemente wieder in Erinnerung zu rufen. Sie können hier auf bestimmte Merkmale aufmerksam machen, die Ihnen bei der Bewegungsausführung wichtig sind.	Alle gemeinsam Aufstellung in Reihen auf Lücke (bei Bedarf Musik)
Hauptteil (50 Minuten)	
Übungsphase Die nachfolgende Übungsphase verfolgt gleich mehrere Intensionen: ➢ Festigen des Basicschritts ➢ Vertiefen des Gestaltungsprinzips *Aufstellungsform* ➢ Vertiefen des Gestaltungsprinzips *Raum*	Kleingruppen von 3–4 Personen CD-Player, Musik-CD
Die Schüler gehen in Kleingruppen von 3–4 Personen zusammen, wiederholen innerhalb der Gruppe den Basicschritt und erhalten dabei folgende Aufgaben: ➢ Tanzt den Basicschritt mehrmals hintereinander durch und nutzt jeweils die ersten drei Schritte, um verschiedene Laufrichtungen auszuprobieren (alle seitwärts nach links/rechts, diagonal nach vorne/hinten, rückwärts, auf der Stelle usw.) ➢ Was passiert, wenn jeder eine andere Richtung einschlägt? ➢ Tanzt den Basicschritt mehrmals hintereinander durch und variiert dabei eure Aufstellungsform. Nutzt hierfür besagte drei Schritte um 'elegant' von einer Form in die andere zu kommen.	AB 2 *Hinweis: Diese Aufgaben beziehen sich auf den Basicschritt, siehe https://youtu.be/6hWbdJjsyYc (5)*
Erweiterung: ➢ Geht jeweils mit einer anderen Gruppe zusammen, sodass ihr nun 6–8 Personen in einer Gruppe seid. ➢ Probiert verschiedene Aufstellungsformen aus und entscheidet euch für 2–3 unterschiedliche. Besprecht auch, wie ihr von einer in die andere Aufstellung gelangt. ➢ Tanzt nun den Basicschritt 2–3 x hintereinander.	AB 3 2 Kleingruppen zusammen ca. 6–8 Personen Es können auch 3 Gruppen zusammengelegt werden.
Hinweis: Die Gestaltungsprinzipien Raum und Aufstellungsform liegen eng beieinander und bedingen sich gegenseitig. Während es bei der Aufstellungsform zunächst darum geht, wie die einzelnen Gruppenmitglieder angeordnet sind, spielen beim Gestaltungskriterium Raum folgende Aspekte eine wichtige Rolle: die Bewegungsrichtung (vor-, seit- und rückwärts), die Art und Weise, wie Raumwege zurückgelegt werden (rund, eckig, gerade) und auf welchen Raumebenen die Bewegung durchgeführt wird (tief/unten, mittel, hoch/oben).	

Phasen	Organisation, Geräte- und Materialbedarf
Hauptteil	
Gestaltungsprinzip Zeit In dieser größeren Gruppe (6–8 Personen) kann nun auch das dritte Gestaltungsprinzip hinzugenommen und ausprobiert werden: *Zeitliche Abfolge.* Eine offene Aufgabenstellung könnte zunächst lauten: „Welche zeitlichen Variationen sind innerhalb eurer Choreographie möglich?“	2 Kleingruppen zusammen ca. 6–8 Personen, Musik
Nach einem Ausprobieren können die Zwischenergebnisse gezeigt, besprochen und mit den Fachbegriffen verknüpft werden. ➢ **Unisono** (alle tanzen zur gleichen Zeit den gleichen Schritt) ➢ **Echo** (einer/mehrere tanzen einen Schritt & ein/mehrere andere/r setzen 2/4/6 Takte später ein und tanzen den gleichen Schritt) ➢ **Frage – Antwort** (einer/ein Teil der Gruppe tanzt einen Schritt ca. bis zur Hälfte und ein anderer/der andere Teil der Gruppe tanzt den Schritt an dieser Stelle weiter)	AB 1, vgl. auch AB 10, Seite 89 Gestaltungsprinzip **Zeit** • **Tempo:** schnell, langsam, halbes, doppeltes Tempo • **Zeitliche Abfolge:** unisono, Echo, Frage-Antwort • **Variationen:** Verzögerung, Verlangsamung, Zeitlupe, Zeitraffer
Ausklang (15 Minuten)	
Großgruppenzusammenführung Es werden zwei Großgruppen zu einer noch größeren Gruppe zusammengefügt, die ebenfalls die Aufgabe erhält wiederum eine Aufstellungsform zu finden und gemeinsam den Basicschritt tanzen soll.	Großgruppe, Plenum Musik
Abschließende Reflexion An diese Stelle kann Folgendes thematisiert werden: ➢ Welchen Einfluss hat die Gruppengröße auf die Präsentation als solche (je mehr – desto schwieriger wird die Synchronität; je weniger – desto weniger Möglichkeiten verschiedener Aufstellungsformen, usw.)? ➢ Welchen Einfluss hat die Gruppengröße auf die Arbeitsphase (je mehr – desto mehr Ideen; je mehr – desto mehr unterschiedliche Meinungen, die unter einen Hut gebracht werden müssen – Arbeitsphasen werden länger, usw.)?	

AB 2

Arbeitskarte 1

- Tanzt den Basicschritt mehrmals hintereinander durch und nutzt jeweils die ersten drei Schritte, um verschiedene Laufrichtungen auszuprobieren (alle seitwärts nach links/rechts, diagonal nach vorne/hinten, rückwärts, auf der Stelle usw.)
- Was passiert, wenn jeder eine andere Richtung einschlägt?
- Tanzt den Basicschritt mehrmals hintereinander durch und variiert dabei eure Aufstellungsform. Nutzt hierfür besagte drei Schritte, um 'elegant' von einer Form in die andere zu kommen.

AB 3

Gesamtablauf

- Geht jeweils mit einer anderen Gruppe zusammen, sodass ihr nun 6–8 Personen in einer Gruppe seid.
- Probiert verschiedene Aufstellungsformen aus und entscheidet euch für 2–3 unterschiedliche. Besprecht auch, wie ihr von einer in die andere Aufstellung gelangt.
- Tanzt nun den Basicschritt 2–3 x hintereinander.

Stundenbild 3: Einführung in Methoden des Bewegungstheaters

Ziel: Die Schüler lernen die Basiselemente Mimik, Gestik, Körperspannung und Blickrichtung als Mittel zur Gestaltung von Bewegungen kennen und erproben dies in unterschiedlichen kleinen Übungen.

Phasen	Organisation, Geräte- und Materialbedarf
Einstieg (10 Minuten)	
Begrüßungslauf Alle bewegen sich kreuz und quer in einem lockeren Lauftempo durch den Raum und erhalten verschiedene Anweisungen sich zu begrüßen, wenn sie auf einen Gegenüber treffen. Eine neue Anweisung kann jeweils bei einem kurzen Musikstopp durchgegeben werden.	Musik, CD-Player
Aufgaben: ➢ Begrüßt euch wie die besten Freunde ➢ Begrüßt euch wie die ärgsten Feinde ➢ Begrüßt euch wie Fußballkumpels ➢ Begrüßt euch wie Rockstars ➢ Begrüßt & bewegt euch wie Roboter ➢ Begrüßt & bewegt euch wie Supermodels ➢ Begrüßt & bewegt euch wie Könige – fein und edel ➢ Begrüßt euch wie Langschläfer – gaaaanz müde ➢ Begrüßt euch wie Clowns – super lustig ➢ Begrüßt euch wie Mauerblümchen – sehr schüchtern	Hier sollte möglichst auf ein Musikstück ohne Gesang zurückgegriffen werden, um die Assoziationen der Jugendlichen nicht durch bekannte Musikstücke einzugrenzen. Besonders eignet sich Musik, die die einzelnen Stimmungen und Bewegungsarten zusätzlich untermalt.
Bei dieser Runde geht es nicht darum eine genaue Interpretation davon zu bekommen, wie sich denn nun Rockstars oder Supermodels begrüßen. Diese Aufgaben sollen die Kinder lediglich dazu anregen, unterschiedliche Bewegungsformen aus einer zunächst bekannten Bewegung – der Begrüßung – zu generieren. Die Assoziationen, die die Kinder haben, provozieren möglicherweise auch bereits Veränderungen in der Körperhaltung/-spannung, Mimik, Gestik und Blickrichtung etc. Eine Reflexionsfrage könnte sein: Wie habt ihr die Personen dargestellt? Durch was genau sind die Unterschiede sichtbar geworden? Die Ergebnisse können für die Lerngruppe sichtbar auf einem Plakat festgehalten werden.	Plakat, Stift

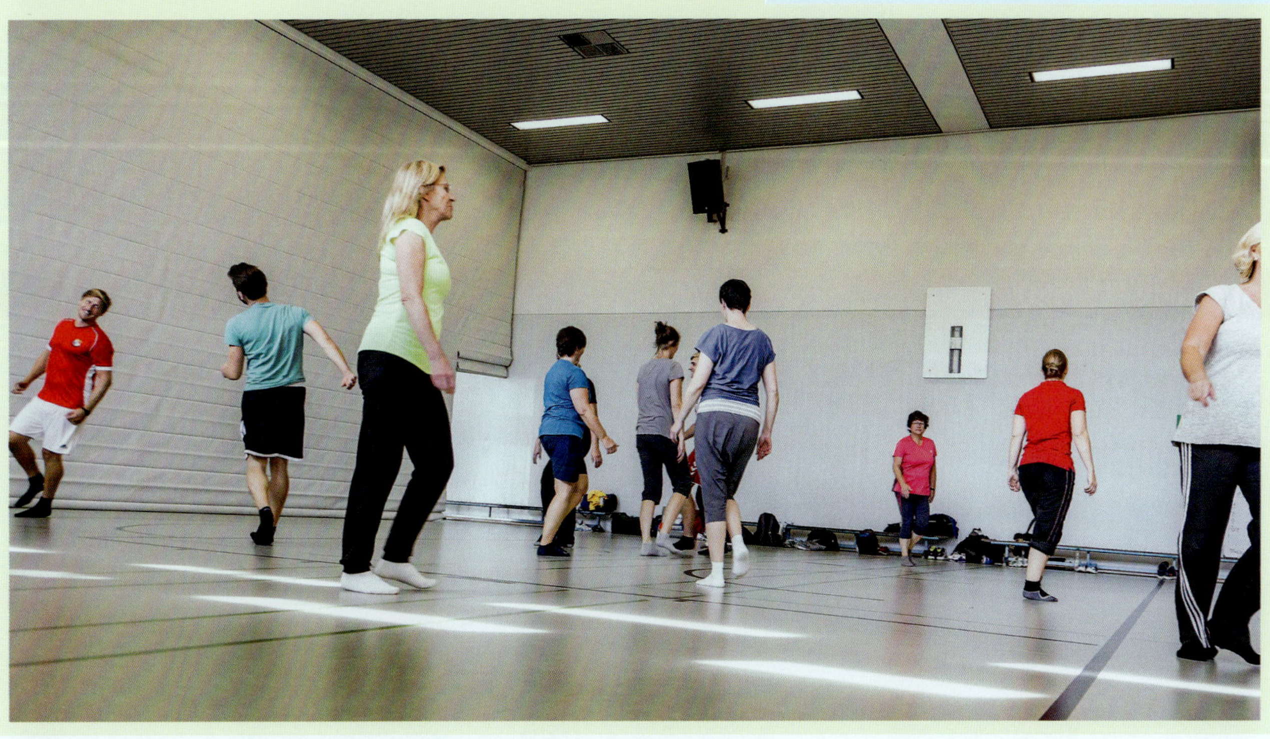

Phasen	Organisation, Geräte- und Materialbedarf
Hauptteil (55 Minuten)	
Gestaltungsvorbereitung – Die Schüler bewegen sich zur Musik frei im Raum und erhalten die Aufgabe verschiedene sportliche Bewegungen zu imitieren – wenn nötig mit einem imaginären Spielgerät. – Es bilden sich 2er-Gruppen, die nun gemeinsam am Platz verschiedene Sportarten pantomimisch durchführen sollen **Tipp:** Je nach Lerngruppe können Sie das Abwechseln und Durchführen der Sportarten den Schülern selbst überlassen oder durch Ihre Anweisungen einen „schnellen" Wechsel erzeugen. Dies schaffen Sie, indem Sie immer kleine Änderungen veranlassen und somit den Schülern ein möglichst breites Bewegungsspektrum eröffnen.	
Gestaltungshinführung – Die 2er-Gruppen sollen sich für eine Sportart entscheiden. Hier ist es prinzipiell egal, welche Sportart die Schüler wählen, ob ein Boxkampf, ein Basketballmatch oder einen Sprint – alles ist erlaubt und funktioniert. – Zeitraffer: Die ausgewählte Sportart soll nun so schnell wie möglich durchgeführt werden. Mögliche sprachliche Unterstützung: „Stellt euch vor, beim DVD-Player drückt jemand auf vierfachen Vorlauf". Die gewählte Musik sollte das Tempo unterstützen. – Zeitlupe: Die ausgewählte Sportart soll nun so langsam wie möglich durchgeführt werden. Erfahrungsgemäß haben gerade jüngere Schüler hiermit oft Probleme und sollten immer wieder dazu ermutigt werden noch langsamer zu werden. Auch hier sollte die gewählte Musik das Tempo unterstützend wiedergeben.	2er-Gruppen Musik zur Gestaltungsunterstützung schnelle Musik, bspw. „Benny Hill Theme" langsame Musik, bspw. „Vangelis – Chariots of Fire"
Gestaltungsdurchführung Abschließend bekommen die Schüler die Aufgabe eine kleine Szene mit „ihrer" Sportart einzustudieren, in der sie einen sinnvollen Wechsel der unterschiedlichen Zeitformen Zeitlupe und Zeitraffer einbauen. Wenn sie eine Szene gefunden haben, mit der Sie selbst zufrieden sind, kann diese vor einer anderen Partnergruppe präsentiert werden. **Tipp:** Wenn einzelne Schüler deutlich schneller sind als andere, können sie dazu animiert werden nicht nur die Szene einer andern Partnergruppe anzuschauen, sondern überlegen, wie sie diese Szene mit zwei neuen Rollen unterstützen/ausbauen können – als zusätzliche Spieler, als Schiedsrichter, als Zuschauer, als Fotografen...	2er-Gruppen 2 x 2er-Gruppen
Ausklang (15 min)	
Sprichwörter Zum Abschluss kann die Lehrkraft Sprichwörter oder Redensarten hereinrufen, die jeweils von den 2–3 Großgruppen pantomimisch dargestellt werden. **Variante:** Die 2–3 Großgruppen werden wiederum hälftig geteilt, sodass ein Teil der Gruppe dem jeweils anderen ein Sprichwort vormacht, welches erraten werden muss.	2–3 Großgruppen AB 4 (Sprichwortkarten)

AB 4 – Sprichwortkarten

Aller guten Dinge sind 3	Aus seiner Mücke einen Elefanten machen
Ist die Katze aus dem Haus, tanzen die Mäuse auf dem Tisch	Hochmut kommt vor dem Fall
Der frühe Vogel fängt den Wurm	Du sollst den Tag nicht vor dem Abend loben
Ein blindes Huhn findet auch mal ein Korn	Wer andern eine Grube gräbt, fällt selbst hinein
Wenn zwei sich streiten, freut sich der Dritte	Wer zuletzt lacht, lacht am besten

Stundenbild 4: Klären des Projektablaufs und Erstellen eines Projektplans

Ziel: Die Schüler entwickeln einen Handlungsplot für das Video und erstellen einen Projektplan.

Phasen	Organisation, Geräte- und Materialbedarf
Einstieg (10–15 Minuten)	
Aufgabe klären Ziel des Projekts ist es, den Umgang mit Gestaltungsprinzipien, Gestaltungsparametern und Stilmitteln zu erlernen und diese in angemessener Weise innerhalb einer Gestaltungsabsicht zum Ausdruck zu bringen. Zur Umsetzung sollen die Schüler ein Video drehen. Zur besseren Übersicht, eignet es sich das Arbeitsblatt mit der Lerngruppe zu besprechen.	Sitzkreis o. ä. Unterrichtsgespräch AB 5

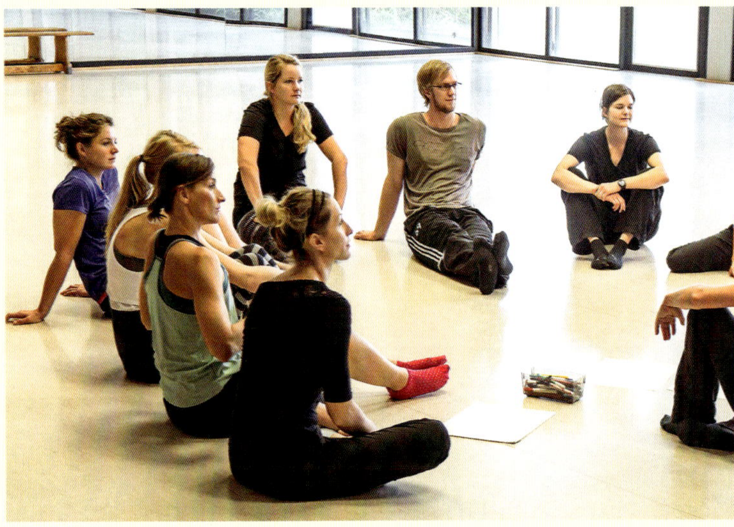

Die Gruppenzusammensetzung hängt von ihrer Lerngruppe ab. Sie können die Gruppen zusammensetzen, die Schüler können ihre Gruppen frei wählen oder in neu zusammengesetzten Kursen bietet es sich auch an die Gruppen auszulosen. Die optimale Gruppengröße ist dabei 3 bis maximal 5 Personen. Auch hier gilt, je mehr, desto schwieriger und zeitaufwändiger wird die Arbeit.

Es sollte außerdem zu Beginn geklärt werden, dass jede Gruppe geeignete Aufnahmegeräte zur Verfügung hat und bei Bedarf welche von der Schule zur Verfügung gestellt werden können.

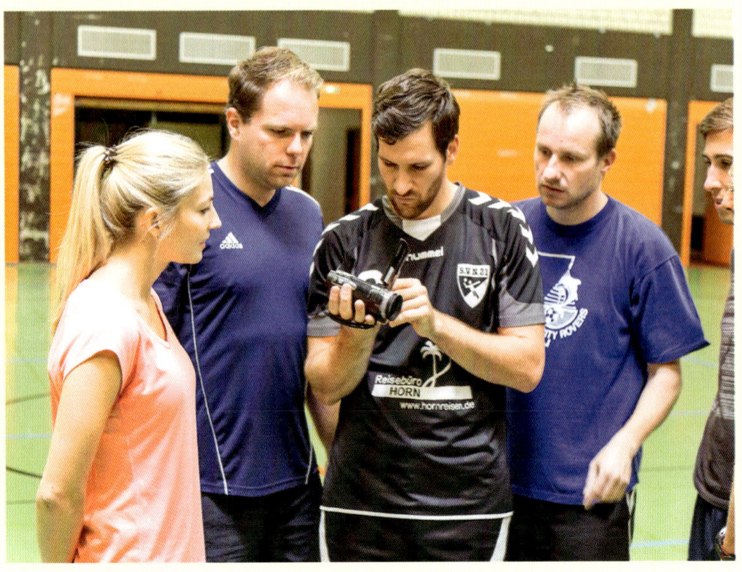

Phasen	Organisation, Geräte- und Materialbedarf
Einstieg	
Videobeispiele zeigen *(bei Bedarf)* Um den Schülern eine bessere Vorstellung davon zu geben, auf was das Projekt später hinauslaufen soll, können Sie 1–2 Videobeispiele zeigen. Dies hilft den Jugendlichen eine ungefähre Vorstellung von dem zu bekommen, was möglich ist. Allerdings kann dies auch einschüchternd wirken oder die Ideen zu stark einschränken. Deshalb müssen Sie an dieser Stelle selbst gut überlegen, was am besten zu ihrer Lerngruppe passt.	Sitzkreis o. ä. Unterrichtsgespräch Laptop, Beamer, YouTube

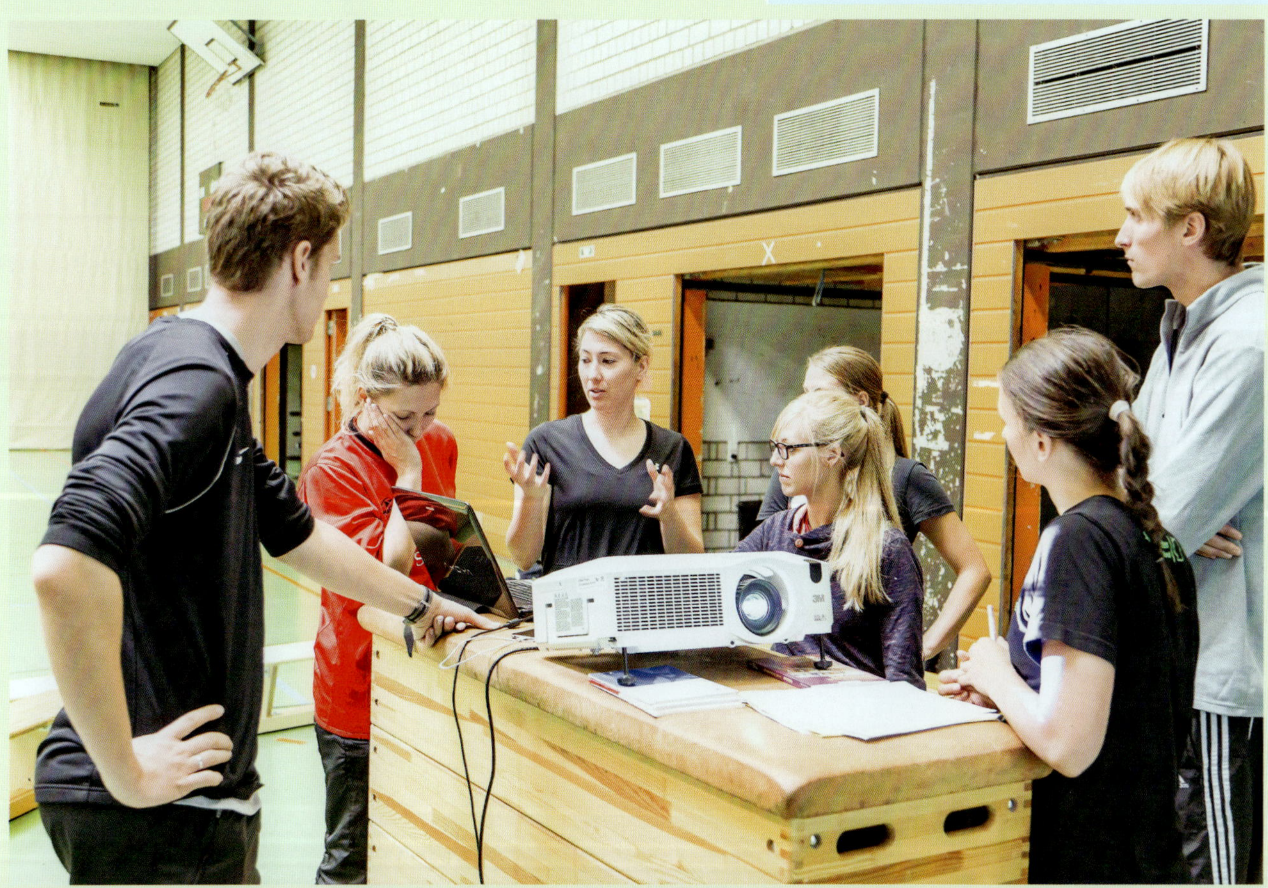

Phasen	Organisation, Geräte- und Materialbedarf
Hauptteil (50–55 Minuten)	
Plot erarbeiten In selbstgewählten Gruppen entscheiden sich die Jugendlichen für eine Gestaltungsabsicht, tauschen erste Ideen aus und erarbeiten einen „Plot“. Diese Handlungsfolge sollte stichpunktartig festgehalten und mit der Lehrkraft hinsichtlich Praktikabilität besprochen werden.	Kleingruppenarbeit, Zettel, Stift
Projektplan erstellen Im nächsten Arbeitsschritt sollten die Gruppen außerdem einen Projektplan erarbeiten, indem sie die wesentlichen Aufgaben, die in den nächsten Wochen auf sie zukommen werden, festhalten (wann treffen wir uns wo? Was erarbeiten wir zu welchem Zeitpunkt? Welche Szene drehen wir wann und wo? Welche Vorarbeit ist dazu nötig? Wer übernimmt welche Aufgaben, wie Schritte entwickeln, Video schneiden, Kostüme bereitstellen o. ä. etc.).	Kleingruppenarbeit, Zettel, Stift, AB 6

Phasen	Organisation, Geräte- und Materialbedarf
Hauptteil	
Tipp: Solch ein Projektplan hilft den Jugendlichen ihren Arbeitsprozess zu strukturieren und bietet der Lehrkraft ein kleines Kontrollmedium, auf das sie in Gesprächen mit der Gruppe immer wieder zurückgreifen kann. So hat sie den Arbeitsprozess besser im Blick und kann gegebenenfalls bei Problemen frühzeitig einschreiten. Dass sich solch ein Projektplan durchaus während des Arbeitsprozesses verändern kann, ist selbstverständlich, deshalb sollte er immer aufs Neue aktualisiert werden. **Hinweis:** Die Erfahrung zeigt hier, dass viele Gruppen gerne auch außerhalb der Turnhalle oder sogar außerhalb des Schulgeländes arbeiten, bzw. „drehen" wollen. Dafür nutzen sie einen Großteil ihrer Freizeit. Auch um solche Treffen zu planen und abzustimmen, ist ein Projektplan sinnvoll. Je nach Volljährigkeit der Schüler sowie der Vertrauensbasis, die die Lehrkraft mit der Lerngruppe hat, ist es auch möglich, innerhalb der eigentlichen Unterrichtszeit den Lerngruppen das Arbeiten an außerschulischen Orten zu erlauben.	
Ausklang (10 Minuten)	
Offene Fragen klären Zum Abschluss sollten offene Fragen zum Projektablauf geklärt werden.	

AB 5 – Übersicht über die Gestaltungsabsichten

Gestaltungsabsicht	Gestaltungsprinzipien	Gestaltungsparameter	weitere Stilmittel
Unterhaltung, Show Bsp.: Jazz-Dance, Modern-Dance, Inszenierung & Interpretation eines Musikstücks: klassisches „Musikvideo"	• Bekanntes nachahmen (Bewegungskönnen, tanztechnische Fertigkeiten; Anpassung der Bewegung an den Charakter der Musik)	• Synchronität in der Bewegungsausführung • Rhythmische Exaktheit • Klare räumliche Formationen • Formaler Aufbau in Anpassung an die Musik	• Kleidung, Kostüm • Licht • Musik • Schnitt
Komik, Witz Bsp.: Elemente des Bewegungstheaters	• Verändern, Verzerren, Übertreiben (von bekannten Ausgangssituationen) • Überraschungen durch ungewohnte Zusammensetzungen	• Zeitläufe verlangsamen, beschleunigen • Brüche, Einschnitte • Rückblenden	• Kleidung, Kostüm • Mimik, Gestik • Material, Objekte • Klang, Geräusche • Kameraführung
Spannung, Ereignishaftigkeit Bsp: Elemente des Break-Dance oder der Artistik. Aufbau eines Spannungsbogens	• Erfinden neuer Bewegungsmöglichkeiten • Neuartiges, Ungewohntes • Überraschendes Zusammensetzen von bekannten Bewegungen	• Ausrichtung im Raum • Plötzlicher Wechsel • Dynamische Steigerungen • Spannungsbogen	
Vieldeutigkeit, Nachdenklichkeit Bsp.: Tanztheater, zeitgenössischer Tanz	• Nachahmen, verändern, verzerren, reduzieren, wiederholen, rhythmisieren, stilisieren… von Alltags- wie Tanzbewegungen	• *Eher geringere Relevanz*	• Musik • Licht • Material, Objekte • Bildausschnitt • Schnitt • Kameraführung

AB 6 – Projektplan

Wann?	Wer?	Was?	Material/Sonstiges

Projektplan – Beispiel

WANN?	WER?	WAS?	MATERIAL/ SONSTIGES
14.10.11 Freitag I Schule	Alle	Musik raussuchen für Einzelszenen	Anlage, CD's, Laptop, IPod's
17.10.11 Bis Montag I Schule	Alle I Charleen Öslem Ann-Christin Tanja	Kinderszene ausdenken Jugendszene ausdenken Erwachsenenszene ausdenken Oma/Hip-Hop	
17.10.11 Montag I Schule	Alle	Üben Hip-Hop-Szene	Musik mitbringen
19.10.11 Park I 15:00 Uhr	Alle	„Drehen“ der Hip-Hop-/ Oma-Szene	Kostüme besorgen (Perücken, Hip-Hop-Kleidung), Kamera, Kameramann
09.11.11 Bei Tanja zu Hause I 15:00 Uhr	Alle	„Drehen“ der Kinderszene	Verkleiden, Kamera, Musik, Kameramann
13.11.11 Sonntag I Park und Parkplatz I 15:00 Uhr	Alle I Tanja sucht Musik für Anfang raus	Szene im Erwachsenenalter & Jugend „drehen“	Schminke, Tanzschuhe, Kleider („lässige“ Kleidung), Kamera
14.11.11 Montag I Schule	Alle I Öslem und Charleen „drehen“ Friedhof	Schneiden des Films	Bearbeitungsprogramm

Stundenbilder 5–9: Freie Arbeitszeit

Ziel: Die Schüler arbeiten eigenständig an ihren Videoprojekten und erstellen ein Musikvideo.

Phasen	Organisation, Geräte- und Materialbedarf
Einstieg (5 Minuten)	
Individueller Einstieg	
Hauptteil (55 Minuten)	
Freie Projektarbeit In den kommenden Doppelstunden steht Freiarbeit auf dem Plan. Das bedeutet in erster Linie, dass die Jugendlichen eigenverantwortlich an ihrem Videoprojekt arbeiten mit allen unterschiedlichen Arbeitsschritten, die sie jeweils für ihre Gruppe vorgesehen haben. Die Lehrkraft nimmt in dieser Phase eine beratende, den Prozess begleitende Rolle ein. Sie steht für Fragen zur Verfügung, hilft bei Problemen, gibt Anregungen.	Stammgruppen Aufnahmegeräte Eventuell Musik Weitere Materialien, je nach Bedarf der Arbeitsgruppen

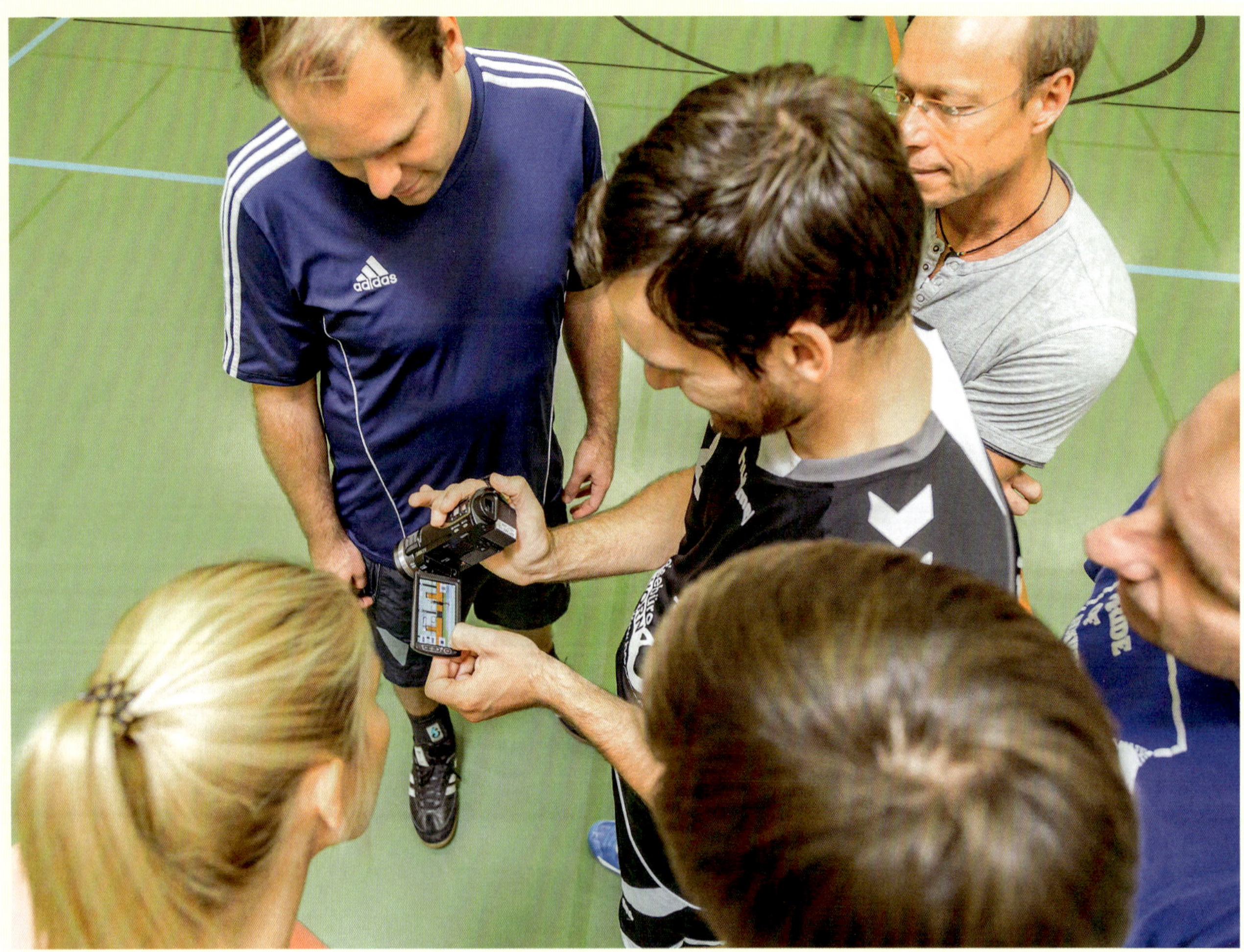

Phasen	Organisation, Geräte- und Materialbedarf
Ausklang (5 Minuten)	
Projektplan aktualisieren Zum Abschluss sollten jeweils offene Fragen zum Projekt geklärt und der Projektplan gegebenenfalls aktualisiert werden.	Stammgruppen Fotostrecke eines Beispielvideos

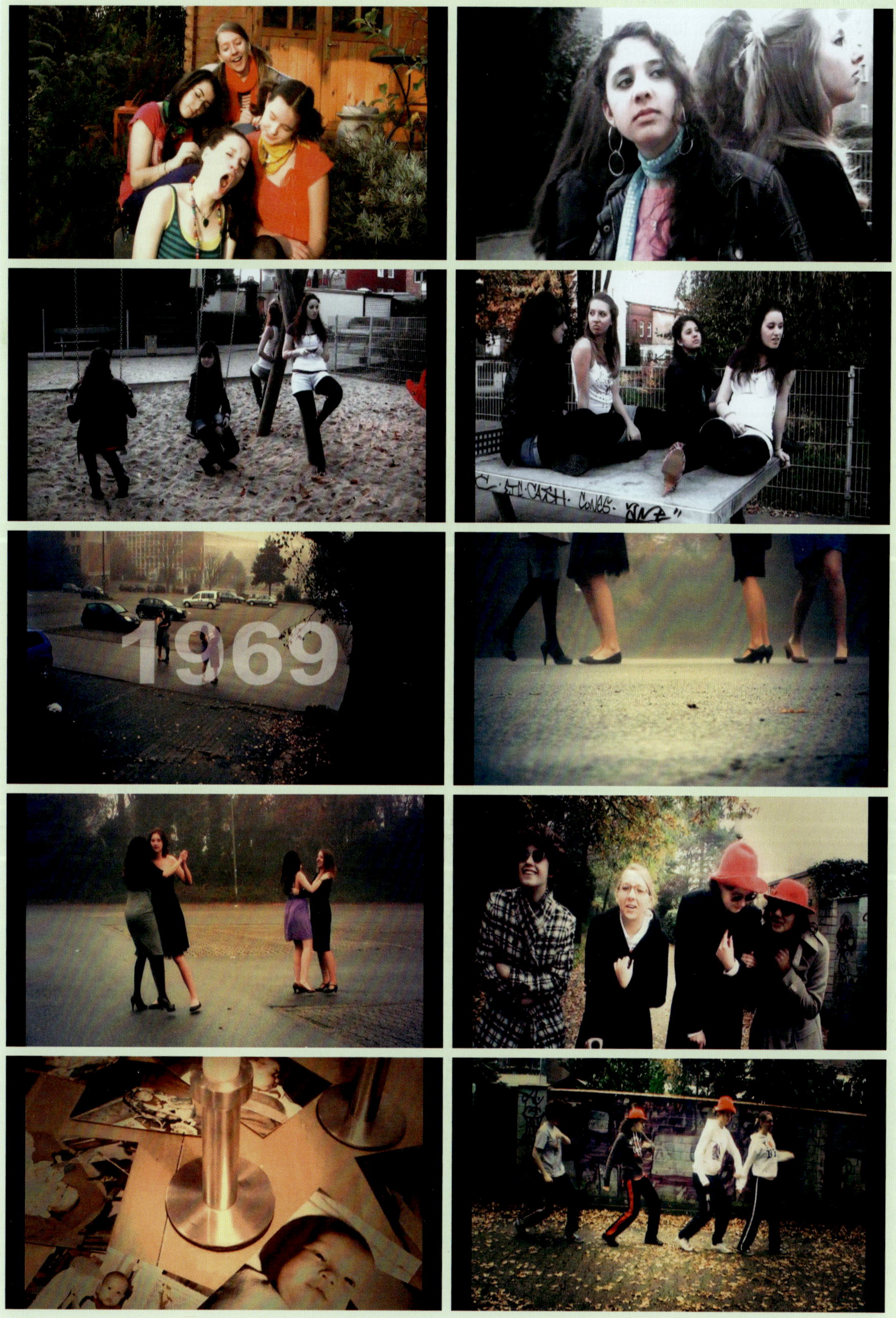

Stundenbild 10: Projektpräsentation

Ziel: Die Schüler präsentieren ihre Ergebnisse

Phasen	Organisation, Geräte- und Materialbedarf
Einstieg (15–20 Minuten)	
Reflexion des Projekts Um die sozialen Lernerfahrungen der Jugendlichen innerhalb des Projekts transparent zu machen, kann ein Selbstreflexionsbogen eingesetzt werden. Durch das schriftliche Beantworten der vorgegebenen Fragen sollen die Schüler für ihre sozialen Lernerfahrungen sensibilisiert werden. Ein Beispielbogen findet sich nachfolgend.	AB 7 – Reflexionsbögen
Hauptteil (55–60 Minuten)	
Kriterien offen legen Zu Beginn der Präsentations- und Prüfungsstunde können Sie noch einmal kurz die Kriterien nennen, die der Bewertung zu Grunde gelegt werden (je nachdem, welche Kriterien Sie mit der Gruppe vereinbart haben). Ausgehend von der Übersicht über die Gestaltungsabsichten (vgl. AB 1) sind nachfolgend – je nach gewählter Gestaltungsabsicht – zwei Bewertungsbeispielbögen aufgeführt.	AB 8 – Bewertungsbögen
Videoshow Es werden alle Videos der Gruppen gezeigt. Dies kann je Zeit einmal oder zweimal geschehen. Zusätzlich kann auch jede Gruppe im Anschluss an die Präsentation ihres Videos kurz über ihre Arbeit an den Videos berichten. Mögliche Impulse: „Was ist gut gelaufen? Was war eine Herausforderung? Wo gab es Probleme? Wie wurden diese gelöst? Was hat besonders viel Spaß gemacht? Was war überraschend?“	Plenum Laptop, Beamer (oder andere Präsentationsmöglichkeit der Videos, etwa in der Aula oder einem PC-Raum...)
Der „Notenpool“ als Beurteilungsvariante für Gruppenarbeiten Die Lehrkraft beurteilt das Produkt nach vorher festgelegten Kriterien und vergibt dafür eine Notenpunktzahl, beispielsweise 10 Notenpunkte. Diese Punktzahl wird mit der Anzahl der Gruppenmitglieder multipliziert, beispielsweise bei 4 Mitgliedern ergeben sich 40 Punkte. Diese 40 Punkte können dann wiederum die Gruppenmitglieder untereinander aufteilen, je nachdem, wer welche Aufgaben in der Arbeitsphase übernommen oder die Gruppe entscheidend voran gebracht hat. Je nach Alter und Erfahrung mit eigenständigen Bewertungsprozessen können die Kleingruppen frei diskutieren und eigenständige Beurteilungsmaßstäbe festlegen. Alternativ bietet es sich an, den Kleingruppen vorab mitzuteilen nach welchen Aspekten sie die Beurteilung vornehmen können. Dies sollte in schriftlicher Form geschehen, damit die Schüler anschließend in der Diskussion darauf Bezug nehmen können. Aspekte dieser Beurteilung könnten beispielsweise sein: – Beiträge zum Erreichen des Gruppenziels – Qualität der Beiträge – Übernahme von Aufgaben – Engagement – Verlässlichkeit o. ä. Sobald die Kleingruppen zu einer Entscheidung ihrer Punktevergabe gekommen sind, kann diese in einer abschließenden Gesprächsrunde begründet werden.	Stammgruppen

Phasen	Organisation, Geräte- und Materialbedarf
Hauptteil	
Hinweis: In einigen – zumeist gestalterischen – Unterrichtsvorhaben geht es oft darum, sowohl das Produkt, als auch den Prozess zu beurteilen. Da die Lehrkraft aber nicht während der gesamten Arbeitsphase, sondern eher im Gegenteil, nur an ausgewählten Momenten den Arbeitsprozess der einzelnen Gruppen beobachten kann, wäre es anmaßend hierüber im Gesamten ein Urteil zu fällen. Gleichermaßen soll gerade der Arbeitsprozess, der Anlass für vielfältigste soziale Lernerfahrungen bietet, nicht ausgeschlossen werden. Eine sinnvolle Lösung ist es, die Beurteilung darüber ein Stück weit in die Hand der Jugendlichen zu legen. Dafür bietet sich die Beurteilung mit einem sogenannten Notenpool an.	

AB 7 – Reflexionsbogen – Beispiel

Selbstreflexionsbogen

1. **Welche Erfahrungen hast du während des Tanzprojektes gemacht?**
2. **Welche Erkenntnisse hast du gesammelt?**
3. **Was hast du über dich lernen können?**
4. **Was hast du über andere lernen können?**
5. **Was kannst du auf andere Schulfächer oder Lebensbereiche übertragen?**
6. **Wie schätzt du selbst eure Projektleistung ein?**

AB 8 – Bewertungsbogen – Beispiele

Bewertungsbogen/Beispiel A **Choreographie, ausgehend von einem Musikstück**	**sehr gut**	**gut**	**zufrieden-stellend**	**wenig gelungen**	**nicht gelungen**
Übereinstimmung von Musik und Bewegung					
Bewegungsideen und -vielfalt (Originalität)					
Umgang mit Gestaltungsprinzipien					
Umgang mit Gestaltungsparametern und Stilmitteln					
Stimmigkeit von Gestaltungsabsicht und Umsetzung					

Bewertungsbogen/Beispiel B **Szenische Darstellung, ausgehend von einer Idee, einem Thema**	**sehr gut**	**gut**	**zufrieden-stellend**	**wenig gelungen**	**nicht gelungen**
Angemessene Wahl und Umsetzung der Gestaltungsprinzipien					
Angemessene Wahl und Umsetzung der Gestaltungsparameter					
Beachtung weiterer Stilmittel (Mimik, Gestik, Intensität, Präsenz...)					
Sichtbarkeit der Darstellungsabsicht – Plot erkennbar?					

6. „Wir trainieren einmal anders, aber was genau?" – Sh'Bam als tänzerisches Fitnessprogramm ausprobieren und kritisch hinterfragen

Zeit	7–10 Doppelstunden
Niveau	Anfänger
Ort	Sporthalle, ggfs. Fitnessstudio
Unterrichtsziele	Die Schüler entwickeln und präsentieren ein Fitnessprogramm im Sh'bam unter einer ausgewählten Zielrichtung (Steigerung von Kraft, Ausdauer oder Beweglichkeit).
Kompetenzerwartungen	Die Schüler können unterschiedliche Belastungsgrößen zur Gestaltung eines Trainings erläutern sowie gezielt einsetzen, um den Trainingsprozess zu steuern.

Fachliche Hinweise

Die Unterrichtseinheit kombiniert in besonderer Weise den Bereich Tanz mit dem Fitnessbereich und bietet somit auch für Schüler, die zunächst wenig Motivation im Bereich Tanz aufweisen, hervorragende Anknüpfungspunkte. In diesem Unterrichtsvorhaben steht also bewusst nicht der tänzerische Aspekt im Vordergrund, sondern der Aspekt der Fitnessgymnastik – tänzerische Grundlagen werden ganz nebenbei erlernt. Hierbei ist es außerdem wichtig, dass es nicht um eine perfekte Ausführung der Schritte geht, sondern um den Trainingsaspekt und die damit zusammenhängenden Grundkenntnisse über Trainingsprinzipien, Pulsmessung o. ä.

Die Einheit eignet sich außerdem hervorragend für sehr heterogene Oberstufenkurse, in denen sowohl Konstitution und Motivation zum Sporttreiben oft sehr unterschiedlich sind. Die Schüler werden in hohem Maße in die Entscheidungsfindung mit einbezogen und arbeiten insbesondere mit selbstgewählten Zielen – so kann individuell auf die Leistungsfähigkeit und Motivation jedes Einzelnen Rücksicht genommen werden.

Um die Schüler zunehmend an das selbstständige Arbeiten heranzuführen, steht die Partizipation an Unterrichtsentscheidungen und somit die Verantwortungsübernahme für das eigene Sporttreiben in dieser Einheit im Vordergrund. Der Einbezug von theoretischen Anteilen über Trainingsbelastung, Trainingssteuerung und Trainingsprinzipien erfüllt darüber hinaus den in vielen Lehrplänen stehenden Anspruch auch in Sport-Oberstufenkursen, die Schüler wissenschaftspropädeutisch vorzubereiten.

Das Unterrichtsvorhaben verfolgt insgesamt zwei große Schwerpunkte. In der ersten Hälfte wird vor allem das tänzerische Bewegungslernen thematisiert (Stunde 1–3). Im zweiten Abschnitt geht es darum, das Sh'Bam-Programm als Fitnessprogramm genauer unter die Lupe zu nehmen. Ob sich das Sh'Bam-Programm als Ausdauertrainingsprogramm eignet, soll in Stunde 4 überprüft werden. Die Möglichkeit, den Puls als Mittel zur Trainingssteuerung heranzuziehen, muss, falls in vorherigen Einheiten noch nicht geschehen, der Lerngruppe erst gezeigt werden. Wenn dies bereits bekannt ist, kann das auch übersprungen werden. Die Lernprogression innerhalb dieser Stunde besteht zum einen darin, die unterschiedlichen Trainingspulszonen kennenzulernen. Zum anderen sollen die Schüler die fachlichen Kenntnisse darüber für eine begründete Beurteilung nutzen, ob das Programm sich für das Erreichen ihrer Ziele eignet. Ausgewählte Ziele können sein: „Steigerung der Ausdauerfähigkeit" (Puls 70–80 % der maximalen Herzfrequenz (mHf), „Aktivierung des Fettstoffwechsels" (Puls 60–70 % der mHf) oder „Stabilisation des Herzkreislaufsystems – Gesundheitsorientiert" (Puls 50–60 % der mHf). Insgesamt geht es mit dem Vorhaben darum, das Sh'Bam-Programm als Ausdauerprogramm kennenzulernen und zu beurteilen. Die Option, auch alternative persönliche Ziele zu wählen, wird eröffnet, um auch für weniger sportbegeisterte Schüler die Motivation entsprechend hochzuhalten und eine sinnerfüllende Auseinandersetzung zu ermöglichen. Die Frage danach, ob sich das Programm als Ausdauerprogramm eignet, kann trotz unterschiedlicher Zielstellungen am Ende beantwortet werden. Denn nach dem Führen eines Pulsprotokolls (beim Durchführen eines Sh'bam-Programms) kann geklärt werden, ob die Schüler im angestrebten Trainingspulsbereich liegen. Erfahrungswerte mit dem Vorhaben legen nahe, dass die angestrebten Pulswerte nicht oder nur in einzelnen Liedern erreicht werden. Dies impliziert in der Reflexionsphase zunächst die Frage nach dem Warum. Hierfür könnten folgende Gründe angeführt werden: Bewegungen werden nicht intensiv genug ausgeführt, Bewegungen sind nicht anstrengend genug, Schüler sind „zu gut trainiert". Als eine daraus resultierende Problemstellung kann die Frage gestellt werden, wie man trotzdem mit dem Programm seine Ziele erreichen könnte (und in den entsprechenden Pulsbereich kommt). Die Schüler sollen hier an die Möglichkeiten zur Trainingssteuerung, insbesondere der Belastungssteuerung durch Umfang, Dauer, Dichte und Intensität herangeführt werden und erste Ideen entwickeln, den Tanz (und somit das Training) so zu verändern, dass sich der Puls erhöht. Das Entwickeln und Umsetzen konkreter Belastungsveränderungen und das Prüfen dieser bildet schließlich den Kern der Folgestunden.

Praktische Tipps

Aerobic, Zumba, Sh'Bam?!

Die Einheit kann alternativ mit verschiedenen tänzerischen Fitnessprogrammen durchgeführt werden – beispielsweise Aerobic, Zumba, oder Sh'Bam.

Sh'Bam – was ist das?
Sh'Bam ist ein tänzerisches Fitnessprogramm, entworfen von der Fitnesskette Les Milles, die in vielen Fitnessstudios vertreten ist. Ein Workout umfasst normalerweise ca. 45 Minuten mit 12 aktuellen Chartsongs, die eine einfache Choreographie erhalten. Das Programm beginnt mit einer Aufwärmphase, bei der der ganze Körper in Bewegung kommt. Es folgt ein Intervalltraining mit energiereichen und unterhaltsamen Tanzbewegungen aus verschiedenen Tanzstilen wie Latin, Hip Hop, Jazz Dance und Contemporary. Egal ob Anfänger oder Fortgeschrittene, jeder kann sich zu den einfachen aber abwechslungsreichen Schrittfolgen bewegen und seine eigenen Trainingsziele verfolgen (vgl. http://www.lesmills.de/shbam.html). Insbesondere aufgrund der recht einfachen Tanzschritte und Choreographien eignet es sich besser für den Unterricht als beispielsweise Zumba.

Didaktische Reduktion:
Für die Schule empfiehlt es sich, die Lieder und damit auch die zu erlernenden Choreographien auf ca. 6 zu verkürzen. Dabei sollte das Aufwärmlied beibehalten werden. Die Gesamtdauer des Programms verkürzt sich dadurch zwar, aber man sollte das „Kurz-Programm" dann lieber zweimal hintereinander durchtanzen, da es so einfacher für die Lerngruppe ist, sich die Schrittfolgen einzuprägen und „nur" 6 statt 12 Lieder zu erlernen.

Wo bekomme ich die Schrittfolgen her?
Ein Sh'Bam-Programm wird alle drei Monate mit neuen Choreographien und Liedern entworfen und darf in der Regel nur von lizenzierten Trainern durchgeführt werden. Es gibt nun mehrere Möglichkeiten das Programm kennenzulernen und die Schrittfolgen zu erarbeiten.

1. Man geht eine Kooperation mit einem Fitnessstudio ein, indem das Programm angeboten wird und vereinbart einen Probetermin, indem die Klasse es dort einmal durchführen darf.
2. Man lädt einen Sh'Bam-Trainer in die Sportstunde ein und führt es dort durch.
3. Man lernt selbst die Choreographien und führt das Programm mit den Schülern selbst durch.
4. Man schaut im Internet (vorzugsweise bei You Tube) nach alten Sh'Bam-Choreographien, die dort sehr anschaulich vertanzt werden und lässt diese per Video laufen.

Der Vorteil bei den beiden ersten Varianten ist ein authentisches Erlebnis durch einen professionellen Trainer. Der Vorteil bei den beiden letzten Varianten ist es, die Möglichkeit zu haben ohne große Probleme Videoaufzeichnungen zu machen bzw. direkt nutzen zu können. Diese können anschließend den Schülern zur Verfügung gestellt werden, sodass diese von dort die Tänze lernen können.

Jungen – Motivation
Insbesondere die Mädchen zeigen hier erfahrungsgemäß ein hohes Engagement und Interesse. Für den Großteil der Jungen gilt eher eine distanzierte Herangehensweise. Erste Berührungsängste können aber oft schnell aus dem Weg geräumt werden mit dem Hinweis, dass es nicht auf eine perfekte Bewegung ankommt, sondern um den Fitnessaspekt geht. So kann es beispielsweise beim Erlernen des Grundtanzes erlaubt sein, einzelne Bewegungen leicht abzuändern, um einige betont „weibliche" Bewegungen, wie bspw. einen Hüftschwung, zu umgehen.

Bewertung
Die Kriterien zur Bewertung können individuell von der Lehrkraft festgelegt und sollten zu Beginn der Einheit oder bei Relevanz genannt und erläutert werden. Beispielsweise könnten zur Bewertung hinzuzählen:

- Eigene Schrittfolge beherrschen
- Sinnhaftigkeit der Veränderung der Schritte (erfüllen diese den Zweck der Intensitätssteigerung?)
- Bereitschaft sich auf Neues einzulassen/Arbeitshaltung
- Verhalten/Mitarbeit innerhalb der Kleingruppe
- Mitarbeit in Gesprächsphasen/Reflexionsphasen

Literatur

Feth, Clarissa (2010). „Sich präsentieren im Tanz" als Herausforderung für Schüler und Schülerinnen. Sportunterricht, 59 (8), S. 233 – 236

Stundenübersicht

Stundenbild 1: „Sh'Bam – Was ist das?" – Kennenlernen und Durchführen eines 45-minütigen Fitnessprogramms
Stundenbild 2: „Wir bringen uns selbst einen Tanz bei" – Videogestütztes Erlernen der Grundschritte eines einfachen Sh'Bam-Tanzes in Kleingruppen I
Stundenbild 3: „Wir bringen uns selbst einen Tanz bei" – Videogestütztes Erlernen der Grundschritte eines einfachen Sh'Bam-Tanzes in Kleingruppen II
Stundenbild 4: „Ist das wirklich ein Ausdauertraining?" – Überprüfen von Anspruch und Wirklichkeit des Sh'Bam-Programms mithilfe des individuellen Trainingspulses
Stundenbild 5: „Wie geht es anstrengender?" – Variieren des Grundtanzes mit dem Ziel der Steigerung der Intensität
Stundenbild 6: „Jetzt wird's ernst" – Das Fitnessprogramm präsentieren und kritisch reflektieren

Stundenbild 1: „Sh'Bam – Was ist das?" – Kennenlernen und Durchführen eines 45-minütigen Fitnessprogramms

Ziel: Die Schüler lernen das Sh'Bam-Fitnesspogramm kennen.

Phasen	Organisation, Geräte- und Materialbedarf
Einstieg (10 Minuten)	
Zusammentragen der Hausaufgabe In einer Internet-Recherche sollen sich die Schüler über das Fitnessprogramm Sh'Bam informieren und alle wichtigen Informationen vorbereiten. Diese werden dann in einem Unterrichtsgespräch zusammengetragen.	Sitzkreis
Hauptteil (55 Minuten)	
Programm durchführen Es gibt nun mehrere Möglichkeiten das Programm kennenzulernen und die Schrittfolgen zu erarbeiten. 1. Man geht eine Kooperation mit einem Fitnessstudio ein, indem das Programm angeboten wird und vereinbart einen Probetermin, indem die Klasse es dort einmal durchführen darf. 2. Man lädt einen Sh'Bam-Trainer in die Sportstunde ein und führt es dort durch. 3. Man lernt selbst die Choreographien und führt das Programm mit den Schülern selbst durch. 4. Man schaut im Internet (vorzugsweise bei You Tube) nach alten Sh'Bam-Choreographien, die dort sehr anschaulich vertanzt werden und lässt diese per Video laufen.	Alle gemeinsam Aufstellung in Reihen auf Lücke CD-Player, Musik-CD
Der Vorteil bei den beiden ersten Varianten ist ein authentisches Erlebnis durch einen professionellen Trainer. Der Vorteil bei den beiden letzten Varianten ist es, die Möglichkeit zu haben ohne große Probleme Videoaufzeichnungen zu machen bzw. direkt nutzen zu können. Diese können anschließend den Schülern zur Verfügung gestellt werden, sodass diese von dort die Tänze lernen können. **Tipp** Für die Schule empfiehlt es sich, die Lieder und damit auch die zu erlernenden Choreographien auf ca. 6 zu verkürzen. Dabei sollte das Aufwärmlied beibehalten werden. Die Gesamtdauer des Programms verkürzt sich dadurch zwar, aber man sollte das „Kurz-Programm" dann lieber zweimal hintereinander durchtanzen, da es so einfacher für die Lerngruppe ist, sich die Schrittfolgen einzuprägen und „nur" 6 statt 12 Lieder zu erlernen.	

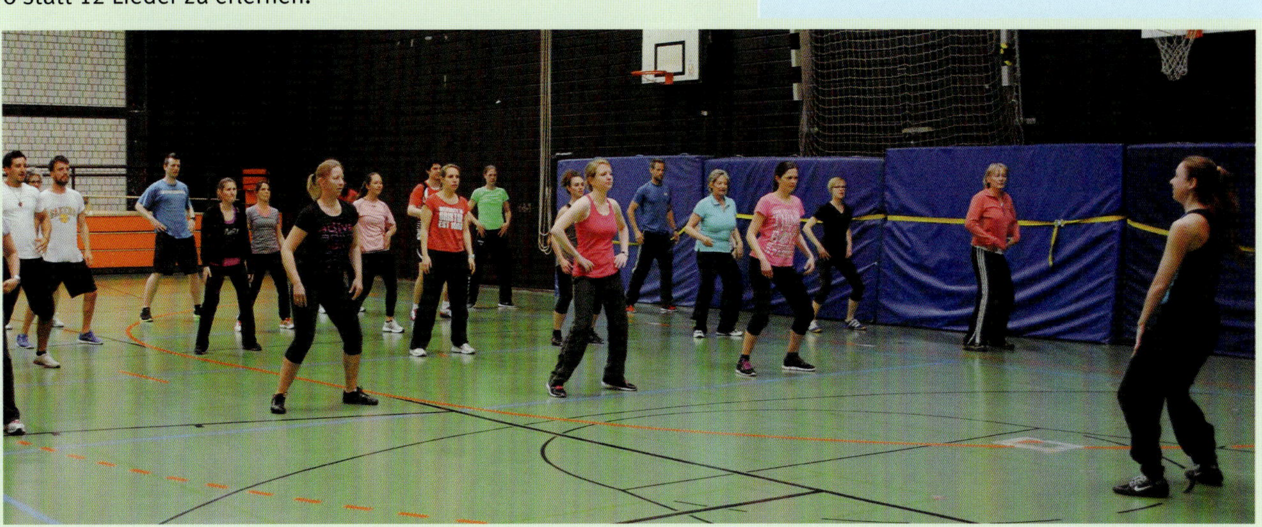

Phasen	Organisation, Geräte- und Materialbedarf
Hauptteil	
Programm aufzeichnen Wichtig ist es beim zweiten Durchgang das Programm in irgendeiner Art und Weise aufzuzeichnen, da die entsprechenden Videoaufnahmen der Ergebnissicherung dienen und die Grundlage für die Schüler bieten, den von ihnen ausgewählten Tanz in den Folgestunden eigenständig zu lernen.	Videokamera, Smartphone oder Tablet
Ausklang (10 Minuten)	
Gruppenzusammensetzung und Liedauswahl Die 6 ausgewählten Lieder, die im Programm durchgeführt wurden, werden nun an Gruppen verteilt, sodass 6 Gruppen à 4–6 Schüler entstehen. Es bietet sich zum Verteilen an, die Lieder durchzunummerieren und mit dem Titel auf eine Tafel/Whiteboard oder Plakat zu schreiben. Die Schüler können sich dann entsprechend in eine Spalte eintragen. **Hausaufgabe** Jede Gruppe besorgt sich das Video sowie den dazugehörigen Song als eigene Dateiversion, sodass dieses auf dem Smartphone von mindestens 2 Gruppenmitgliedern vorhanden ist. **Empfehlung** Es hat sich bewährt, die Datenweitergabe über ein Portal wie beispielsweise Moodle (mit Online-Lerninhalten) zu organisieren, wenn dieses bereits in der Schule besteht. Entweder kann die Lehrkraft das Schneiden/Bereitstellen der Videosequenzen selbst übernehmen oder an einen technisch affinen Schüler übergeben.	Großgruppe, Plenum Plakat/Tafel Oder Whitboard + entsprechende Stifte

Stundenbild 2: „Wir bringen uns selbst einen Tanz bei" – Videogestütztes Erlernen der Grundschritte eines einfachen Sh'Bam-Tanzes in Kleingruppen I

Ziel: Die Schüler analysieren ihren Tanz, nutzen die Aufzeichnungen zum eigenständigen Erlernen der Tanzschritte und reflektieren ihren Lern- und Arbeitsprozess.

Phasen	Organisation, Geräte- und Materialbedarf
Einstieg (20 Minuten)	
Videoanalyse Um das Erlernen der Tanzschritte zu erleichtern und einen systematischen Lernprozess anzuregen, bietet es sich an, dass die Kleingruppen ihren Tanz vorab mittels des Videos analysieren und die einzelnen Teilabschnitte in einem Arbeitsblatt (AB 1) festhalten. Dieses ist so strukturiert, dass die Schüler alle wichtigen Informationen (kurze Beschreibung des Schrittes sowie die Anzahl) übersichtlich zusammentragen können. Außerdem ist bereits hier eine Spalte angelegt, die in Stunde 5 zum Einsatz kommt, wenn es darum geht, den Tanz zu verändern. Die Analyse kann auf einem Schüler Smartphone/Tablet durchgeführt oder wenn es sich in der Schule anbietet, können auch Laptops für die Schüler zur Verfügung gestellt werden. Diese bieten durch den größeren Bildschirm eine bessere Möglichkeit, dass alle Schüler der Kleingruppe etwas sehen können. **Tipp** Das Arbeitsblatt kann für jede Gruppe doppelt verteilt werden, da die Zeilen sonst vermutlich nicht ausreichen.	AB 1 Smartphones der Schüler Ggfs. Laptops
Hauptteil (40–45 Minuten)	
Erlernen der Tänze – Kleingruppenarbeit Nachdem die Schüler das Arbeitsblatt ausgefüllt haben, können sie selbstständig in die Übungsphase übergehen. Ziel ist es nun mithilfe des Arbeitsblattes und des Videos den Tanz eigenständig in der Kleingruppe zu erlernen. Die Lehrkraft fungiert in dieser Phase als Beobachter, Moderator bei Problemen, Motivator, Helfer. **Hinweis** Für die Organisation des Übungsprozesses in der Halle ist es hilfreich, dass jede Gruppe ihr Lied auf einem Smartphone verfügbar hat. Dies hat eine angenehme Lautstärke, sodass die anderen Gruppen dadurch nicht gestört werden. **Tipp** Je nach Möglichkeit und Wetter kann der Übungsprozess auch draußen (etwa auf dem Schulhof oder einem Kunstrastenplatz o. ä.) stattfinden. Dies bietet den Vorteil, dass sich die Gruppen noch etwas weiter verteilen können.	Kleingruppen Smartphones/Musik
Ausklang (10–15 min)	
Reflexion zu Lernstrategien Im Plenum können Strategien der Schüler zum Erlernen der Tänze zusammengetragen werden. So können sie sich ihren eigenen Lern- und Arbeitsprozess vergegenwärtigen und gleichzeitig mögliche andere Strategien und Erfahrungen der anderen Kleingruppen in der nächsten Stunde für sich übernehmen. Die Ergebnisse können gegebenenfalls auf einem Plakat notiert werden, welches in der Folgestunde zu Beginn präsentiert werden kann und somit einen guten Anknüpfungspunkt an den Übungsprozess bietet.	Sitzkreis o. ä., Plenum, Unterrichtsgespräch Plakat Stifte

Phasen	Organisation, Geräte- und Materialbedarf
Ausklang	
Mögliche Fragen für den Reflexionsprozess: ➔ Wie seid ihr vorgegangen? ➔ Was war hilfreich? ➔ Was hat gut/weniger gut funktioniert? ➔ Wie seid ihr mit dem bisherigen Ergebnis zufrieden? ➔ Welchen Tipp würdet ihr anderen aus eurer jetzigen Erfahrung geben? ➔ Wo benötigt ihr noch Hilfe? ➔ Was nehmt ihr euch für nächste Stunde vor im Arbeitsprozess besser zu machen/neu auszuprobieren? **Tipp** Für eher zurückhaltende Gruppen bietet es sich an 2–4 Fragen anzuschreiben/auf ein Arbeitsblatt zu drucken und den Kleingruppen zunächst 5 Minuten Zeit zu geben, diese innerhalb der Gruppe zu beantworten, ehe dies im Plenum vorgestellt/diskutiert wird. So schafft man eine größerer Gesprächsgrundlage. **Hinweis** Die Ergebnisse können hier sehr vielfältig sein und sind von Gruppe zu Gruppe sehr unterschiedlich. Dabei können sowohl Ebenen des motorischen Lernens, dem Zusammenarbeiten in der Gruppe oder etwa dem Organisatorischen Ablauf angesprochen und thematisiert werden.	

AB 1 – Sh'Bam-Choreographie

Von: ____________

Sequenz	Kurzbeschreibung des Schritts	Anzahl der Wiederholungen	Mit welchem Bein wird begonnen? In welche Richtung wird begonnen?	Möglichkeiten der Variation

Stundenbild 3: „Wir bringen uns selbst einen Tanz bei“ – Videogestütztes Erlernen der Grundschritte eines einfachen Sh’Bam-Tanzes in Kleingruppen II

Ziel: Die Schüler nutzen einen strukturierten Handlungsplan für das weitere Erlernen der Tanzschritte und präsentieren ihre Ergebnisse.

Phasen	Organisation, Geräte- und Materialbedarf
Einstieg (5–10 Minuten)	
Einstieg – Übungsprozess strukturieren Das Plakat aus der vergangenen Stunde mit den Ergebnissen zum Arbeitsprozess bietet einen hervorragenden Anknüpfungspunkt an die vorangegangene Stunde. So wird den Kleingruppen noch einmal der Übungsprozess in Erinnerung gerufen. Davon ausgehend sollten Sie sich innerhalb ihrer Kleingruppe darüber verständigen, wie Sie nun in dieser Stunde im Übungsprozess vorgehen wollen und dies stichpunktartig schriftlich festhalten. **Tipp** Das kurze schriftliche Festhalten mag zunächst überflüssig erscheinen, stellt aber bei den Schülern eine Verbindlichkeit her. Die Lehrkraft kann so auch während der Arbeitsphase immer wieder nachfragen, ob die vorgenommenen Arbeitsschritte auch durchgeführt/eingehalten werden.	Sitzkreis o. ä., Plenum Unterrichtsgespräch Plakat aus letzter Stunde mit der Ergebnissicherung Kleingruppen → AB 2
Hauptteil (40 Minuten)	
Kleingruppen Übungsphase In Kleingruppen kann nun der Tanz weiter geübt werden. Zur Organisation siehe *Stundenbild 2.* Ziel dieser Übungsphase ist es, den Tanz so zu beherrschen, dass man ihn am Ende der Stunde vor allen präsentieren kann.	Kleingruppenarbeit, Smartphones
Ausklang (25–30 Minuten)	
Programm gemeinsam durchtanzen Zum Abschluss sollten alle Lieder noch einmal von der Klasse gemeinsam durchgetanzt werden, sodass das komplette Fitnessprogramm am Stück durchgeführt wird. Es steht so jeweils eine Gruppe vorne und leitet quasi durch ihren Tanz. Ohne große Verzögerung wechseln die Gruppen. Hier bietet es sich an, dass sich die Schüler bereits nach Gruppen sortiert in Reihen hintereinander aufstellen, sodass ein schnelles Rotieren möglich ist. Indem immer eine Gruppe eine Reihe nach vorne rutscht und sich die präsentierende Gruppe im Anschluss hinten an stellt, ergibt sich außerdem immer ein Platzwechsel und es müssen nicht immer dieselben Personen in der ersten Reihe stehen. **Hausaufgabe**	Musikplayer, CD
Als Hausaufgabe sollen die Schüler das Arbeitsblatt 3 bearbeiten. Hierin erfahren sie komprimiert etwas über die Gestaltung eines Trainings sowie den Trainingspuls und legen jeweils ein individuelles Trainingsziel fest.	AB 3

Phasen	Organisation, Geräte- und Materialbedarf
Ausklang	
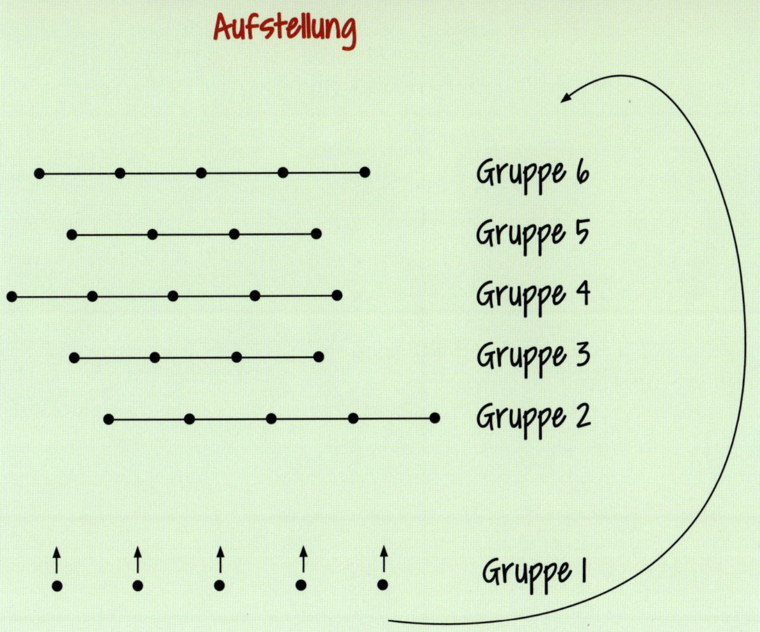 Aufstellung Gruppe 6 Gruppe 5 Gruppe 4 Gruppe 3 Gruppe 2 Gruppe 1	

AB 2 – So läuft es heute – Strukturiert euren Arbeitsprozess stichpunktartig

Das nehmen wir uns für heute vor:	Das möchten wir neu ausprobieren/beibehalten:	Darauf wollen wir in der Gruppe besonders achten:

AB 3 – Trainieren nach Puls

Egal, ob du Muskeln aufbauen, die Ausdauer stärken oder abnehmen willst – auf die Herzfrequenz kommt es an.
Du joggst nach der Schule immer noch ein paar Runden, um fit zu bleiben? Bringst dich mit Aerobic auf Trab oder braust mit Inlinern durch den Park? Wunderbar. Aber weißt du, mit welcher Geschwindigkeit dein Herz dabei das Blut durch die Adern jagt? Das solltest du. Auch wenn es im ersten Moment lästig und kompliziert erscheint: Puls messen lohnt sich. Das Training wird langfristig leichter. Es kann dich vor Überanstrengung und damit vor Verletzungen schützen und dir helfen, deine sportlichen Ziele besser zu erreichen.

Die Grenze erfahren
Um den für dich richtigen Trainingspuls zu finden, musst du deine maximale Herzfrequenz kennen. Das ist die höchstmögliche Schlagzahl des Herzens unter Belastung. Solche Belastungen sind nur kurze Zeit auszuhalten und für Schnellmaßnahmen gedacht, wie etwa den Sprint zum Bus. Logisch, dass man in diesem Bereich kein Ausdauertraining absolvieren sollte. Aber nach der maximalen Herzfrequenz richten sich die Pulszonen fürs Training aus. Am einfachsten errechnest du die maximale Herzfrequenz nach folgender Faustformel: 226 minus Lebensalter. Eine 30-Jährige hätte demnach eine maximale Herzfrequenz von 196.

Push für die Gesundheit
Willst du einfach nur etwas dafür tun, gesund zu bleiben, kannst du bei 50 bis 60 Prozent der maximalen Herzfrequenz trainieren. Eine 30-jährige Frau müsste sich im Pulsbereich 98 bis 117 bewegen. In dieser Zone machst du ein sehr leichtes Training. Es ist für Reha- und Bluthochdruckpatienten geeignet, hilft aber auch, Stress abzubauen. Die Fitness wird noch nicht gesteigert.

Jetzt geht das Fett weg
Bei etwa 60 bis 70 Prozent der maximalen Herzfrequenz machst du dich dünne. Das Körperfett schmilzt. Es ist noch immer ein moderates Training. Für eine 30-Jährige bedeutet das: Puls 117–137. Mindestens dreißig Minuten lang, zwei- bis dreimal die Woche.

Das Herz schlägt höher
Mit 70 bis 80 Prozent der maximalen Herzfrequenz kräftigst du dein Herz-Kreislauf-System und trainierst deine Ausdauerleistungsfähigkeit. Das kann zum Selbstzweck geschehen oder als Ergänzung zu einem anderen Vereinssport (z. B. Fußball). Dein Körper steigert seine Fähigkeit, Sauerstoff zu den Muskeln zu transportieren. Eine 30-Jährige trainiert dafür bei einem Puls vom 137 bis 156.

Alle Alarmglocken klingeln
Bei über 85 Prozent der maximalen Herzfrequenz geht deinen Muskeln die Luft aus. Statt Sauerstoffflut herrscht Mangel. Es bildet sich zu viel Milchsäure, das kann den Organismus und die Muskeln schwächen. Für einen kurzen Sprint am Ende des Joggings darfst du allerdings maximale Schrittgeschwindigkeit erreichen.

Die Idealformel
Jeder Mensch ist anders – das gilt auch für seinen Puls. Deshalb ergibt die Faustformel 226 minus Lebensalter lediglich einen Durchschnittswert. Persönliche Faktoren wie Gewicht, Größe und Trainingsniveau werden dabei nicht berücksichtigt.

Aufgabe: Bestimme dein Trainingsziel und berechne den passenden Trainingspuls.

Mein Ziel:

Meine Herzfrequenz dafür ca.:

Stundenbild 4: „Ist das wirklich ein Ausdauertraining?“ – Überprüfen von Anspruch und Wirklichkeit des Sh'Bam-Programms mithilfe des individuellen Trainingspulses

Ziel: Die Schüler testen das Fitnessprogramm im Hinblick auf ihre Trainingsziele

Phasen	Organisation, Geräte- und Materialbedarf
Einstieg (20 Minuten)	
Theoretischer Einstieg – Pulswerte und der Zusammenhang zum Training Um die Hausaufgabe sinnvoll in einen weiteren Kontext einzubinden, eignet es sich mit einer kleinen theoretischen Gruppenarbeit zu beginnen. Jeder Schüler erhält ein Arbeitsblatt (AB 4, 5, 6) welches zunächst in Einzelarbeit kurz ausgefüllt wird, ehe sich 3er-Gruppen bilden (in jeder Gruppe ist jedes Arbeitsblatt vertreten) und die Ergebnisse in einem weiterführenden Arbeitsauftrag zusammenführen. Dasselbe Phänomen ist jeweils in unterschiedlichen Grafiken dargestellt, sodass ähnliche Ergebnisse produziert werden. **Hinweis** Die Arbeitsblätter können zur individuellen Förderung eingesetzt werden, da sie unterschiedlich komplex aufgebaut sind. AB 4 = geringe Komplexität AB 5 = mittel Komplexität AB 6 = große Komplexität **Tipp** Zur Gruppenbildung ist es hilfreich bereits auf die Arbeitsblätter Nummern zu schreiben, sodass die Gruppenfindung nach der Einzelarbeit schnell geht und keine unnötige Zeit kostet. So erhält AB 4 die Nr. 1–8, AB 5 die Nr. 1–8 und AB 6 die Nr. 1–8. Im Anschluss gehen alle 1er zusammen, alle 2er usw...)	Kleingruppen dann Plenum AB 4, 5, 6: Stifte AB 7
Praktischer Einstieg – Wiederholen des eigenen Tanzes Die Kleingruppen bekommen noch einmal 5 min Zeit, um ihren Tanz zu wiederholen, damit sie sich ihrer Schritte vergewissern können. Viel länger sollte diese Phase allerdings nicht dauern, da es lediglich um eine Rekapitulation geht und nicht bereits um ein Aufwärmen.	Kleingruppen, Smartphones/Musik
Hauptteil (30 Minuten)	
Durchführen des Fitnessprogramms mit Pulsprotokoll Die Schüler führen gemeinsam das Fitnessprogramm einmal komplett zur Musik durch. Dabei präsentiert immer eine Gruppe ihren Tanz vor den anderen, die diesen mittanzen. Die Aufstellung sollte wieder so organisiert sein, dass sich die Schüler gruppenweise in Reihen hintereinander platzieren, sodass ein schneller Wechsel nach den einzelnen Liedern möglich ist. Die Rotation der Reihen ist somit ebenfalls gegeben. Das Organisationsprinzip sollte außerdem bereits aus der vorherigen Stunde bekannt sein, sodass keine Zeit mehr zum Erläutern darauf verwendet werden muss.	Großgruppe Musik, CD-Player Eventuell Pulsuhren AB 8, Stifte, ggfs. Stoppuhr

Phasen	Organisation, Geräte- und Materialbedarf
Hauptteil (20 Minuten)	
Ausfüllen des Pulsprotokolls Parallel dazu füllen die Schüler das AB 8, das Pulsprotokoll, aus. Jeweils nach jedem Lied sollte der Puls gemessen/abgelesen werden, eingetragen und ohne große Verzögerung das nächste Lied getanzt werden. Die Arbeitsblätter und Stifte sollten dementsprechend griffbereit in der Halle verteilt sein (Variante: Die Arbeitsblätter vorher an die Hallenwand aufhängen). Wenn keine Pulsuhren verwendet werden, muss die Methode des manuellen Pulsmessens bekannt und geübt worden sein. Außerdem sollte, hier per Stoppuhr und Start/Stopp-Signal die Phase des Pulsmessens für alle gemeinsam koordiniert werden.	
Ausklang (15 Minuten)	
Reflexion des Fitnessprogramms Im Anschluss an das Programm übertragen die Schüler ihre Ergebnisse auf ein vorbereitetes Plakat, um diese für alle sichtbar zu machen.	Plenum, Sitzkreis Plakat vorbereitet, Stifte Murmelphase/Partnerarbeit

Plakat Trainingspuls

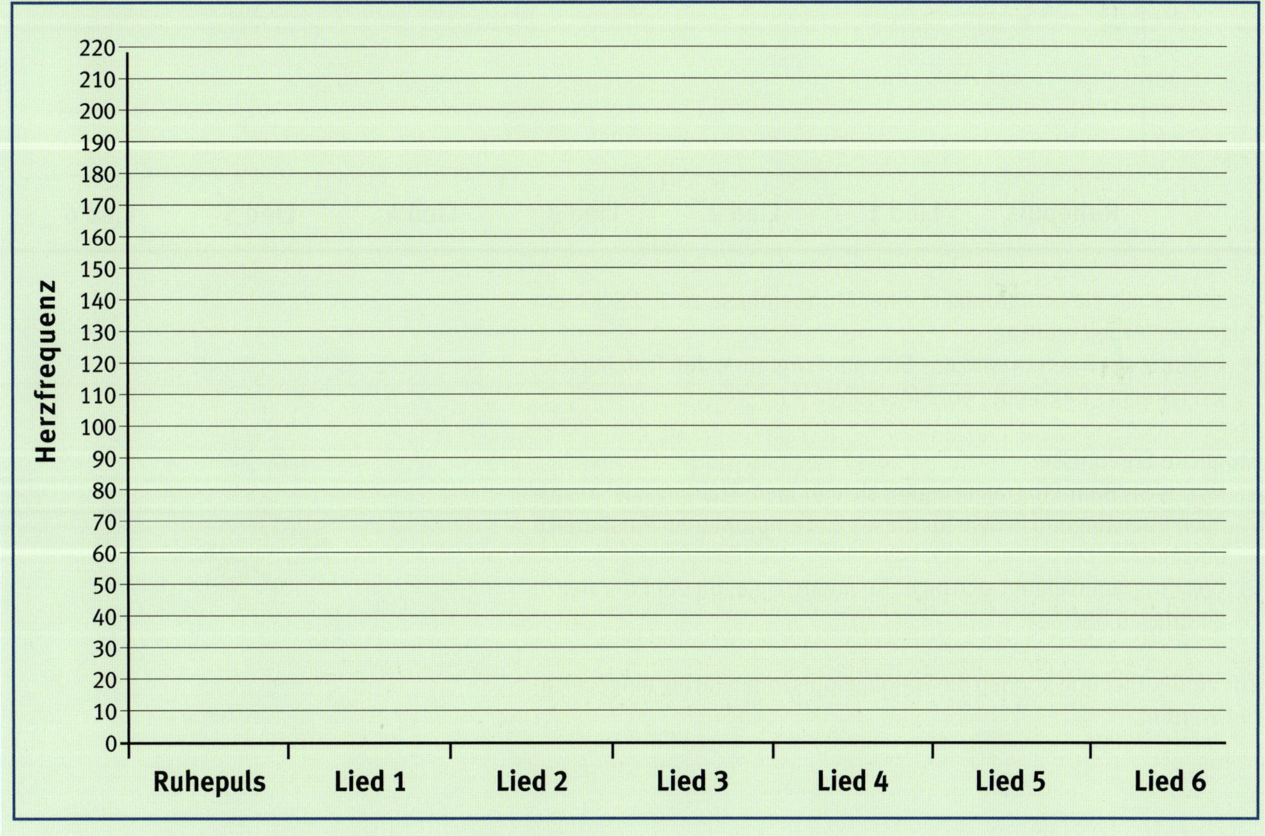

Ausklang

Plakat Trainingspuls

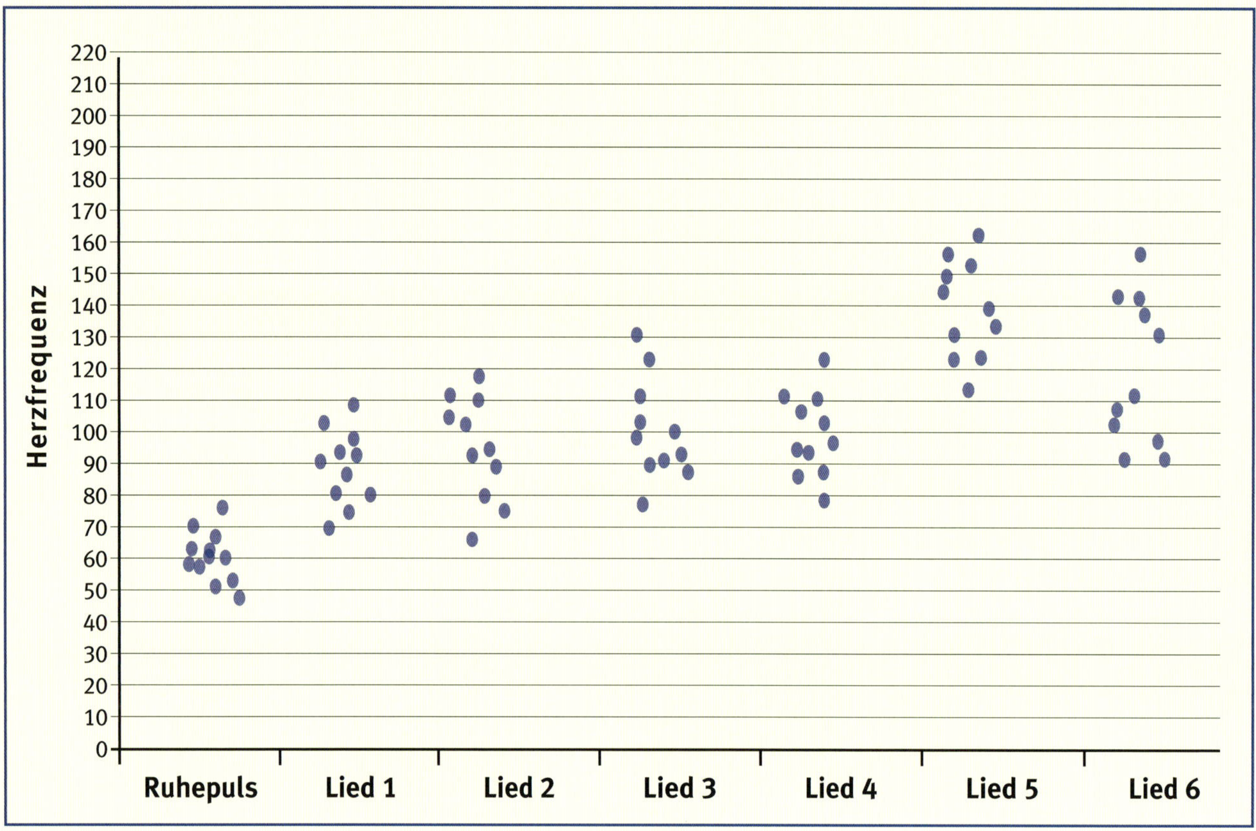

Danach erhält die Lerngruppe in einer Murmelphase zu 2–3 Schülern folgenden Arbeitsauftrag:

➔ Diskutiert: Inwiefern wird das Sh'bam-Programm den Trainingszielen gerecht? Begründet eure Meinung.

Mögliche Ergebnisse:

1. Ja, das Sh'Bam-Programm eignet sich für mein Trainingsziel, da ich mich überwiegend in dem für dieses Ziel empfohlenen Pulsbereich bewege.
2. Das Programm eignet sich nicht für meine Ziele, da der Puls viel zu niedrig/zu hoch ist.

Zur Verdeutlichung können die Trainingspulszonen farbig eingezeichnet werden.

Phasen	Organisation, Geräte- und Materialbedarf

Ausklang

Plakat Trainingspuls

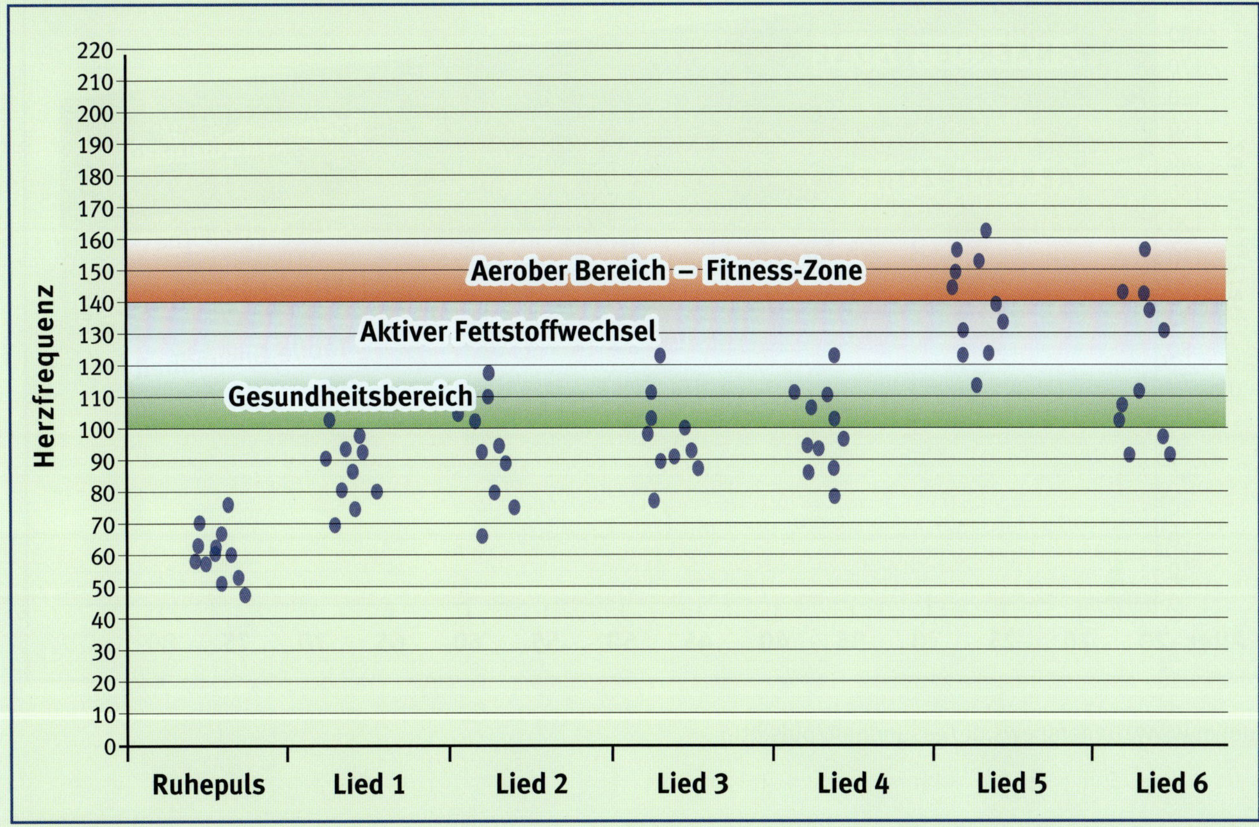

Vertiefung/Ausblick

- Beschreibt, was auf dem Plakat zu sehen ist.
- Eignet sich das Sh'Bam-Programm zum Erreichen eurer Ziele?

Plenum, Unterrichtsgespräch

Erfahrungsgemäß befinden sich die meisten Schüler nicht in dem angestrebten Pulsbereich, sondern eher deutlich darunter. Es gilt nun mögliche Gründe dafür zu finden. Diese könnten sein:

- Bewegungen werden nicht intensiv genug ausgeführt
- Bewegungen sind nicht anstrengend genug
- Schüler sind „zu gut trainiert"
- Usw. ...

Als eine daraus resultierende Problemstellung kann die Frage gestellt werden, wie man trotzdem mit dem Programm seine Ziele erreichen könnte (und in den entsprechenden Pulsbereich kommt). Die Schüler entwickeln hier erste Ideen, wie sie in dem angestrebten Pulsbereich trainieren können (Bsp. Steigerung der Intensität).

Hausaufgabe

Zur theoretischen Vorbereitung der nächsten Stunde ist es sinnvoll, den Schülern eine Recherche zum Thema „Trainingsprinzipien" oder „Belastungssteuerung" aufzugeben. Hier können sie sich einen Überblick über grundlegende Prinzipien zur Trainingssteuerung verschaffen.

AB 4

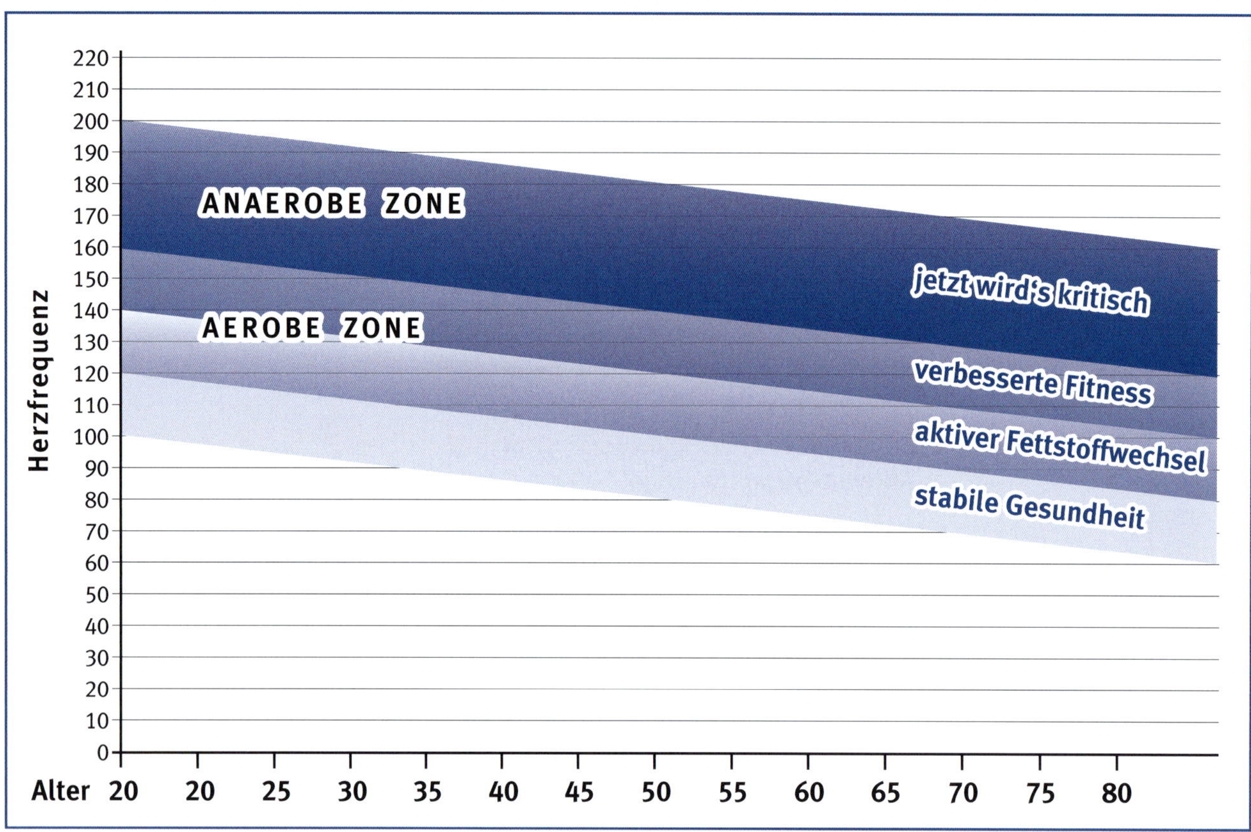

Quelle: www.runnersnews.de/gesundheit/puls.htm

Aufgabe: Schau dir die Grafik genau an. Was wird dargestellt?
Welche Aussagen kannst du aufgrund der Grafik treffen?

1.

2.

3.

4.

5.

AB 5

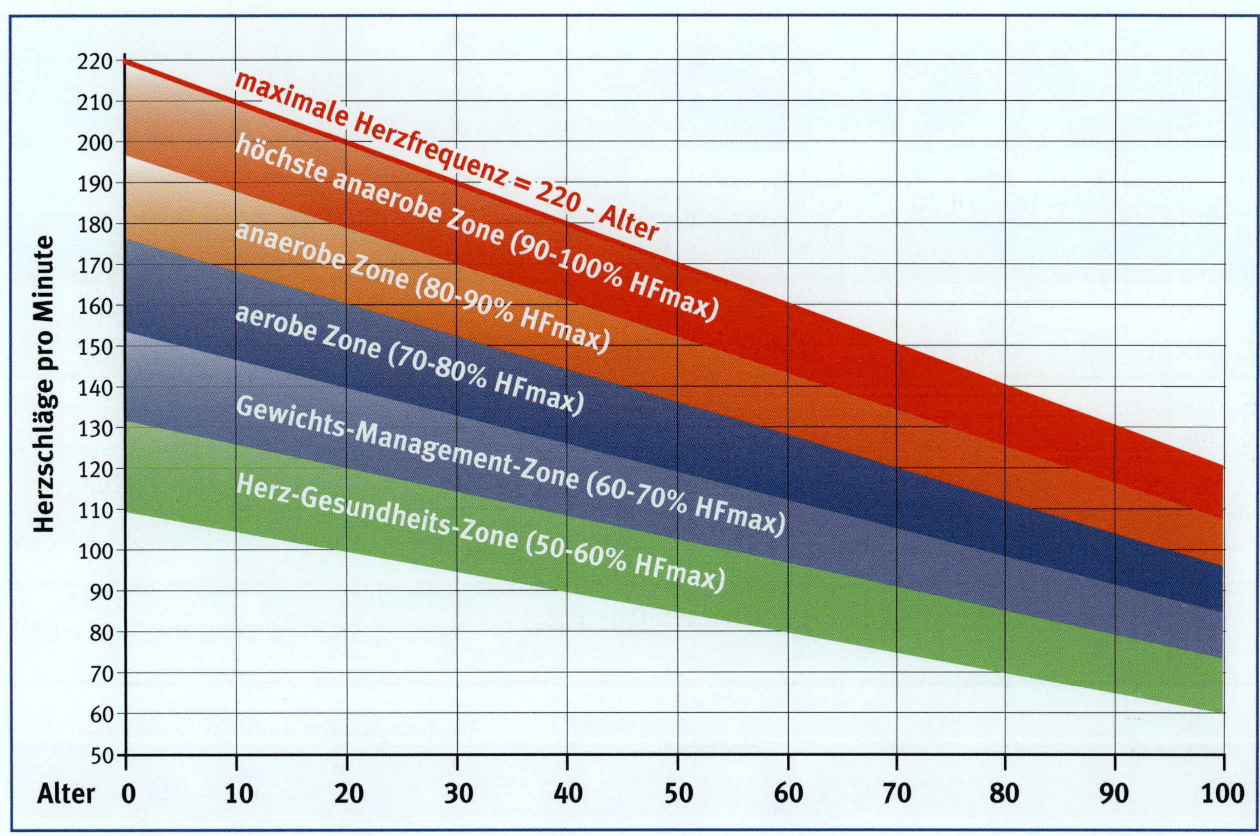

Quelle: sports-db.com

Aufgabe: Schau dir die Grafik genau an. Was wird dargestellt? Welche Aussagen kannst du aufgrund der Grafik treffen?

1.

2.

3.

4.

5.

AB 6

SCHWIERIGKEIT	HERZFREQUENZ	ZONE	ZIEL
sehr leicht	50%–60%	Gesundheitszone	Förderung der Gesundheit
leicht	60%–70%	Fettverbrennungszone	Aktivierung des Fettstoffwechsels, Verbesserung der Grundlagenausdauer
mittel	70%–80%	Aerobes Training	Verbesserung der Aeroben Fitness, Steigerung der Ausdauerleistungsfähigkeit
intensiv	80%–90%	Anaerobes Training	Verbesserung der Laktattoleranz, Training für max. Leistungszuwachs
maximal	90%–100%	Wettkampfzone	Verbesserung der max. Leistung und Geschwindigkeit

Quelle: www.hammer.de/fitnesswissen/ausdauertraining-cardio/fettstoffwechsel

Aufgabe: Schau dir die Grafik genau an. Was wird dargestellt? Welche Aussagen kannst du aufgrund der Grafik treffen?

1.

2.

3.

4.

5.

AB 7 Puls und Training

Einigt euch auf 3 zentrale Aussagen über den Zusammenhang zwischen Puls und Training.

1. ____________________

2. ____________________

3. ____________________

Arbeitsblatt 9 – Sh'Bam – Pulsprotokoll

Name:

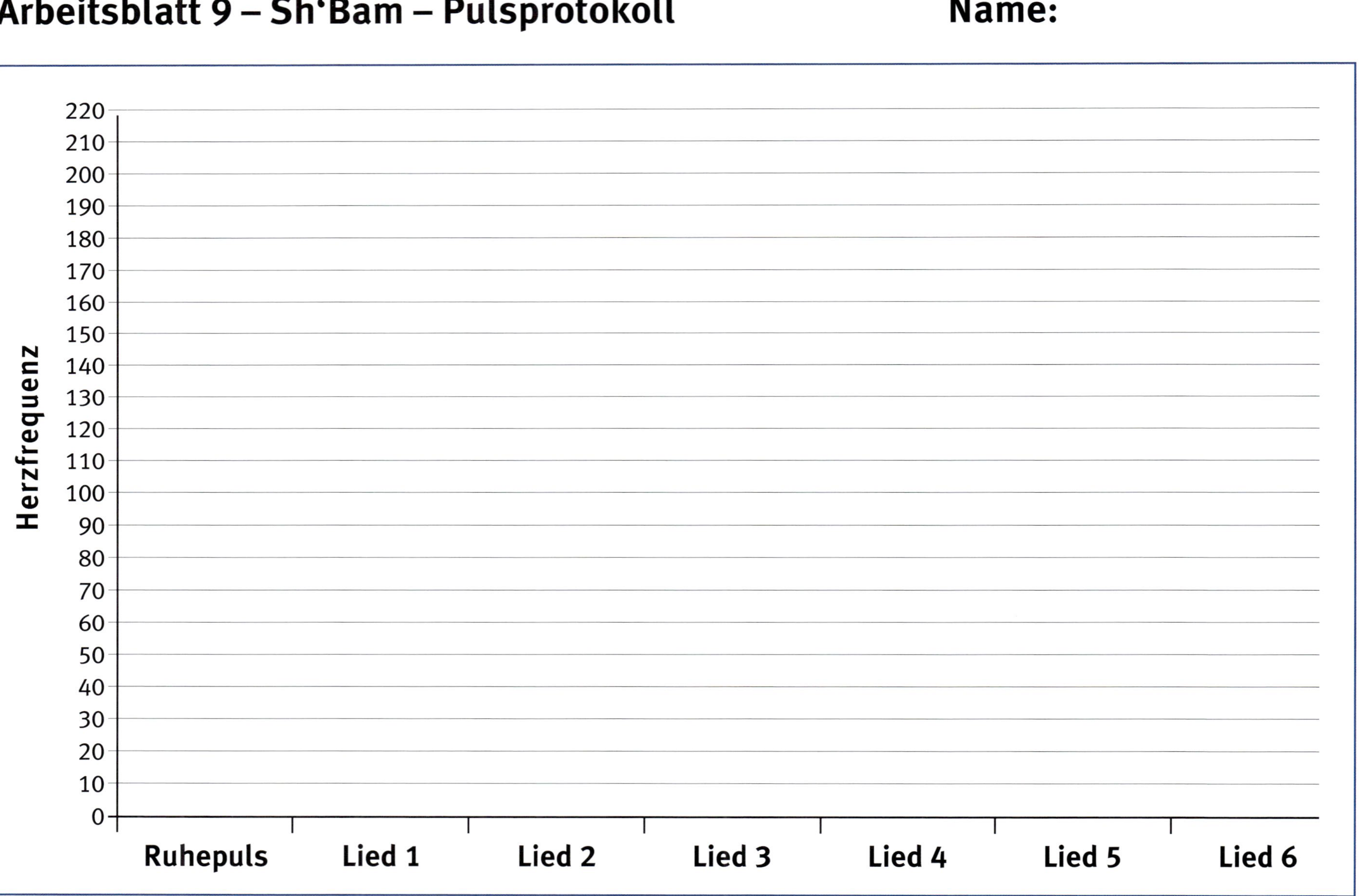

Stundenbild 5: „Wie geht es anstrengender?“ – Variieren des Grundtanzes mit dem Ziel der Steigerung der Intensität

Ziel: Die Schüler entwickeln Variationen des Grundtanzes und steigern somit die Intensität um in ihren Pulsbereich zu kommen.

Phasen	Organisation, Geräte- und Materialbedarf
Einstieg (10 Minuten)	
Besprechen der Hausaufgabe Das Plakat der vergangenen Stunde mit den Ergebnissen zur Pulsmessung kann als Einstieg verwendet werden. Die Schüler fassen die Ergebnisse und die Fragestellung kurz zusammen, entwickeln im Unterrichtsgespräch erste Ideen und formulieren den daraus resultierende Arbeitsauftrag für diese Stunde. **Ergebnis:** Man kommt nicht in den angestrebten Pulsbereich. **Frage:** Wie schaffen wir es in den angestrebten Pulsbereich zu kommen? **Ideenentwicklung:** Schritte verändern, sodass die Intensität höher wird. Bsp.: Armeinsatz, zusätzliche Gewichte, Geschwindigkeit verdoppeln, mehr Sprünge, mehr in die Knie etc... **Arbeitsauftrag:** Entwickelt Variationen eurer Tanzschritte, sodass die Intensität individuell gesteigert werden kann.	Plakat der vergangenen Stunde
Hauptteil (60 Minuten)	
Entwickeln und Testen von Variationen Die Kleingruppen arbeiten an den Variationen ihrer Schritte und halten diese im Arbeitsblatt fest. Sie entwickeln und testen immer wieder aufs Neue und prüfen dabei, ob sich der Pulsbereich erreichen lässt. Gegebenenfalls muss weiter verändert werden.	Kleingruppen AB 1 (aus der zweiten Stunde)
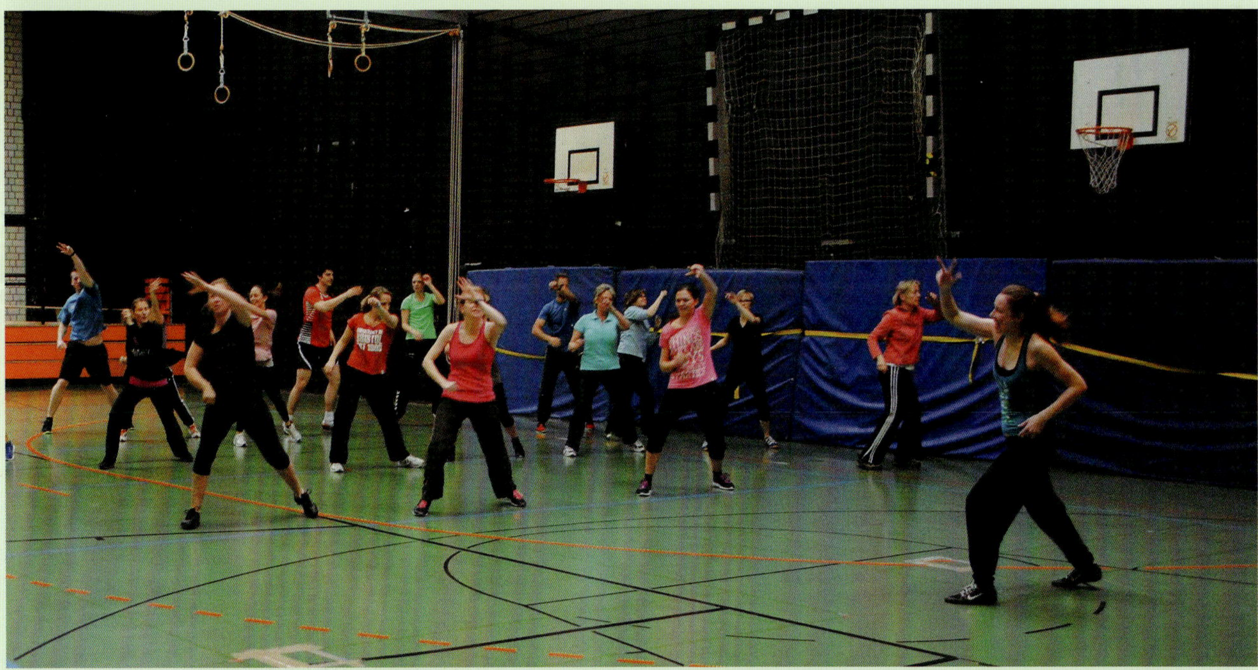	
Ausklang (5 Minuten)	
Ergebnissicherung – Festhalten der Variationen Falls noch nicht während des Erarbeitungs- und Übungsprozesses geschehen, sollten die Änderungen auf dem AB 1 in der letzten Spalte zur Ergebnissicherung festgehalten werden.	AB 1, Kleingruppen

Stundenbild 6: „Jetzt wird's ernst" – Das Fitnessprogramm präsentieren und kritisch reflektieren

Ziel: Die Schüler präsentieren ihre Ergebnisse, prüfen die Veränderungen auf Effektivität und beurteilen die Eignung von Sh'Bam als Fitnessprogramm.

Phasen	Organisation, Geräte- und Materialbedarf
Einstieg (15–20 Minuten)	
Selbstständiges Aufwärmen/Üben Die Schüler erwärmen sich selbstständig und üben noch einmal ihre erarbeiteten Variationen ein, bevor sie diese im Hauptteil der Stunde vor allen präsentieren.	Alle Kleingruppen
Hauptteil (40 Minuten)	
Durchführen des Fitnessprogramms mit Variationen Die Schüler führen gemeinsam das Fitnessprogramm einmal komplett zur Musik durch. Dabei präsentiert immer eine Gruppe ihren Tanz vor den anderen, die diesen mittanzen. Die Aufstellung sollte wieder so organisiert sein, dass sich die Schüler gruppenweise in Reihen hintereinander platzieren, sodass ein schneller Wechsel nach den einzelnen Liedern möglich ist. Die Rotation der Reihen ist somit ebenfalls gegeben. Das Organisationsprinzip sollte außerdem bereits aus den vorherigen Stunden bekannt sein, sodass keine Zeit mehr zum Erläutern darauf verwendet werden muss.	Großgruppe
Ausfüllen des Pulsprotokolls Parallel dazu füllen die Schüler das AB 8, das Pulsprotokoll, erneut aus. Jeweils nach jedem Lied sollte der Puls gemessen/abgelesen werden, eingetragen und ohne große Verzögerung das nächste Lied getanzt werden. Die Arbeitsblätter und Stifte sollten dementsprechend griffbereit in der Halle verteilt sein (Variante: Die Arbeitsblätter vorher an die Hallenwand aufhängen). Wenn keine Pulsuhren verwendet werden, muss die Methode des manuellen Pulsmessens bekannt und geübt worden sein. Außerdem sollten hier per Stoppuhr und Start/Stopp-Signal die Phase des Pulsmessens für alle gemeinsam koordiniert werden. **Tipp** Zum Ausfüllen einen anders farbigen Stift benutzen als beim ersten Mal.	Musik, CD-Player Eventuell Pulsuhren AB 8 (siehe Stundenbild 4), Stifte, ggfs. Stoppuhr
Ausklang (10 Minuten)	
Reflexion Anhand des ausgefüllten Pulsprotokolls können die Schüler nun Stellung zu der Wirksamkeit der Variationen nehmen. In einem zweiten Schritt kann auch das gesamte Programm kritisch hinterfragt und reflektiert werden: Weshalb eignet sich das Programm (nicht) für euch als Fitnesstraining? **Bewertung** Die Kriterien zur Bewertung können individuell von der Lehrkraft festgelegt und sollten zu Beginn der Einheit oder bei Relevanz genannt und erläutert werden. Beispielsweise könnten zur Bewertung hinzuzählen: – Eigene Schrittfolge beherrschen – Sinnhaftigkeit der Veränderung der Schritte (erfüllen diese den Zweck der Intensitätssteigerung?) – Bereitschaft sich auf Neues einzulassen/Arbeitshaltung – Verhalten/Mitarbeit innerhalb der Kleingruppe – Mitarbeit in Gesprächs-/Reflexionsphasen	Plenum, Plakat, AB 8 (siehe oben)

Literaturverzeichnis

Boine, M. (2007). Gänge und Gesten. *Sportpädagogik 31* (4). S. 44-48.

Feth, C. (2010). „Sich präsentieren im Tanz“ als Herausforderung für Schüler und Schülerinnen. *Sportunterricht 59* (8), S. 233 – 236

Feth, Clarissa (2013). Gumboot Dance: Der Gruppentanz aus Afrika. *SportPraxis 54* (3+4). S. 12-16.

Feth, Clarissa (2013). Rhythmisch aus der Reserve locken. *Infodienst. Das Magazin für kulturelle Bildung* (Nr. 106). S. 36.

Feth, C. (2014). Einen eigenen Videoclip gestalten. Medienkompetenz und Kreativität im Team nutzen. *Sportpädagogik 38* (5) S. 14-18.

Feth, C. (2014). Mitsprache bei der Notenverteilung. Produkt und Prozess berücksichtigen. *Sportpädagogik 38* (5) S. 44

Klein, G. (Hrsg.) (2011). Choreographischer Baukasten.

Klinge, A. & Wolters, P. (2007). Symbolspiele. Eine Auswahl für die Thematisierung von Körpersprache. *Sportpädagogik 31* (2), S. 40-47.

Klinge, A. (2010). Tanz, Tanzstücke und Gestaltung bewerten. „Tanz im Sportunterricht? Nee, das lass‘ ich lieber, das kann man ja nicht bewerten!“ *Sportunterricht 59* (8), S. 237-243

Ministerium für Schule und Weiterbildung des Landes Nordrhein-Westfalen (Hrsg.) (2014). Rahmenvorgaben für den Schulsport.

Polzin, M. (1993). Vorführen – Aufführen. *Sportpädagogik 17* (2), S. 13-19.

Serwe-Pandrick, E. (2013). Learning by doing and thinking? Zum Unterrichtsprinzip der reflektierten Praxis. *Sportunterricht 62*, 4, S. 100-106.

www.schulbilder.org
www.dance360-school.ch

Die Autorin

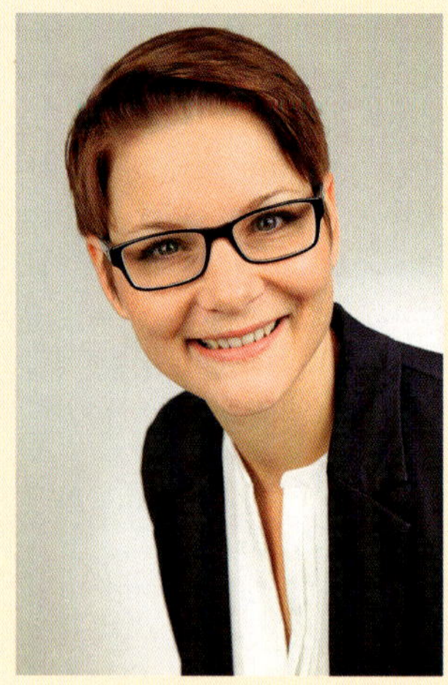

Dr. Clarissa Feth ist Lehrerin für Sport und Deutsch für das Lehramt an Gymnasien und Gesamtschulen in der Theo-Koch-Schule in Grünberg. Sie war außerdem 6 Jahre Dozentin und wissenschaftliche Mitarbeiterin an der Ruhr-Universität Bochum im Lehr- und Forschungsbereich Sportpädagogik und Sportdidaktik der Fakultät für Sportwissenschaft. Sie leitet Fortbildungsveranstaltungen im Bereich Tanz für den Deutschen Sportlehrerverband (DSLV) und den Landessportbund Nordrhein-Westfalen.

Die neuen Standardwerke für Schule und Verein

Die Buchreihe **„Erfolgreiche Stundenbilder für Schule und Verein“** liefert erprobte und sofort umsetzbare Stundenbilder für den Sportunterricht ab Klasse 5 bis zur gymnasialen Oberstufe sowie für den Vereinssport.
Die Stundenbilder sind aufgeteilt in Einstieg, Haupt- und Schlussteil. Die sportartorientierten Bände im DIN-A4-Format orientieren sich an der Praxis und unterstützen die erfolgreiche Gestaltung von Vereins- und lehrplankonformen Sportstunden!

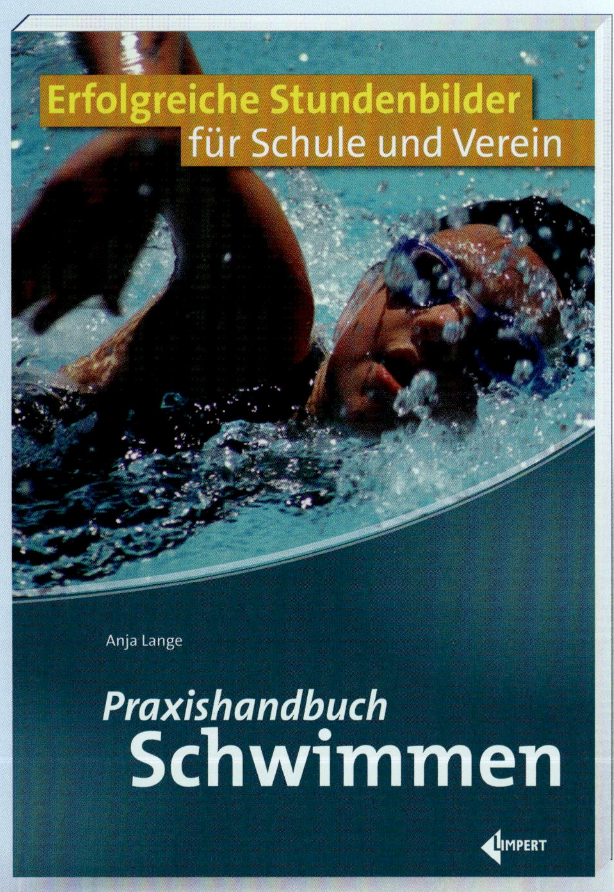

Anja Lange
Praxishandbuch Schwimmen
216 S., ca. 400 Fotos, 2 Zeichnungen, kart.
ISBN 978-3-7853-1900-0
Best.-Nr.: 343-01900

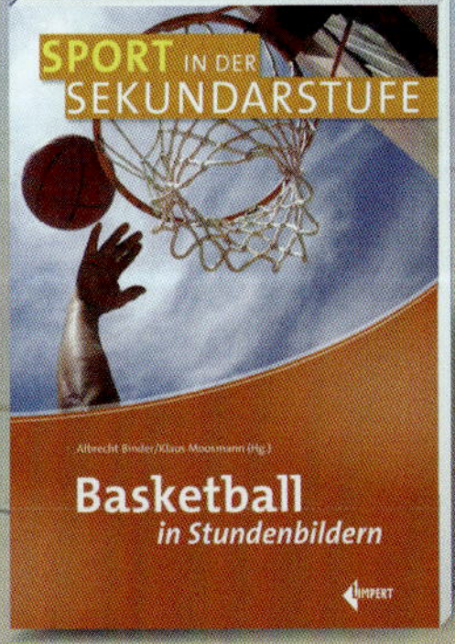

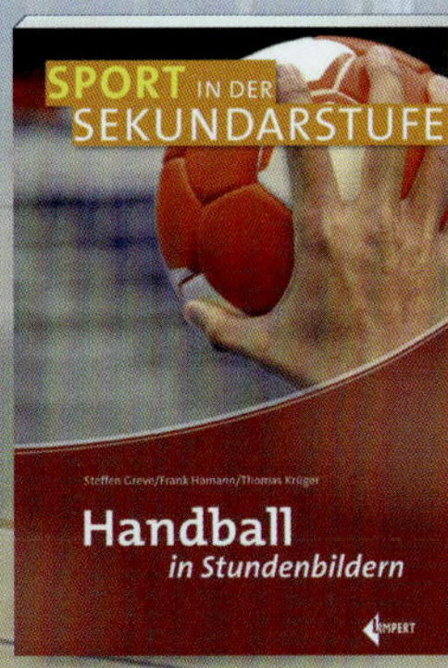

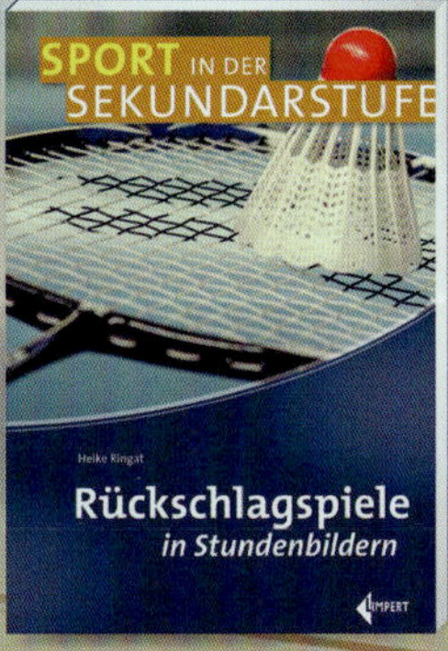

jeder Band
€ 19,95

Albrecht Binder/ Klaus Moosmann (Hg.)
Basketball in Stundenbildern
152 S., 118 Fotos, 24 Zeichnungen, kart.,
ISBN 978-3-7853-1939-0
Best.-Nr.: 343-01939

S. Greve/F. Hamann/ T. Krüger
Handball in Stundenbildern
184 S., 160 Fotos, 12 Zeichnungen, kat.
ISBN 978-3-7853-1924-6
Best.-Nr.: 343-01924

Heike Ringat
Rückschlagspiele in Stundenbildern
208 S., 69 Fotos, 42 Zeichnungen, kart.
ISBN 978-3-7853-1929-1
Best.-Nr.: 343-01929

Preisstand 2018. Änderungen vorbehalten.

LIMPERT

Limpert Verlag GmbH
Industriepark 3 · 56291 Wiebelsheim
Tel. 06766/903-160 · Fax 06766/903-320